광우 스님이 들려주는
기도 가피 이야기

광우 스님이 들려주는

기도 가피 이야기

광우 지음

내 삶을 기적으로 바꾸는 신묘한 기도의 힘

불광출판사

사과를 심으면 사과가 나고, 수박을 심으면 수박이 납니다. 좋은 씨앗을 심으면 좋은 열매를 얻고, 나쁜 씨앗을 심으면 나쁜 열매를 얻습니다. 이것은 우주의 법칙입니다. 이와 같이 우리가 우리의 마음 밭에 무엇을 심느냐에 따라서 삶 가운데 좋은 열매를 얻을지, 나쁜 열매를 얻을지 결정됩니다. 그러므로 우리는 항상 착한 인연의 씨앗을 심어야 합니다. 그런데 여러분은 지금 어떤 씨앗을 심고 있습니까?

좋은 일도, 나쁜 일도 자기가 뿌린 씨앗을 결과입니다. 부처님 말씀 중에 '다 자기 복대로 살아간다'는 법문이 있습니다. 우리가 살아가면서 일이 잘 풀리고, 좋은 일이 자꾸 생긴다면 그것은 자기가 지은 선업(善業)의 결과입니다. 반대로 일이 잘 안 풀리고, 나쁜 일이 자꾸 생긴다면 그것은 또한 자기가 지은 악업(惡業)의 결과입니다.

참된 불자라면 '인연법(因緣法)'을 믿어야 합니다. 좋은 인연도, 나뻔 인연도 모두 내가 지은 '원인과 결과'임을 철저히 믿어야 합니다. 이는 부처님 가르침을 공부하는 첫걸음이기도 합니다. 부처님께서는 이렇게 말씀하셨습니다.

> 과거 생의 일을 알고자 하는가? 이번 생에 받고 있는 것이 그것이다.
> 미래 생의 일을 알고자 하는가? 이번 생에 짓고 있는 것이 그것이다.

인과(因果)의 법칙은 정확합니다. 그러니 우리 불자들은 이 순간 내가 어떤 업을 짓고 있는지 항상 고민하고, 반성해야 합니다. 그리고 매일 매일 이렇게 되새기십시오.

"오늘 하루 좋은 인연을 심겠습니다. 오늘 하루 마음을 잘 닦겠습니다."

이 다짐처럼 자꾸 복을 지으십시오. 자꾸 선업을 쌓으십시오. 자꾸 공덕을 닦으십시오. 그리고 기도하십시오. 이것은 업장을 소멸하여 행복하게 살 수 있는 유일한 방법입니다. 이미 부처님 경전에 다 나와 있는 행복을 향한 길, 하지만 실천은 결국 우리의 몫입니다. 부처님께서는 말씀하셨습니다.

"부처님은 훌륭한 의사와 같다. 중생의 병을 정확히 진단하여 가장 좋은 약을 만들어 준다. 하지만 그 약을 먹고, 안 먹고는 자신의 몫이다."

여러분에게 늘 기도(염불, 독송, 사경, 오체투지…)하라고 입이 아프게, 귀가 따갑도록 말씀드립니다. 다만 기도는 나의 욕망을 채우기 위한 것이어선 안 됩니다. 진정한 기도는 마음을 닦는 것입니다. 그러므로 수행을 위한 기도로 성장해나가야 합니다. 또한 기도는 정성입니다. 그 정성에 우주가 진동하고, 불보살님들이 찬탄하십니다.

그런 깨끗하고, 지극한 마음을 하나로 모아 쉼 없이 나아가십시오. 관세음보살을 부를 때마다 공경하는 마음이, 지장보살을 부를 때마다 감사한 마음이 지극하다면 그것이 진정한 기도입니다. 그런 간절한 기도에 불보살님들은 모두 감동하십니다.

어떤 기도를 하느냐는 중요하지 않습니다. 어떤 기도든 결국 하나로 통합니다. 중요한 핵심은 바로 '마음'입니다. 무엇을 하든 마음을 하나로 집중하고, 모아서 나아가야 합니다.

아무리 열심히 기도해도 삶이 힘들고 괴로울 때가 있습니다. 그럴 때 많은 분들은 믿음을 잃고 흔들릴 때가 많습니다. 하지만 그 순간이 더욱 간절하고 정성스럽게 기도할 때임을 잊지 마십시오. 원인 없는 결과는 없습니다. 지금 우리가 겪고 있는 이 모든 과정이 내가 지은 업의 인연임을 이해하고 수행 정진하는 수밖에 없습니다. 그리하여 업장을 소멸하고, 선업과 공덕을 쌓아야 합니다.

이 책에는 간절하고도 지극한 기도 수행을 통해 자기에게 닥친 고통을 극복한 이들의 이야기가 담겨 있습니다. 여러분들은 고래(古來)의 영험담을 통해 부처님을 향한 기도는 오묘하고, 진실한 힘이 있음을 깨닫게 되실 것입니다. 나아가 이 책이 여러분들로 하여금 기도 수행을 향한 다짐을 굳건히 하게 되는 계기가 되어 준다면 더 바랄 것이 없겠습니다.

불자는 수행해야 합니다. 정진해야 합니다. 간절하고 정성스럽게 기도하세요. 부처님의 가피가 늘 함께할 것입니다.

이 책을 읽는 모든 존재들이여, 행복하소서.

2024년 8월
광우 합장

4 . 기도의 기적

우리 중생은 생전 어떻게 살았느냐에 따라
지옥, 축생, 아귀, 아수라, 인간, 천상의
여섯 세계를 끊임없이 윤회한다고 합니다.
그럼 질문 하나 드리겠습니다.
여러분은 다음 생에 무엇으로 태어나기 위한
준비를 하시겠습니까?

1

업과 운명

업보는
늦고 빠름에 관계없이
반드시 받는다

많은 이들이 불교를 대표하는 가르침으로 '윤회법'을 듭니다. '윤회(輪廻)'라는 말은 한자로 '수레바퀴 륜(輪)' 자에 '돌 회(廻)' 자를 쓰지요. 태어나고 죽고, 다시 태어나고 죽고 하는 중생의 삶이 수레바퀴 같이 돌고 돈다는 뜻으로, 불교에서는 중생의 삶이 시작도 없는 아득한 옛적부터 끊임없이 윤회해 왔다고 봅니다.

　　이 윤회의 가장 중요한 핵심축은 바로 '업보(業報)'입니다. 우리 생의 행(幸)과 불행(不幸)은 이 업에 의해서 결정됩니다. 나아가 다음 생에 어떤 존재로 태어나 어떻게 살 것인지도 현생에 지은 업에 의해 결정된다고 해요. 그럼 이러한 업을 짓는 존재는 누구일까요? 그렇습니다. 우리 자신입니다.

　　업은 보통 세 가지로 구분됩니다[三業]. '몸으로 짓는 업[身業]', '말로 짓는 업[口業]', '생각으로 짓는 업[意業]'이 그것입니다.

업은 또한 두 가지로도 나누어집니다. 좋은 의도를 가진 몸과 말과 생각으로 지은 '선업(善業)', 그리고 나쁜 의도를 가진 몸과 말과 생각으로 지은 '악업(惡業)'이 그것입니다.

선업은 우리에게 행복을 가져다주고, 악업은 우리에게 불행을 가져다줍니다. 즉 지금 행복하게 사는 사람은 과거에 선업을 많이 지었기 때문이고, 지금 불행하게 사는 사람은 과거에 악업을 많이 지었기 때문입니다.

그런 이유로 불교에서는 불행한 일이 자주 생기고 인생이 갈수록 꼬여 가면 남을 원망할 것이 아니라 '내가 과거에 악업을 많이 쌓아 복을 짓지 못했구나.' 하고 스스로 반성해야 한다고 가르칩니다. 반대로 좋은 일이 자꾸 생기고 인생이 술술 풀리면 '내가 과거에 선업을 많이 쌓아 복을 지었구나.'라고 생각하며 더 많은 선업을 쌓도록 노력하라고 가르칩니다.

분명히 존재하는 인과응보의 법칙

부처님께서 세상을 떠나시고 수백 년이 지난 뒤, 인도에 '구마라다'라는 스님이 계셨습니다. 하루는 어느 선비가 스님을 찾아오더니 자기는 인과응보(因果應報)를 못 믿겠다고 하더랍니다.

"부모님께서는 항상 불(佛)·법(法)·승(僧) 삼보(三寶)를 믿고 좋은 일을 많이 하셨습니다. 그럼에도 평생 질병으로 고생하셨지요. 하지만 이웃에 살던 백정은 늘 살생을 했지만 평생 건강하고 행복하게 살았습니다. 인과응보라는 것이 있다면 어떻게 이런 일이 가능하겠습니까?"

이 말을 듣고 구마라다 스님께서 대답하셨습니다.

"선업이든 악업이든 업을 짓고 그에 대한 과보(果報)를 받는 것은 과거·현재·미래에 걸쳐서 이루어집니다. 과거에 지은 업에 대한 과보를 오늘 받는 것이고, 오늘 지은 업에 대한 과보는 미래에 받는 것이지요. 소리를 지르면 메아리가 따라오고, 길을 걸으면 그림자가 따라오는 것처럼 업의 과보는 반드시 따라옵니다. 인과응보의 법칙은 이와 같이 분명히 존재합니다.

이번 생에 나쁜 짓을 하면서도 행복하게 사는 것은 전생에 복을 많이 지었기 때문입니다. 하지만 그런 복은 언젠가 모두 사라지기 마련입니다. 게다가 이번 생을 살면서 지은 악업에 의한 과보를 이번 생의 언젠가는, 혹은 미래 생에라도 반드시 받게 됩니다.

반대로 이번 생에 좋은 일을 하면서도 불행하게 사는 것은 전생에 복을 짓지 않았기 때문입니다. 하지만 살면서 지은 선업에 의한 복을 이번 생의 언젠가는, 혹은 미래 생에라도 반드시 받게 됩니다."

불교가 가르치는 인과응보의 법칙은 이와 같습니다. 만약 우리가 스스로의 전생을 들여다볼 수 있어서 과거에 어떤 악업을 지어 지금 이런 고통을 받고 있는지, 또 과거에 어떤 선업을 지어서 지금 이런 복을 누리고 있는지 속속들이 알 수 있다면 우리는 어떻게 살아가게 될까요? 맞습니다. 악업은 짓지 않으려고 노력하고, 선업은 많이 지으려고 노력하면서 살아가겠지요. 하지만 우리에게는 전생을 들여다볼 능력이 없습니다. 그러다 보니 지금처럼 악업 짓기를 두려워하지 않고, 선업 짓기는 게을리하면서 어리석게 살고 있는 것이지요.

그래서 우리 불교에서는 인과응보의 법칙을 믿는 것이 중요하다고 이야기합니다. 누가 가르쳐 주지 않아도, 자기가 눈으로 직접 보지 않아도 '윤회라는 것이 정말 있고, 그 윤회의 사슬 속에서 내가 지은 업에 대한 과보는 내가 반드시 받는다.'라고 확고하게 믿는 사람이라면 악업 짓기를 두려워하며, 선업 짓기를 게을리하는 어리석음을 범하지 않을 것이니까요.

세 가지 과보

불교에서는 받게 되는 시기에 따라 과보를 세 가지로 구분해 '삼보(三報)'라 부릅니다.

첫 번째는 '순현보(順現報)'입니다. 이것은 이번 생에 지은 업의 결과로서 이번 생에 받게 되는 과보를 말합니다. 비유하면 이렇습니다.

하루 일당을 받는 아르바이트생이 있다고 해 봅시다. 만약 그 학생이 일자리에 나가 일을 한다면 보수를 받을 수 있을 것이고, 그렇지 않다면 보수를 받을 수 없겠지요. 그런데 그 일자리에 가고 안 가고는 누구의 의지에 달려 있습니까? 네, 아르바이트생 자신에게 달려 있습니다.

컨디션이 좋든 안 좋든, 날씨가 좋든 안 좋든 일자리에 나가 일을 하면 약속된 일당을 받습니다. 하지만 컨디션이 좋지 않아서, 혹은 날씨가 너무 더워서 일자리에 나가지 않으면 일당을 받지 못합니다. 이처럼 내가 지은 업에 대한 결과로서의 과보를 이번 생에 바로 받게 되는 것, 이것이 순현보입니다.

두 번째는 '순생보(順生報)'입니다. 이는 이번 생에 지은 업의 결과로서 그 과보를 다음 생에 받게 되는 걸 말합니다.

만약 여러분이 지금 '관세음보살님, 제가 대통령이 되게 해 주세요.'라고 간절하게 기도한다고 해 봅시다. 그런데 이번 생에 대통령이 될 만한 준비를 전혀 하지 않았다면 이런 기도를 해도 소용이 없겠지요. 아마 기도를 듣는 관세음보살님도 당황하실 거예요. '얘가 뜬금없이 왜 이러지?' 하시면서 말이지요. (웃음) 하지만 이번 생에 이런 기도라도 해 놓으면 그 발원의 힘에 의해 다음 생에 가서는 대통령이 될 만한 여러 가지 준비를 차곡차곡 할 수 있습니다. 그러다가 결국에는 다음 생이 끝나기 전에 실제로 대통령이 될 수도 있겠지요. 이것이 순생보입니다.

세 번째는 '순후보(順後報)'입니다. 이번 생에 지은 업의 결과가 이번 생도, 다음 생도 아닌 그 이후의 미래 생에 언젠가는 받게 되는 과보를 말합니다.

여러분이 잘 아시는 로미오와 줄리엣, 이 두 사람은 각자의 집안이 원수지간이라 현생에서는 부부의 연을 맺기 어렵습니다. 하지만 이 두 사람이 이런 약속을 했다고 해 보지요.

"우리가 다음 생이든 그다음 생이든 언젠가 다시 남녀로 만나 반드시 부부의 연을 맺도록 하자."

그런데 다음 생에 로미오는 개로 태어나고, 줄리엣은 고양이로 태어났다고 합시다. 이 둘이 부부의 연을 맺을 수 있을까요? 맺을 수 없지요.

그 다음 생에 갔더니 이번에 로미오는 하늘세계에 태어나고, 줄리엣은 지옥에 태어났다고 합시다. 이 둘이 부부의 연을 맺을 수 있을까요? 이번에도 맺을 수 없어요. 그렇게 다음 생, 그 다음 생, 그 다음다음 생에도 이 둘이 서로 엇갈려서 부부의 연을 맺지 못하다가 100생 정도 지난 다음 마침내 선남선녀로 만나 결혼해서 행복하게 살았다고 합시다. 100생 전에 했던 약속이 인연이 되어 마침내 부부의 연을 맺게 되었지요? 이것이 순후보입니다.

업의 열매가 다 익고 나면 반드시 과보가 있다

삼보(세 가지 과보)의 가르침이 전하고자 하는 것은 결국 무엇일까요? 내가 지은 업에 대한 과보는 이번 생이건, 다음 생이건, 먼 미래의 생이건 언젠가는 반드시 받게 된다는 것입니다.

주변을 둘러보면 이런저런 기도를 했다가 당장에 효험이 없다고 '역시 기도해 봤자 아무 소용없네.' 하면서 쉽게 신심(信心)을 포기해 버리는 분들이 의외로 많습니다. 사실 이런 생각은 누구나 가질 수 있습니다. 하지만 지금 내가 기도하고, 선업을 짓고, 복을 짓는 것에 대한 과보는 이번 생에 받을 수도 있고, 혹은 다음 생에 받을 수도 있고, 혹은 먼 미래 생에 받을 수도 있다는 것을 반드시 기억해 두어야 합니다. 그래서 부처님께서는 이런 가르침을 설하신 적이 있습니다.

"선업의 열매가 맺기 전까지는 아무리 착한 일을 많이 해도 당장은 행복을 맛보지 못 할 수 있다. 하지만 선업의 열매가 완전히 익고 나면 그때는 반드시 행복을 맛보게 된다.

악업의 열매가 맺기 전까지는 아무리 나쁜 짓을 해도 불행을 겪지 않을 수 있다. 하지만 악업의 열매가 완전히 익고 나면 그때는 반드시 불행을 겪게 된다."

내가 선업을 많이 지었는데도 여전히 불행하게 산다면 그것은 다만 선업의 과보가 아직 완전히 익지 않았기 때문입니다. 언젠가는 선업의 과보로서 행복이 반드시 찾아옵니다.

반대로 누군가가 악업을 많이 지었는데도 여전히 행복하게 산다면 그것은 다만 악업의 과보가 아직 완전히 익지 않았기 때문입니다. 언젠가는 반드시 악업의 과보로서 불행이 그 사람을 찾아갑니다.

성급했던 의사

부처님께서는 인과응보의 진리를 중생에게 가르치기 위해 다음과 같은 이야기를 설하신 바 있습니다.

옛날 어느 나라에 한 왕이 있었다고 합니다. 이 왕은 병에 걸려 있었는데 10년이 넘어도 낫지 않았습니다. 그래서 누구든 이 병을 낫게 해 주는 이에게 큰 상을 내리겠노라고 마음먹고 있었습니다.

그러던 어느 날 왕은 한 시골 마을에 뛰어난 의사가 있다는 소문을 듣게 되었습니다. 그래서 그 의사를 불러와 자신의 병을 치료하게 했지요.

왕궁에 불려 온 시골 의사는 자신이 왕의 병을 고치면 큰 상을 받게 될 것이라고 생각했습니다. 그래서 온 정성을 다해 왕을 치료했고, 결국 왕은 씻은 듯이 낫게 되었지요.

오랫동안 자신을 괴롭혀 온 병에서 벗어났으니 얼마나 기뻤겠습니까? 왕은 신하를 불러 자신을 치료한 의사의 집에 수많은 코끼리와 말, 소와 양, 재물을 보내 주고, 크고 화려한 집도 하사합니다. 하지만 왕은 이에 대해서 의사에게 아무 말도 하지 않았습니다.

이런 일이 진행되는 동안 의사는 궁에 머물면서 왕이 자신에게 어떤 사례를 할지 기대하고 있었습니다. 그런데 왕으로부터 아무런 이야기도 듣지 못하고 시간만 흘러가자 조금씩 서운한 마음이 들었어요. 기다리다 못한 의사는 결국 왕을 찾아가 이제 집으로 돌아가겠다고 이야기했습니다. 그런데 왕은 자신이 이미 많은 선물을 보냈다는 말은 하지 않고 그저 그렇게 하라고만 했대요. 왕의 태도를 본 의사는 자신의 노력이 아무런 보답도 받지 못했다고 생각했습니다. 결국 의사는 불쾌한 마음을 품은 채 집을 향해 길을 떠났지요.

긴 여행 끝에 마을에 도착한 의사는 수많은 코끼리를 보고 깜짝 놀랐습니다.

"이게 웬 코끼리입니까?"

"어떤 의사가 왕의 병을 치료했는데, 그 보답으로 보내 준 선물이라더군요."

하지만 의사는 그것이 자기 것이라고는 생각하지 못했습니다.

조금 더 걸어 가던 의사는 이번엔 수많은 말과 소, 양을 보았습니다.

"이게 다 어디서 온 겁니까?"

"마을의 한 의사가 왕의 병을 고쳐서 왕이 보내 준 거라 합니다."

하지만 여전히 의사는 그 가축들이 자기에게 주어진 것이라고는 생각하지 못했습니다.

마침내 집에 도착한 의사는 또 한 번 놀랐습니다. 초라한 자신의 집이 있던 자리에 으리으리한 궁궐이 세워져 있었기 때문이었죠. 의사는 문지기에게 물었습니다.

"이게 웬 궁궐입니까?"

"여기에 있던 작은 집에 사는 의사가 왕의 병을 치료했는데, 왕이 그 보답으로 궁궐을 지어 주었습니다."

그 순간 궁궐 안에서 온갖 보석으로 치장한 한 부인이 의사에게 손을 흔들면서 나왔습니다. 의사는 이건 또 누군가 싶어서 봤더니 자기 부인이었대요.

"어찌 된 일이오?"

"왕께서 당신이 병을 치료해 준 고마움의 표시로 수많은 코끼리와 말, 소, 양과 재물을 보내 주셨어요. 집도 이렇게 훌륭하게 다시 지어 주셨답니다."

의사는 왕이 자신에게 후하게 사례했음을 비로소 알게 되었습니다. 그러고는 왕에게 서운한 마음을 품고 불쾌해했던 자신을 반성했다고 하지요.

여기에서 의사는 '복을 짓는 사람'을 비유합니다. 의사가 왕의 병을 치료한 것은 '복을 짓는 행위'를 말하지요. 또 애써 병을 치료해주었는데 왕이 아무런 사례도 하지 않는다며 서운해했던 의사의 성급한 태도는 '열심히 기도했는데 아무런 가피도 없다면서 서운해하는 사람들의 성급한 태도'를 의미합니다. 결국 의사가 왕으로부터 큰 사례를 받았다는 것은 복을 지은 사람은 결국 그 복을 스스로 받게 된다는 것을 의미하겠지요.

결국 이 이야기의 핵심은 의사가 자신이 받은 사례를 처음에는 알지 못했지만 결국에는 알게 되었던 것처럼, 우리 역시 우리가 받을 복을 이번 생에 받지 못한다 하더라도 다음 생이든 혹은 그 다음다음 생이든 미래의 언젠가는 반드시 돌려받게 된다는 것입니다.

전생에 지어 놓은 복이 적은 분들은 기도의 효과에 성급하게 집착하기 쉽습니다. 그러다 보면 '기도에 과연 영험이나 가피가 있을까?' 하는 의심이 들기 마련입니다. 이런 분들은 마음속에 확고한 믿음의 말뚝을 박아야 합니다. '인과응보의 법칙은 분명하다. 내가 지금 선업을 짓고 복을 지은 결과는 당장 나타나지 않더라도 언젠가는 반드시 나타난다. 내가 지은 선업의 열매가 완전히 다 익으면 그 공덕은 반드시 내게 돌아온다. 그러니 포기하지 말고 기도하자.' 이런 생각을 하면서 말입니다.

풀죽을 보시한 공덕

어느 날 부처님께서 아난 스님과 함께 어느 큰 부잣집에 가서 탁발을 하게 되셨습니다. 그때 이 집의 온 식구가 모두 나와서 부처님과 아난 스님을 반갑게 맞이하며 으리으리한 공양을 올렸다고 합니다.

아난 스님이 집을 둘러보니 이 집이 보통 부자가 아니더래요. 그래서 스님은 부처님께 이 집은 어떤 공덕을 지었길래 이런 엄청난 부귀를 누리는 것이냐고 여쭈어 보았습니다. 그러자 부처님께서 당신의 아주 먼 과거 전생의 이야기를 해 주셨습니다.

옛날에 아주 가난한 어느 집안이 있었답니다. 이 집안은 원래부터 가난했는데 엎친 데 덮친 격으로 흉년까지 드는 바람에 그야말로 온 집안 사람들이 굶어 죽기 직전이었다고 해요. 결국 이 집안 식구들은 풀을 뜯어와 그것으로 풀죽을 끓여 먹으며 연명하고 있었다고 합니다.

하루는 이 집안 식구들이 풀죽을 끓여서 먹으려 하고 있는데 마침 어느 수행자가 탁발을 왔더랍니다. 우리 같으면 어떻게 했을까요? 먹을 것이라고는 죽지 못해 먹는 풀죽밖에 없는데 그것까지 탁발하는 수행자에게 주기는 어렵겠지요. 하지만 이 식구들은 거칠고 맛없는 풀죽이긴 하지만 자신들이 먹지 않고 수행자에게 공양을 올렸다고 합니다.

풀죽을 받아든 수행자는 인상 한 번 찌푸리지 않고 "정성으로 올린 공양은 반드시 공덕이 있습니다."라고 하면서 맛있게 먹더래요. 감사한 마음으로 풀죽을 먹는 수행자의 모습에 집안 식구들은 매일 한 사람씩 돌아가며 자기가 먹을 분량의 풀죽을 수행자에게 공양 올리기로 했답니다.

그렇게 일주일 동안 수행자에게 자기들의 몫인 풀죽을 공양한 식구들은 유일한 음식을 공양하면서도 좋은 음식을 드리지 못한다며 미안해하더래요. 그래서 이 수행자는 식구들에게 보시(布施), 즉 베풂은 복을 짓는 가장 좋은 방법이란 법문을 해 주었답니다. 그리고 살생하지 말라[不殺生], 도둑질하지 말라[不偸盜], 사음하지 말라[不邪婬], 거짓말하지 말라[不妄語], 술 마시지 말라[不飮酒]는 다섯 가지 계율[五戒]을 주었다고 해요.

부처님께서는 그때 풀죽을 얻어먹은 수행자가 여러 생을 거쳐 당신으로 태어났다고 이야기하셨습니다. 또 그 가난한 집 식구들은 보시한 음식이 풀죽일지언정 정성을 다하는 마음으로 수행자에게 공양 올린 공덕으로, 그리고 수행자가 내려 준 다섯 가지 계율을 열심히 지킨 공덕으로 세세생생 천상에 태어나거나 혹은 부귀한 가문의 사람으로 태어나 행복하게 살았고, 다시 부처님과 아난 스님에게 공양을 올리는 큰 부잣집 사람들로 태어났다고 이야기하셨습니다.

이들이 지은 보시 공덕은 큰돈이나 진귀한 음식으로 지은 게 아닙니다. 평소라면 쳐다도 안 볼 풀죽으로 지은 것이지요. 하지만 보잘것없는 풀죽이라 하더라도 진심과 정성이 담겨 있었습니다.

불교에서는 어떤 공양을 올리든, 어떤 보시를 올리든 어떤 마음과 의도로 공양을 올리는가가 선업을 완성시키는 핵심이라 이야기합니다.

몇몇 사람들은 '풀죽 같은 거 보시해야 무슨 복이 되겠어?'라고 생각할 것입니다. 아닙니다. 부처님께선 아무리 보잘것없는 쌀 한 톨을 보시하더라도 진실되고, 정성스럽게 한 보시엔 언제나 크나큰 복과 선업과 공덕이 따른다고 하셨습니다. 그러니 제아무리 작은 것이라도 꾸준히 복을 지어야 합니다.

이 이야기의 주인공처럼 보시를 할 때 중요한 것은 보시하는 물건 그 자체가 아니라, 보시할 때의 마음과 정성이라는 것을 명심하십시오.

또한 계율(戒律)을 지켜야 합니다. 계율은 곧 윤리, 도덕입니다. 살면서 남한테 아무리 베풀어도 겉과 속이 다르고, 마음을 잘 쓰지 못하며, 남몰래 온갖 악행을 저지른다면 그건 진정한 선업이 될 수 없습니다. 더욱이 우리 중생은 살아가면서 과거 전생에서부터 수많은 악업을 지어 왔습니다. 그렇다면 우리의 행복을 가로막는 그 업보, 업장을 소멸하기 위해 무엇을 할 수 있을까요? 바로 기도입니다.

절, 염불, 독송, 사경 등 여러 기도법 가운데 무엇이든 관계없습니다. 자신만의 기도를 통해 우리의 삶을 차곡차곡 바꾸어나가기만 하면 됩니다. 그럼 여러분들의 삶에 어마어마한 행복과 행운이 찾아올 것입니다.

사람으로 태어나기
어렵다

살아오면서 '육도윤회(六道輪廻)'라는 말을 한 번쯤은 들어 보셨을 겁니다. 생전 어떻게 살았느냐에 따라 여섯 가지 세계를 끊임없이 윤회하게 된다는 거지요.

먼저 아주 나쁜 악업을 지은 사람은 지옥에 떨어집니다. 욕심 많은 사람은 굶주림에 헐떡이는 아귀(餓鬼)로 태어나지요. 어리석게 산 사람은 축생(畜生)으로 태어난다고 말합니다. 축생이라 하면 개, 고양이, 소, 돼지, 뱀 등을 말합니다. 또한 자존심 강하고 질투가 심하며 남과 싸워서 이기기를 좋아한 사람은 아수라(阿修羅)로 태어난다고 해요. 그럼 사람으로는 다시 태어나지 않느냐, 사람으로도 태어납니다. 복을 짓고 살면 다시 사람으로, 그 이상으로 많은 복을 지으며 살았다면 하늘세계에 태어난다고 하지요.

그런데 복을 지으며 사는 것이 결코 쉽지 않습니다. 그래서 불교

26

에서는 사람으로 태어나기가 힘들다고 이야기하는 것이지요. 그러니 여러분이 이번 생에 이렇게 사람으로 태어나 있는 것은 전생에 나름대로 지은 복이 있기 때문인 겁니다.

사람으로 태어났다고 해도 살아가는 모습은 다 다릅니다. 금수저 집안에 태어나 속된 말로 잘나가는 사람이 있는 반면, '흙수저 집안에 태어나 고생하며 살았는데 그 흙수저마저 딱 부러져 버리더라.' 하면서 한탄하며 사는 사람도 있습니다. 설상가상으로 그 흙수저도 없어서 손으로 밥 먹고 살아야 하는 사람도 있지요. 똑같이 사람으로 태어났다 해도 전생에 지은 복이 다 다르기 때문입니다.

가난한 집에 태어났지만 자수성가해서 말년에 성공하는 사람도 있습니다. 이런 사람은 전생에 처음에는 복을 짓지 않다가 말년에 이르러 복을 지은 경우라고 합니다. 반대로 좋은 집안에서 태어나 호의호식하고 살았지만 말년에는 곤궁하게 사는 사람도 있습니다. 이것은 전생에 처음에는 복을 지었지만 말년에 가서는 '에휴, 착하게 사는 게 무슨 소용이 있겠어?' 하면서 복 짓기를 그만두었던 경우이지요. 또 전생에 복을 짓기는 했는데 사람으로 태어날 만큼 충분히 짓지는 않은 경우도 있을 겁니다. 이런 경우 사람으로 태어났다 하더라도 그 몸으로 계속 살아갈 만큼의 복이 없기 때문에 빨리 죽는다고 합니다.

그러니 지금부터 당장 조금이라도 복을 지어야 합니다. 혹시 이번 생에 내가 갑자기 죽게 되더라도 그나마 지은 복이 있어야 다음 생에 인간의 몸같이 좋은 몸을 받을 수 있기 때문이지요.

망자가 어디로 윤회했는지 알 수 있는 법

옛날에 어느 스님이 있었습니다. 하루는 스님이 탁발을 하다가 어느 신도의 집에서 하룻밤을 보내게 되었습니다.

이튿날 아침, 스님이 마당에서 세수를 하고 있을 때였습니다. 집 주인이 마당에 나와서 그 집 머슴을 불렀습니다.

"엊그저께 윗마을 박첨지가 죽었다는구나. 박첨지가 천상세계에 갔는지 아니면 지옥에 떨어졌는지 알아봤느냐?"

머슴은 냉큼 대답했습니다.

"예, 마님. 박첨지는 지옥에 떨어졌습니다."

주인이 혀를 차면서 말했습니다.

"안타깝구나. 저 아래 사는 김첨지도 죽었다던데 그 사람은 또 어떻게 되었느냐?"

"아, 그건 아직 모르겠습니다. 당장 알아보고 오겠습니다."

밖으로 나갔던 머슴은 곧 헐레벌떡 달려왔습니다.

"마님, 김첨지는 천상에 갔습니다."

"그래, 잘 되었구나."

머슴의 말을 들은 집주인은 안도했습니다.

집주인과 머슴의 대화를 들은 스님은 무척 의아했습니다. 그래서 집주인에게 이렇게 물어보았지요.

"어르신, 아까 어르신께서 머슴에게 누가 천상에 갔는지, 누가 지옥에 떨어졌는지 물으시는 것을 봤습니다. 평생 절에서 수행한 저도 죽은 사람이 천상에 갔는지, 지옥에 떨어졌는지는 알 수가 없는데, 저 머슴 아이는 어떻게 그리 잘 아는지요?"

집주인이 껄껄 웃으면서 대답했습니다.

"전혀 어려운 일이 아닙니다. 어떤 사람이 죽었을 때 그 동네 사람들이 보이는 반응을 살펴보면 천상에 갔는지, 지옥에 떨어졌는지 알 수 있습니다. 만약 동네 사람들이 슬퍼하고 안타까워하면 그 사람은 분명히 천상세계로 갔을 것입니다. 반대로 기뻐하고 고소해하면 그 사람은 분명 지옥에 떨어졌을 것입니다. 아주 당연한 도리이지요."

집주인의 설명을 들은 스님은 무릎을 탁 치면서 감탄했습니다.

이런 이야기를 귀로만 듣고 끝내면 안 됩니다. 우리 함께 생각해보죠. 여러분이 세상을 떠났을 때 사람들은 어떤 반응을 보일까요? 한번 예측해 보시기 바랍니다. 슬퍼할까요, 아니면 무관심할까요? 혹은 기뻐할지도요.

구렁이로 태어난 어머니

사람이 죽으면 업에 따라 축생으로 태어날 수 있다고 했습니다. 불교에서는 좀 더 구체적으로 화를 잘 내면 독사로, 밥 먹고 잠만 자면 소로, 먹는 거에 집착하면 돼지로 태어난다고 말하지요. 그리고 자기 재산에 너무 집착하는 사람들은 자기 집을 지키는 지킴이 구렁이로 태어난다고 합니다.

옛날 경북 달성에 어느 부잣집이 있었다고 합니다. 그런데 이 집 주인 할머니가 그렇게 욕심이 많았대요. 자기 집 감이 익어 땅에 떨어져서는 썩어 가도 다른 사람들이 손대지 못하게 할 정도였다니 말이지요. 썩어도 자기 감이라고 그랬던 것이지요.

이 할머니는 돈이 생겨도 아들에게 맡기는 법이 없고, 쌀독도 절대 며느리에게 맡기지 않았다고 합니다. 다 자기가 관리해야 성에 찼죠.

그러다가 시간이 흘러 할머니가 돌아가셨습니다. 아들은 할머니를 3년 동안 가까이에서 모시고 싶어 그 집 감나무 밑에 시신을 가매장했다고 합니다. 그리고 집 안에는 어머니의 혼백 상자를 모셔 놓고 아침저녁으로 음식을 올리는 상식(上食)을 했대요.

하루는 며느리가 밥을 하려고 쌀독을 열었습니다. 그런데 쌀독 안에 큰 구렁이 한 마리가 똬리를 틀고 있더랍니다. 깜짝 놀란 며느리는 하인을 시켜서 구렁이를 꺼내 멀리 던지게 했지요.

그러고 며칠이 지났습니다. 이번에는 며느리가 상식을 올리려고 갔더니 혼백 상자 위에 그때 그 구렁이가 또 똬리를 틀고 있는 거예요. 며느리가 혼비백산해서 밥상이 엎어지고 온 집안이 난리가 났겠지요.

그런데 아들은 무언가 좀 이상한 느낌이 들었습니다. 그래서 구렁이가 어디로 가는지 지켜봤더니 마당을 가로질러서 감나무 아래 있는 어머니 무덤에 난 구멍으로 쏙 사라지더랍니다.

그 모습을 본 아들은 자기가 어렸을 적 들었던 이야기 하나를 떠올렸습니다. 재산에 애착이 많으면 죽어서 구렁이로 태어난다는 내용이었지요. 그래서 아들은 혹시나 하는 마음에 상자를 하나 들고 어머니 무덤에 난 구멍 앞으로 가서 말했답니다.

"혹시 어머니이시면 이 상자 안으로 들어오시지요."

그랬더니 신기한 일이 벌어집니다. 구렁이가 구멍에서 나오더니 상자 안으로 쏙 들어가는 것이었지요. 이렇게 아들은 어머니가 구렁이로 다시 태어났음을 알게 되었습니다.

아들은 어떻게 하면 어머니를 좋은 곳으로 보내드릴 수 있을지 고민했어요. 이렇게 저렇게 생각하다 보니 속설 하나를 들은 게 생각났습니다. 죽은 혼령을 팔도유람시켜 주면 좋은 곳에 간다는 것이지요. 그래서 아들은 어머니에게 팔도유람을 시켜 드려야겠다고 생각했답니다.

그는 사람들이 놀라지 않게 구렁이를 상자에 넣은 후 함께 유람을 떠났습니다. 말이 유람이지 몇 달 동안 여기저기 돌아다니려니 고생이 말이 아니었어요. 하지만 금강산이 좋다는 이야기를 들은 아들은 구렁이로 다시 태어난 어머니를 모시고 먼 길을 마다하지 않았습니다. 유점사에 올라서 금강산 구경을 하는데 과연 경치가 기가 막혔답니다. 아들은 상자 안에 있는 구렁이에게 이야기했지요.

"어머니, 여기가 금강산 유점사입니다. 좋으시지요?"

그때 주지스님이 마당에 나와 있었는데 가만히 보니 어떤 사람이 상자에 대고 말을 하고 있는 것이었어요. 스님은 생각했지요.

'허허, 나이도 얼마 안 되어 보이는 사람이 참 안됐네.'

그런데 가만히 보니 멀쩡한 사람 같더랍니다.

'아, 무언가 사연이 있는 사람인가 보다.'

스님은 아들에게 어떻게 이곳에 왔느냐고 물어보았답니다. 긴 여

정에 지친데다 답답했던 아들은 스님에게 자초지종을 털어놓기 시작
했습니다.

"제가 미쳤다고 생각하시겠지만 이건 다 사실입니다, 스님."

아들의 이야기를 들은 스님이 웃으면서 말했습니다.

"우리 불교에서는 당연한 일입니다. 하나도 이상한 일이 아닙니
다. 그런데 선택을 잘못하셨군요."

아들은 깜짝 놀랐습니다.

"그게 무슨 말씀이십니까?"

"어머님께서 전생의 과보로 뱀의 몸을 받으셨으면 그 업보를 녹
여서 잘 천도(薦度)시켜 드려야 합니다. 이렇게 유람을 다닌다고 해서
업이 소멸되는 것이 아닙니다."

아들은 귀가 솔깃해졌습니다.

"그럼 어떻게 해야 할까요?"

"어머니 사십구재는 지냈소?"

안타깝게도 아들은 사십구재 같은 게 있는 줄도 몰랐습니다.

"돌아가신 지 좀 되긴 했습니다만 이제라도 49일 동안 열심히 기
도를 올리시지요. 어머님은 업보가 두꺼우신 것 같으니 저만 기도할
것이 아니라 거사님도 같이 기도하셔야 합니다. 그리고 마지막 49일
기도가 끝난 뒤에 어머니의 천도를 발원하면서 재를 올리시지요."

아들은 어머니의 천도를 기원하면서 49일 동안 열심히 기도했습
니다. 그리고 재를 지내면서 어머니의 이름을 부르며 전생에 지은 업
보가 부처님 가피 안에서 녹아 없어졌으니 부디 좋은 데로 가시길 기

원했지요.

　재를 마친 아들은 집으로 돌아가기 위해 구렁이를 넣어 둔 상자를 다시 들었습니다. 그런데 그 안을 봤더니 뱀이 편안하게 똬리를 틀고 죽어 있더랍니다.

　'어머니가 새 몸을 받아서 다시 태어나셨겠구나.'

　아들은 구렁이를 잘 묻어 주고 집으로 돌아왔습니다.

　집에 돌아와 피곤한 나머지 깊은 잠에 빠져든 아들 꿈에 어머니가 하얀 옷을 입고 나타나셨습니다. 돌아가신 분이 하얀 옷을 입고 나타나시는 것은 그분의 업장이 소멸되었다는 뜻이라고 하지요. 참고로 화려한 옷을 입고 나타나시는 경우는 부처님의 가피를 받았다는 뜻이라고 합니다. 아예 옷을 홀딱 벗고 나타나시는 분도 있다고 해요. 이런 경우는 모든 집착을 다 놓아 버리셨다는 뜻이라고 합니다.

　아무튼 어머니가 하얀 옷을 입고 나타나셨는데 표정이 그렇게 환하고 밝더래요. 살아생전에는 그 표정이 표독스럽기 짝이 없는 분이셨는데 말이지요. 그러면서 말씀하셨답니다.

　"네가 기도를 잘해 준 덕분에 이제는 나도 축생의 몸을 벗고 좋은 곳으로 가게 되었다. 참으로 고맙다."

　이 꿈을 꾸고 나서 유생(儒生)이었던 이 부잣집 아들은 불법(佛法)이 참으로 오묘하고, 인과응보가 이렇게 무섭구나 하는 걸 느끼고는 마지막 죽는 그날까지 불법에 귀의해 복 짓는 삶을 살았다는 이야기가 전해지고 있습니다.

옛날 지리산 어느 절 부근에 곰 한 마리가 살고 있었다고 합니다. 그 곰은 겨울이 되어 먹을 것이 없으면 절에 내려오곤 했는데, 그때마다 누룽지같이 먹을 것을 던져 주고 했다고 해요.

그런데 버릇이 들었는지 곰이 매일같이 절에 찾아오더랍니다. 그래서 스님들과 친해지기까지 했다고 해요. 스님들이 참선하면 자기도 참선하는 시늉을 하고, 스님들이 법당에서 절을 하면 자기도 절하는 시늉을 할 정도로요.

시간이 흘러서 이 곰은 죽었습니다. 그런데 절에서 스님들이 수행하는 모습을 흉내 낸 공덕으로 사람 몸을 받아 태어났대요. 그렇게 전생에 절에 들락거린 인연이 있어선지 사람으로 태어나서도 절에 가고 싶더랍니다. 그래서 결국 출가했지요.

스님들은 행자가 된 이 사람을 '곰 웅(熊)' 자를 써서 '웅행자'라고 불렀대요. 덩치가 산만하고 힘도 셌지만 머리는 나빴거든요. 전생에 곰이었던 것을 스님들이 눈치챘던 걸까요? 이 웅행자를 가르치던 큰스님도 결국에는 두 손을 들고 이렇게 말했답니다.

"행자야, 너는 전생의 업보가 두꺼운 것 같다. 이번 생에는 스님 될 생각하지 말고 염불이나 열심히 하거라."

다만 이 웅행자는 우직한 면이 있어서 큰스님께서 하신 말씀대로 장작을 펠 때도, 스님들 시봉할 때도 내내 열심히 나무아미타불을 염했다고 합니다.

어느 날 웅행자는 밥을 하기 위해 아궁이에 불을 때면서 나무아미타불을 염했습니다. 그러다가 삼매(三昧)에 들어가 버렸대요. 얼마나 깊이 빠져들었던지 불씨가 튀어 짚신 발등에 불이 붙었는데도 계속 나무아미타불만 하고 있었던 겁니다.

마침 큰스님이 지나가다가 그 모습을 보았답니다. 큰스님은 웅행자의 그 모습에 화가 머리끝까지 났어요.

"야, 이 미련한 놈아! 발등에 불이 붙었는데 그것도 모르고 염불만 하고 있느냐!"

큰스님은 이렇게 호통을 치면서 부지깽이로 웅행자의 머리를 내리쳤답니다. 그런데 이게 웬일입니까? 부지깽이에 딱 맞는 순간 웅행자의 눈앞에 곰으로 살았던 자기의 전생이 펼쳐졌답니다. 웅행자는 깨달았지요.

'아, 내가 전생에 곰이었구나. 하지만 스님들 따라서 부처님께 절한 공덕으로 사람 몸을 받아 출가까지 할 수 있었던 것이구나.'

전생의 도리, 인연의 도리가 다 펼쳐지면서 깨달은 웅행자는 기뻐 덩실덩실 춤을 추었다고 합니다. 그러면서 이렇게 노래를 불렀습니다.

천 번 태어나고, 만 번 죽으니
언제 이 일이 끝날 것인가.
오고 가고, 가고 오면서 짐만 더하였구나.
이제야 오늘 아침 비로소 대장부의 일을 모두 마쳤도다.

이와 같이 우리가 전생에 지었던 이 업이라는 것은 결코 무시할 수가 없습니다. 축생의 과보로 구렁이로 태어난 자의 이야기, 그리고 사람으로 태어나 스님이 된 곰의 이야기를 연이어 들어보시니 그 가르침이 어떤 의미인지 아시겠나요?

간혹 윤회와 관련한 이야기를 하면 더러 불교는 숙명론(宿命論)이냐고 물으시는 분들이 있습니다. 제 대답은 '아니요'입니다.

불교는 운명이 정해져 있다는 생각을 거부합니다. 지금까지 이야기를 통해 보았듯, 부처님께서 전생의 업보에 대해 강조하시고, 또 지금 당장 조금이라도 더 복을 지으라고 말씀하신 건 내 삶은 결국 내가 만들어 가는 것임을 가르쳐 주고자 하셨던 것입니다.

그럼 질문 하나 드리겠습니다.

여러분은 다음 생에 무엇으로 태어나기 위한 준비를 하시겠습니까?

박복한 중생은
오는 복도 차 버린다

불교에서는 사람으로 태어나는 것도 기적 같은 일이고, 사람으로 태어나 불법을 만나게 되는 것도 기적 같은 일이라고 이야기합니다. 그렇다면 지금 이 책을 읽고 계신 여러분은 이번 생에 사람으로 태어나 불법까지 만났으니 참으로 복 받은 분들입니다.

반면 사람으로 태어났음에도 박복한 삶을 사는 이들이 있습니다. 전생에 지은 악업 때문에, 또는 현생에서 윤회와 인과응보의 이치를 깨닫지 못한 어리석음으로 인해 복을 스스로 차 버리는 사람들이 그렇습니다.

구렁이 뼈를 묻어 준 인연

우리가 살다 보면 이유 없이 좋은 사람도 있고, 반대로 이유 없이 싫은 사람도 있습니다. 또 이유 없이 나를 좋아하는 사람도 있지만, 그와 반대로 이유 없이 나를 미워하는 사람도 있지요.

나와 어떤 사람이 좋은 업보로 맺어진 관계라면, 나는 그 사람을 이유 없이 좋아할 수 있고, 혹은 그 사람이 나를 이유 없이 좋아할 수도 있습니다.

반대로 나와 어떤 사람이 나쁜 업보로 맺어진 관계라면 어떨까요? 내가 이유 없이 그 사람을 싫어할 수도 있고, 혹은 그 사람이 나를 이유 없이 싫어할 수도 있습니다. 이를 불교에서는 '인연법(因緣法)'이라 이야기하지요.

조선시대의 유명한 고승(高僧) 사명대사께서 어느 날 제자 둘을 데리고 길을 가게 되었습니다. 그런데 가다 보니 커다란 구렁이 뼈가 길옆에 뒹굴고 있더랍니다. 사명대사가 그 모습을 보고 첫째 제자에게 말했습니다.

"구렁이 뼈가 저렇게 있는 모습을 보니 마음이 아프구나. 저 뼈를 잘 수습해서 양지바른 곳에 잘 묻어 주도록 해라."

하지만 첫째 제자는 말을 듣지 않았습니다. 이미 너무 오래되어 조금만 더 있으면 저절로 다 사라질 것인데 무엇하러 굳이 묻어 주느냐는 것이었지요. 사명대사는 한숨을 쉰 다음 둘째 제자에게 구렁이 뼈를 잘 묻어 주라고 말했습니다. 둘째 제자는 첫째 제자와 달리 스승의 말대로 구렁이 뼈를 정성껏 수습하여 양지바른 곳에 잘 묻어 주었습니다. 그러고는 염불도 해 주었지요.

다시 길을 떠난 세 사람은 어느 마을을 지나게 되었습니다. 사명대사는 어느 고래등 같은 기와집이 보이는 곳에서 멈춰 섰습니다. 그러고는 첫째 제자에게 말했지요.

"저 집에 가서 시주를 좀 받아 오도록 해라."

첫째 제자는 큰 기와집에 가서 시주를 부탁했습니다. 하지만 집주인은 짜증을 내면서 매몰차게 거절했습니다.

제자는 사명대사에게 돌아와 시주를 받지 못했다고 이야기합니다. 대사는 한숨을 쉰 다음 둘째 제자를 불러서 시주를 받아 오라고 말했습니다.

둘째 제자도 큰 기와집에 가서 시주를 부탁했습니다. 그런데 이번에는 집주인이 짜증을 내기는커녕 어서 오시라면서 반갑게 맞이하는 것이 아니겠습니까? 그러고는 쌀 한 자루를 시주하고 공손하게 배웅까지 했지요.

둘째 제자는 사명대사 앞에 두둑한 쌀자루를 내려놓았습니다. 첫째 제자는 자신이 갔을 때와는 전혀 다른 결과에 깜짝 놀랐지요. 사명대사가 제자들에게 말했습니다.

"저 집주인을 보거라. 첫째가 갔을 때는 매몰차게 대하더니, 둘째가 갔을 때는 반갑게 맞이했다. 왜 그랬는지 알겠느냐? 저 집주인은 아까 우리가 길에서 보았던 죽은 구렁이가 다시 태어난 사람이다. 눈에는 보이지 않지만 사람들은 서로 업의 인연을 맺고 있는 법이다. 첫째는 구렁이 뼈를 묻어 주지 않으려고 했기 때문에 저 집주인과 좋은 인연을 맺지 못했다. 그래서 집주인이 첫째를 매몰차게 대하고 시주도 하지 않은 것이다. 반면 둘째는 구렁이 뼈를 잘 묻어 주었기 때문에 저 집주인과 좋은 인연을 맺었다. 그래서 저 집 주인이 둘째를 반갑게 맞이하고 시주도 한 것이다. 너희들은 이러한 이치를 항상 명심하도록 해라."

우리가 사람들과 맺는 인연은 좋은 인연이든 나쁜 인연이든 모두 내가 지은 업의 결과입니다. 누군가가 나를 이유 없이 싫어하고 괴롭힌다면 무언가 그 사람에게 잘못한 적이 있었기 때문이지요. 따라서 무조건 그 사람만 원망할 일이 아닙니다.

반대로 누군가가 나를 이유 없이 좋아하고 도와준다면 무언가 그 사람에게 잘해 준 적이 있었기 때문입니다. 이야기에 나오는 집주인이 둘째 제자를 후하게 대접했던 것은 그가 자기 전생인 구렁이의 뼈를 양지바른 곳에 묻어 주었기 때문인 것처럼 말이지요.

이처럼 크든 작든, 선업이든 악업이든, 내가 지은 업에 대한 과보는 현생과 내생을 걸쳐 언젠가는 반드시 내가 받게 된다는 것을 잊지 마시기 바랍니다.

먹을 복이 없는 라운주 스님

우리 주변에 보면 무엇이든 일이 술술 잘 풀리는 사람이 있는가 하면 무슨 일이든 지지리도 안 풀리는 사람도 있습니다. 우리는 전자와 같은 사람을 '복 받은 사람'이라고 하고, 후자와 같은 사람을 '복 없는 사람'이라고 합니다. 그런데 이런 복은 누가 짓는다고 했나요? 네, 자기 스스로 짓는 것입니다.

석가모니 부처님 당시에 '라운주'라는 스님이 계셨습니다. 본래 스님은 아주 가난한 집에서 태어났습니다. 그래서 출가하기 전까지 한 번도 음식을 배불리 먹어 본 적이 없었지요.

이분은 이상하게도 출가하여 스님이 된 다음에도 먹을 것과 인연이 없었습니다. 탁발을 나가도 매번 뭔가 일이 꼬여서 공양을 받기가 어려웠습니다. 어떤 때는 공양을 받지 못해 몇 날 며칠을 굶기도 했지요. 여러 다른 스님들은 제대로 먹지 못하는 라운주 스님을 안타까워 했습니다.

하루는 신통제일 목건련 스님이 라운주 스님에게 말했습니다.

"나는 항상 신도들에게 공양을 많이 받는다네. 나는 아까 많이 먹었으니 이건 자네가 먹게."

그러면서 스님은 라운주 스님의 바리때에 음식을 담아 주었습니다. 그런데 이게 웬일입니까? 하늘에서 갑자기 새가 날아와 순식간에 바리때 안의 음식을 채어 가 버리는 것이었습니다. 목건련 스님은 그 모습을 보고 기가 막혔지요.

이번에는 지혜제일 사리불 스님이 나섰습니다.

"나도 항상 신도들에게 공양을 많이 받는다네. 나는 아까 많이 먹었으니 이건 자네가 먹게."

말을 마친 사리불 스님은 주변에 새가 있는지 없는지 살펴본 다음

라운주 스님의 바리때에 음식을 담아 주었습니다. 그런데 신기한 일이 벌어졌습니다. 라운주 스님의 바리때에 들어온 음식이 순식간에 진흙 덩어리로 변해 버린 거지요. 그 모습을 본 사리불 스님도 기가 막힐 노릇이었습니다.

이번에는 수행제일 마하가섭 스님이 나섰습니다.

"나도 항상 신도들에게 공양을 많이 받는다네. 나는 아까 많이 먹었으니 이건 자네가 먹게."

마하가섭 스님은 주변에 새가 있나 없나 살피고, 또 음식이 진흙 덩어리로 변하지 않기를 간절히 기도하면서 라운주 스님의 바리때에 음식을 담아 주었습니다. 그런데 이번에는 라운주 스님의 입이 딱 붙어 버리는 것이었습니다. 입을 열지 못하니 바리때에 담긴 음식을 보고도 먹을 수가 없었어요.

그때 부처님께서 오셨습니다. 상황을 파악하신 부처님은 라운주 스님이 음식을 잘 먹을 수 있도록 축원해 주셨습니다. 라운주 스님은 그제야 입이 열려 음식을 먹을 수 있었지요.

여러 스님들은 부처님께 라운주 스님이 저렇게 된 것은 무슨 까닭이냐고 여쭈어 봅니다.

"이것은 모두 라운주 스님이 머나먼 과거 전생에 지은 업 때문에 일어난 일이다."

머나먼 과거 전생에 한 거룩한 스님이 바리때에 공양을 받아서 드시려 하고 있었습니다. 그런데 그때 한 건달이 나타나서 스님의 공양을 빼앗아 먹었다고 해요. 그 과보로 인해 건달은 수많은 생에 걸쳐서 굶주린 귀신인 아귀로 태어났다고 합니다. 그러다가 겨우 아귀의 몸을 벗고 사람으로 태어나게 되었는데, 사람으로 태어나서도 다시 500생 동안 아주 가난한 집안에서만 태어났대요. 먼 과거 전생에 스님의 공양을 빼앗아 먹었던 업에 대한 과보가 라운주 스님의 현생에까지 이어져, 어려서 제대로 먹지 못하고, 출가하고 나서도 제대로 먹지 못하는 박복한 처지가 된 것이었지요.

부처님께서 들려주신 자신의 과거 생에 대한 이야기를 들은 라운주 스님은 피눈물을 흘리며 자신이 지은 악업을 참회(懺悔)했습니다. 그러고는 더욱 열심히 정진하여 결국 위대한 깨달음을 얻고 아라한(阿羅漢)이 되었습니다.

라운주 스님의 이야기를 단순히 옛날이야기라고만 치부하고 넘어가서는 안 됩니다. 그와 비슷한 이야기가 요즘에도 더러 있기 때문입니다.

한 예로 어떤 분은 식당을 하셨는데 연달아 세 번을 실패하셨다고 해요. 처음에는 이분이 한우 고깃집을 열었다고 합니다. 그런데 하필이면 그때 광우병 파동이 터지면서 가게를 접으셨다고 해요. 그다음에는 돼지갈빗집을 열었다고 합니다. 그런데 당시 돼지 콜레라가 유행하면서 두 번째로 가게를 접으셨다고 해요. 다음에는 이분이 삼계탕집을 열었더니, 조류독감이 돌면서 세 번째 가게도 접으셨다고 합니다.

믿어지지 않지만 일이 안 풀리려면 이렇게 안 풀릴 수도 있습니다. 라운주 스님이 그랬던 것처럼 이분 역시 본인이 과거에 지었던 악업에 대한 과보로 그런 어려움을 겪었던 것은 아닐까요?

복 지을 기회를 스스로 날린 조카

복이 많으면 뭘 해도 일이 잘 풀리지만, 복이 없으면 뭘 해도 일이 잘 풀리지 않습니다. 또한 박복한 자는 어렵사리 생긴 복 지을 기회를 스스로 차 버리는 어리석은 일을 저지르는 경우도 있지요. 조선시대 최고의 도인으로 손꼽히는 진묵 스님의 일화 중에 이러한 이치를 잘 보여 주는 이야기가 있습니다.

진묵 스님에게는 누이동생의 외동아들, 즉 조카가 한 명 있었습니다. 그런데 이 조카가 너무너무 가난하게 살았어요. 가난한 조카를 항상 마음에 걸려 하던 진묵 스님은 칠석날 아침 일찍 조카를 찾아가서 말했습니다.

"내가 너를 가난에서 벗어나게 해 주려고 한다. 오늘이 칠석이니 너는 지금 당장 네가 가진 모든 것을 다 털어서라도 정성스럽게 음식을 장만하도록 해라. 그 뒤 음식을 가지고 자정까지 마당에 상 일곱 개를 차려 놓도록 해라. 내가 오늘 밤에 칠성님 일곱 분을 이곳으로 모셔올 터이니, 칠성님들께서 네가 준비한 음식을 맛있게 잘 드시면 앞으로 너는 잘살게 될 것이다."

조카는 진묵 스님이 말한 대로 푸짐하게 음식을 만들어 상 일곱 개를 마당에 차렸습니다. 과연 자정이 되자 진묵 스님이 노인 일곱 명을 데리고 왔습니다. 진묵 스님은 노인들에게 말했지요.

"여기 제 조카가 칠성님들을 위해 상을 차렸습니다. 변변치 않더라도 맛있게 드셔 주시면 감사하겠습니다."

그런데 조카와 조카의 부인이 보니 그 노인들은 칠성님이라고 하기에는 너무 못생기고 더럽고 초라하더랍니다. 조카와 그 부인은 기분이 나빠졌어요. 없는 살림을 다 처분해서 음식상을 준비했지만 아무래도 속았다는 생각이 들었습니다. 조카와 조카 부인은 분을 참지 못해 부엌에 들어가서 일부러 큰 소리를 내면서 설거지를 했습니다.

마당에서 밥을 먹으려고 하던 칠성님들도 부엌에서 들려오는 그릇 부딪히는 소리를 들었습니다. 칠성님들은 못 올 데를 온 것 아닌가 싶어 마음이 불편했지요. 점점 분위기가 험악해지면서 칠성님들은 서로 눈치만 봤습니다. 결국 칠성님 중 한 분이 음식에 손도 대지 않고 일어나더니 그대로 휙 가 버렸습니다. 한 칠성님이 그렇게 나가 버리자 다른 칠성님들 역시 음식에는 손도 대지 않고 차례차례 일어나서 가 버렸습니다.

진묵 스님은 이 뜻밖의 상황에 무척 당황했습니다. 마지막 일곱 번째 칠성님도 일어나서 가려고 하자 진묵 스님이 칠성님의 옷자락을 붙잡고 사정을 했습니다.

"죄송합니다, 칠성님. 제 조카가 어리석어서 그렇습니다. 그래도 차린 정성을 생각하셔서 제발 한 숟가락이라도 좀 드셔 주십시오."

일곱 번째 칠성님은 진묵 대사의 얼굴을 봐서 밥 한 숟가락, 국 한 숟가락, 반찬 한 젓가락을 먹었습니다. 그러고는 가 버렸지요.

칠성님들이 다 떠나신 후 화가 난 진묵 스님은 조카에게 호통을 쳤습니다.

"에라, 이 어리석은 놈아! 박복한 중생은 오는 복도 차 버린다더니 네 놈이 딱 그렇구나! 내가 너에게 복을 주려고 얼마나 어렵게 칠성님들은 모셔 왔는지 아느냐? 난 이제 모르겠다. 이것도 다 네 업보이니 이제는 네가 알아서 하도록 해라!"

진묵 스님은 집 대문으로 씩씩거리며 걸어갔습니다. 그러다 갑자기 뭔가가 생각난 것처럼 걸음을 멈추고 조카를 돌아보며 말했습니다.

"그래도 마지막 칠성님께서 밥 한 숟가락, 국 한 숟가락, 반찬 한 젓가락을 드셨으니 앞으로 3년은 잘살 수 있을 것이다."

진묵 스님은 이 말을 남기고 조카의 집을 떠났습니다. 과연 조카의 집은 그날 이후로 여러 가지 일이 술술 잘 풀리면서 큰 부자가 되었어요. 하지만 진묵 스님이 이야기했던 3년을 채우던 바로 그날, 집에 큰불이 나면서 모든 재산을 잃고 다시 가난해졌다고 합니다.

만약 칠성님 일곱 분이 모두 식사를 잘 하셨더라면 조카는 현생뿐만 아니라 내생까지도 복을 이어받았을 것입니다. 하지만 워낙 복이 없다 보니 삼촌인 진묵 스님이 억지로 마련한 기회마저 스스로 날려 버린 것이지요.

복이든 화든 결국 내가 지은 업대로 받을 수밖에 없습니다. 남이 받을 복을 내가 대신 받을 수도 없고, 내가 받을 화를 남에게 떠넘길 수도 없습니다. 오직 내가 지은 것을 고스란히 내가 다 받게 될 뿐입니다.

마음을 잘 써야
복을 받는다

우리가 불교를 믿는 것은 어찌 보면 조금 더 행복한 인생을 살고 싶은 바람 때문입니다. 불교에서는 내가 지은 업은 내가 받는다고 가르치지 않습니까? 그러니 절에 가서 등을 단다거나, 봉사를 한다거나, 간절한 마음으로 기도하는 것은 우리의 삶을 행복하게 만들고 복을 짓는 방법이 될 수 있습니다. 실제로 부처님오신날에 절에 가서 등 하나 달면 뭔가 집안에 행운이 올 것 같은 느낌을 받곤 하지요.

그런데 한 가지 더 중요한 게 있습니다. 바로 평소 마음을 잘 써야 한다는 겁니다. 우리 주변에 일요일마다 성당이나 교회에 가고, 초하루 보름마다 절에 다니는 분들이 계십니다. 하지만 아무리 그렇게 해도 평상시 마음을 잘못 쓰고 산다면 삶에 은혜와 가피가 생기기 어렵습니다.

불교의 핵심, '마음'

평소 이런 질문을 많이 하십니다.

"스님, 불교가 말하고자 하는 게 무엇입니까?"

"불교의 핵심이 무엇입니까?"

불교의 가르침을 요약하면 결국 '마음을 잘 써라.'라고 할 수 있습니다. 옛날부터 여러 큰스님들이 한결같이 말씀하신 것도 바로 이것입니다. 해인사에 가면 불교의 모든 가르침을 모아 놓은 팔만대장경이 있습니다. 이 팔만대장경을 한 글자로 줄이면 '마음 심(心)', 이 한 자라고 합니다. 마음을 잘 쓰는 것이 핵심이라는 것이지요.

마음은 사람에게도 있고, 짐승에게도 있습니다. 하지만 사람과 짐승은 마음을 쓰는 방식이 다릅니다.

사람이 사람답게 마음을 쓴다는 것은 무엇일까요? 이를테면 내가 가진 게 있으면 나보다 부족한 사람에게 베풀기도 하는 것, 그것이 사람답게 마음을 쓰는 것이겠지요. 반면 짐승들은 그렇지 않습니다. 먹을 것이 있으면 자기만 먹으려고 하죠. 개의 경우 평소에는 주인에게 꼬리를 흔들다가도 주인이 자기 먹을 것에 손을 대면 물기도 합니다.

그래서 사람이 사람답게 마음을 쓰지 않으면 "이런 짐승 같은 놈!"이라 하기도 하고, 짐승보다도 나쁘게 마음을 쓰면 "이 짐승만도 못한 놈!"이라 하지요.

달마 대사께서 이렇게 말씀하셨습니다.

"마음이여, 참으로 오묘하구나. 마음을 크게 쓰면 우주를 포용하고도 남고, 마음을 좁게 쓰면 바늘구멍보다도 좁구나."

그런데 우리는 우리 마음을 마음대로 쓰지 못합니다. 그게 바로 중생의 한계이지요. 선종(禪宗)에서는 우리가 본래 부처인데 이 마음을 잘 쓰지 못해서 중생으로 살고 있다고 이야기합니다. 이 마음을 잘 쓰면 복이 오고, 잘못 쓰면 화가 닥치는데 말이죠.

용맥을 끊은 어리석은 구두쇠

옛날 황해도 벽성군에 지독한 구두쇠가 살고 있었다고 합니다. 이 자는 부자이지만 아주 욕심쟁이라서 마음 씀씀이가 좋지 않았다고 해요. 자기 것이라고 움켜쥘 줄만 알지, 다른 사람들에게 베풀 줄은 몰랐다고 합니다. 그래서 거지들이 와서 구걸을 해도 오히려 하인들을 시켜서 두들겨 팼다고 합니다.

어느 날 구두쇠는 집에 기생을 불러 띵가띵가 놀고 있었습니다. 그런데 어디선가 목탁 소리가 들리더래요. 구두쇠가 나가 보니 탁발 온 스님이 목탁을 치면서 『반야심경』을 외우고 있더랍니다. 화가 난 구두쇠는 하인에게 똥을 퍼 오라고 시켰어요. 하인이 똥을 퍼 오자 구두쇠는 쌀 대신 그 똥을 스님의 바랑에 집어넣었지요. 그랬더니 스님이 싱긋 웃으면서 이렇게 말합니다.

"거사님, 자꾸 사람들이 찾아와서 쌀 달라, 음식 달라 하니까 짜증이 나셨군요?"

그 말을 들은 구두쇠가 말했습니다.

"그래, 내가 짜증이 나서 그랬소! 사지육신 멀쩡한 것들이 일해서 돈 벌 생각은 안 하고 내가 좀 먹고 산다고 이놈, 저놈 매일같이 찾아와서 이거 달라, 저거 달라 하는데 화가 안 나겠소?"

스님이 여전히 웃으면서 말했습니다.

"거지들이 다시는 찾아오지 못하게 할 방법이 있는데, 가르쳐 드릴까요?"

부자는 귀가 번쩍 뜨였습니다.

"그런 방법이 있소? 그게 뭐요?"

"저 뒷산에 올라가면 용을 닮은 바위가 하나 있을 겁니다. 그 바위의 머리 부분을 잘라 버리면 거지들의 발길이 뚝 그칠 것입니다."

구두쇠는 하인에게 진짜 그런 바위가 있는지 확인해 보라고 시켰습니다. 그런데 하인이 가서 보니 정말 그런 바위가 있더래요. 부자는 무릎을 쳤습니다.

"그럼 당장 그 바위의 머리 부분을 잘라 버려라."

그런데 하인이 작업을 하려고 보니 그 바위가 아주 단단하더랍니다. 그래서 사람 몇 명을 더 불러 정과 망치를 써 가며 머리를 자르려고 애썼지요. 그렇게 사흘 정도 작업하다 보니 드디어 목이 떨어지기 시작했습니다.

그때 이상한 일이 벌어졌어요. 갈라진 바위틈으로 시뻘건 피 같은 것이 철철 쏟아지기 시작한 것입니다. 그 모습에 두려워진 하인이 말했습니다.

"마님, 이건 아무래도 불길한 징조 같습니다. 여기서 그만두는 게 어떨까요?"

하지만 구두쇠의 생각은 달랐습니다.

"스님이 거짓말할 리가 있느냐? 저런 게 나오는 것을 보니 이 바위가 영험하긴 한가 보다. 저 용 머리를 반드시 잘라내라. 더 이상 우리집에 거지들이 찾아오지 않도록 말이야."

구두쇠의 말대로 하인과 사람들은 계속 일을 해서 결국 바위 머리를 잘라냈습니다. 그러자 잘린 목에서 피가 분수 같이 솟구치더니 갑자기 하늘에서 천둥, 번개가 치고 폭우가 내리더래요. 하인과 사람들은 모두 무서워서 도망쳐 버렸습니다.

그제야 겁이 난 구두쇠도 도망치기 시작했습니다. 하지만 곧 벼락을 맞아 죽어 버렸지요. 그의 대궐 같은 기와집도 벼락을 맞아 다 불타 없어졌습니다.

이후에 거지들이 그 집을 찾아갔을까요? 다 망해 버렸으니 찾아갈 이유가 없었겠지요. 과연 스님이 말한 대로 된 것입니다.

이렇게 이상하고도 괴이한 일이 벌어진 이유는 무엇일까요? 알고 보니 그가 건드린 건 땅의 용맥(龍脈)이었다고 합니다. 그 자의 집이 큰 부자가 될 수 있도록 기운을 넣어 주던 뒷산의 용맥을 끊어 버렸기 때문에 화를 당한 것이죠.

그 마을 사람들은 '평생 자기 욕심만 차리고 베풀 줄 모르는 데다 스님은 물론 주변 사람들에게 온갖 모욕을 주니 화를 당한 것이다. 인과응보가 분명히 있구나.' 생각하면서 마을 이름을 '용두리'로 바꾸었다고 합니다. 그래서 구두쇠 영감의 최후를 교훈 삼아 선행을 해 공덕을 쌓으니 이후 용두리 마을에선 나라의 큰 인재들이 많이 배출되었다고 합니다.

복을 다 까먹은 욕심쟁이 집안

경남 함양의 한 마을에도 이와 비슷한 이야기가 전해집니다.

이 마을에도 구두쇠에 욕심쟁이인 부자 할아버지가 살고 있었다고 합니다. 그 집안사람들은 모두 남한테 베풀 줄 모르는 할아버지를 닮았다고 해요. 그래서 가난한 사람이나 탁발하는 스님이 찾아오면 모욕을 주고 쫓아내기 일쑤였지요.

하지만 딱 한 명, 마음씨가 고운 사람이 있었으니, 바로 이 집에 시집온 며느리가 그랬지요. 불심도 깊던 며느리는 걸인이나 스님들이 찾아오면 몰래 음식을 나누어 주었다고 합니다.

어느 날 한 스님이 탁발을 왔습니다. 스님이 대문 앞에서 목탁을 치고 있는 것을 본 욕심쟁이 할아버지는 화가 나서 스님을 내쫓으려고 했습니다. 그때 스님이 말했습니다.

"거사님이 부자로 사시는 것은 전생에 복을 많이 지어 그런 것입니다. 그런데 지금 이렇게 복을 다 까먹고 계시니 안타깝습니다. 그러지 말고 복을 지으시기 바랍니다."

하지만 욕심쟁이 할아버지가 이런 말을 들을 리 있나요? 늘 그랬던 것처럼 할아버지는 그 스님을 내쫓았습니다.

이 집 며느리는 그 광경을 보고 마음이 아팠습니다. 그래서 쌀 한 바가지를 준비해 몰래 집을 나서서 떠나시는 스님을 붙잡고 말했습니다.

"스님, 이거 받으세요. 제가 대신 사과드립니다."

"보살님은 참으로 마음이 곱구려. 그런데 이 집안은 이미 복을 다 까먹어서 올해 안에 큰 화를 당하게 될 것입니다. 그러니 여기에서 몸을 피해야 합니다. 그러지 않으면 본인에게도 화가 미치게 될 겁니다. 집안 식구들이야 모질어서 그렇다곤 해도 보살님까지 화를 입어서야 되겠습니까?"

스님은 이 말을 남기고 발걸음을 돌렸습니다.

한동안 며느리는 스님의 말에 마음이 불안했습니다. 하지만 바쁜 집안일에 쫓겨 어느새 스님이 한 말을 잊어버렸지요.

이후 여름이 되었을 때 며느리의 친정에서 연락이 왔습니다. 어머니가 위독하니 빨리 와서 임종을 지키라는 것이었지요. 며느리는 시댁에 사정을 이야기하고 급하게 친정으로 갔습니다.

친정집에 도착해 보니 다행히 어머니의 상태는 좋아져 있었어요. 한숨 돌린 며느리는 다시 시댁으로 돌아가려고 했지요. 그때 하늘이 어두워지더니 폭우가 내리기 시작했습니다. 친정 식구들은 폭우 때문에 가는 길이 위험할 테니 비가 그친 다음에 가라며 며느리를 붙잡았습니다. 할 수 없이 며느리는 비가 그치기를 기다리며 친정에 더 머물렀습니다.

며칠이 지나 비가 그친 후 며느리는 다시 시댁으로 길을 떠났습니

다. 그런데 도착해 보니 눈앞에 믿지 못할 광경이 펼쳐졌어요. 며칠 동
안 내린 큰비로 강이 넘쳐 집은 떠내려가 버리고, 식구들도 다 죽어 버
렸던 것이지요.

그 폐허를 확인한 며느리는 풀썩 주저앉을 수밖에 없었습니다. 그
리고 그때 스님이 해 주었던 말이 떠올랐어요.

"이 집안은 이미 복을 다 까먹어서 올해 안에 큰 화를 당하게 될
것입니다."

모진 사람들이었을망정 가족을 다 잃은 며느리는 그 뒤 출가하여
비구니가 되었다고 합니다. 그리고 죽은 시댁 식구들을 위해 평생 불
공을 올리며 명복을 빌었다고 합니다.

악행의 과보는 반드시 돌아온다

앞서 시기에 따른 세 가지 과보, 즉 삼보에 관한 이야기를 해드린 적
있습니다. 그에 따르면, 내가 지은 업의 과보가 당장 돌아오지 않을 수
도 있습니다. 하지만 그 과보는 다음 생에라도 꼭 돌아온다고 말씀드
렸습니다.

그런데 그 과보가 나에게 돌아오지 않는다면 어떻게 될까요? 바
로 내 자손에게 돌아오게 됩니다. 이런 것을 보면 인과응보의 이치는
어떤 우주의 법칙이 아닌가 싶기도 합니다.

경찰로 정년퇴직하신 어떤 분이 한 큰스님께 이런 말을 했다고 합

니다. 자신은 비록 종교를 믿지 않지만 수십 년간의 경찰 생활을 돌이켜 볼 때 인과응보의 이치는 믿는다고 말이지요. 그 이유는 자신이 직접 보고 들었던 일들 때문이라고 합니다.

이분은 경찰로 재직하던 당시 도굴 사건을 많이 담당했는데, 그러다 보니 도굴꾼들을 많이 잡았다고 해요. 그런데 이상한 게 이 도굴꾼들의 말년이 아주 안 좋더랍니다. 본인이든 자식이든, 그 집안 식구의 누군가는 반드시 화를 입더라는 것이지요.

아들 손에 죽음을 맞다

호남의 어느 지방에서 전해지는 이야기입니다.

옛날 옛적, 아들 둘을 둔 부자가 있었다고 합니다. 그는 세상을 떠나기 전 자신의 재산을 반으로 나누어 아들들에게 똑같이 물려주었지요.

그런데 형은 도박, 술, 여자를 좋아해 몇 년 가지 않아 물려받은 재산을 다 날렸다고 합니다. 반대로 동생을 착실하고 검소해서 시간이 지날수록 점점 더 부자가 되었지요.

재산을 탕진한 형은 궁리 끝에 동생의 재산을 빼앗을 잔꾀를 부리기 시작했습니다. 돌아가신 아버지에 대한 마음이 컸던 동생의 효심(孝心)을 이용하기로 한 것입니다.

그 계획은 입에 담기 어려울 정도로 참담했습니다. 아버지의 묘를 파헤쳐 시신의 머리를 잘라 숨긴 다음, 자신이 산적인 것처럼 편지를 써서 돈을 주면 아버지의 머리를 돌려주겠다고 협박하는 것이었지요.

효심이 강한 동생이라면 아버지의 머리를 되찾기 위해 두말하지 않고 돈을 내어 줄 것이니 자신은 산적 행세를 해서 그 돈을 받으려는 것이었습니다.

형은 이 계획을 실행에 옮겼습니다. 아버지 시신의 머리를 잘라 숨긴 다음 동생에게 편지를 썼습니다. 나는 산적인데 네 아버지의 머리를 잘라서 갖고 있으니 언제 어디로 돈 천 냥을 가져오면 머리를 돌려주겠다는 내용이었지요. 만약 관아에 이 사실을 알리면 네 가족들을 몰살시켜 버리겠다는 말도 덧붙였습니다.

편지를 받아 본 동생은 분노로 몸이 떨릴 지경이었습니다. 그래도 이런 일은 가족과 상의해야 할 일이니 편지를 들고 형님을 찾아갔습니다.

"형님! 어쩌면 좋단 말입니까. 우리 아버지가, 아버지 머리가…."

동생은 형에게 편지를 보여 주었습니다. 형은 짐짓 깜짝 놀라는 척하면서 이게 사실인지 함께 가 보자며 발걸음을 옮겼습니다. 형제가 허겁지겁 산소에 가 보니 아버지의 무덤은 파헤쳐져 있었고, 시신에는 머리가 없었지요. 형은 뻔뻔스럽게도 대성통곡을 했습니다.

"아이고, 이 일을 어쩌냐! 이 일을 어째!"

형은 동생과 함께 집으로 돌아왔습니다. 그러고는 동생에게 말했어요.

"산적 놈이 정말 보복할지도 모르니 편지에 써 있는 대로 관아에는 알리지 말자. 나야 돈이 없다만 너는 부자이니 돈 천 냥 정도는 이럭저럭 모을 수 있지 않겠느냐? 그 돈을 산적에게 줘 버리고 아버지 머리를 돌려받도록 하자."

형제간에 이야기가 이어지고 있을 때 갑자기 누군가가 끼어들었습니다.

"안 됩니다!"

형제가 고개를 돌려 본 곳엔 형의 아들이 있었습니다.

"아버님, 삼촌. 제가 비록 나이가 어려 힘은 부족하지만 지금까지 무예를 닦아 왔습니다. 제가 그 도적의 머리를 베어올 테니 제게 기회를 주십시오."

형, 그러니까 아이의 아버지는 뭐 이런 놈이 다 있나 했겠지요. '야, 이놈아! 네가 이 애비 목을 베겠다고?' 속으로 생각했지만 말을 할 수는 없었습니다.

"그럴 수는 없다. 너는 우리 집안 장손인데 그러다가 혹시 다치기라도 하면 어떻게 하느냐?"

동생도 맞장구쳤습니다.

"아버지 말씀이 맞다. 네가 다치면 정말 큰일이야. 그냥 돈을 주고 할아버지 머리만 찾아오도록 하자."

형의 아들은 분했지만 아버지와 삼촌의 말에 따를 수밖에 없었습니다.

마침내 산적에게 돈을 줘야 할 날이 되었습니다. 형은 동생에게 말했습니다.

"우리 둘이 같이 가면 산적들이 의심할 수 있다. 뭔가 패거리를 끌고 왔다고 말이야. 자칫 일을 그르칠 수 있으니 너 혼자 가도록 해라.

나는 숨어서 망을 보겠다."

형은 다른 꿍꿍이가 있었습니다. 자신은 산적인 척 가장하고 돈을 받아야 했으니까요. 착한 동생은 형의 말을 그대로 믿었습니다.

"알겠습니다, 형님. 그렇게 하시지요."

동생은 자신이 마련한 천 냥을 들고 산적을 찾아갔습니다. 산적이 편지에서 말했던 곳에 가 보니 과연 복면으로 얼굴을 가린 산적 하나가 있었습니다. 동생은 산적에게 돈을 주면서 말했습니다.

"자, 여기 천 냥을 가져왔습니다. 제 아버님의 머리를 돌려주십시오."

"그래, 약속을 지켰구나. 나도 네 아버지 머리를 돌려주겠다."

산적으로 변장한 형은 아버지의 머리를 동생에게 건넸습니다.

그때 갑자기 형의 아들이 칼을 빼고 나타나서 벽력같이 소리쳤습니다.

"네 이놈! 이런 무도한 짓을 하다니, 그러고도 살기를 바라느냐!"

산적으로 변장한 형도, 돈을 갖고 온 동생도 깜짝 놀랐습니다. 형의 아들은 순식간에 칼을 휘둘러 산적으로 변장한 자기 아버지의 머리를 베어 버리게 되죠.

"삼촌, 드디어 원수를 갚았습니다. 이제 마땅히 이놈의 복면을 벗기고 얼굴을 봐야 하지 않겠습니까?"

눈앞에서 갑자기 벌어진 일에 동생은 경악했습니다. 하지만 곧 정신을 차리고 조카의 말대로 산적의 복면을 벗겨 보았습니다. 하지만 그게 누구입니까? 자기 형이지요.

형은 이렇게 악행을 저지르다가 그 과보를 받은 것이라고 할 수 있습니다. 하지만 아들은 무슨 죄입니까? 악인이라 한들 제 손으로 아버지를 죽인 것이니 평생 트라우마를 안고 살아야 했을 것입니다.

그래서 악업을 지으면 본인에게는 물론이요, 그 자손에게까지 화가 미친다고 하는 것입니다. 우리는 이런 인과응보의 이치를 항상 가슴에 새기고 살아야 합니다.

복을 지어 운명을 바꾸다

선업을 지어서 자신의 운명을 좋은 방향으로 바꾸었다는 이야기도 많이 전해집니다.

옛날 옛적 경상도 경산에 '최부자'라는 큰 부자가 살았다고 합니다. 그에게는 새로 들어온 머슴이 하나 있었는데, 이 머슴이 아주 마음에 들었습니다. 마음씨가 착할 뿐만 아니라 부지런하고 머리도 좋아서 일을 참 잘했거든요.

하루는 그곳에서 멀지 않은 파계사의 도력 높은 스님 한 분이 집에 찾아왔습니다. 최부자가 스님을 맞아 정자에서 차를 마시며 이야기를 나누고 있는데, 이 머슴이 그 주위를 왔다갔다 하며 일을 하고 있었나 봐요. 그런데 스님이 머슴을 보니 아주 흉악한 기운이 나오더라는 겁니다. 스님은 저 머슴을 계속 데리고 있다가는 최부잣집에 큰 화가 닥치리라는 것을 알아챘습니다.

"저 머슴은 어떻습니까?"

"예, 얼마 전에 새로 들어왔는데 일을 참 잘합니다. 마음에 쏙 드는 아이지요."

최부자의 말을 들은 스님은 안색이 어두워졌습니다.

"저 머슴의 얼굴에 아주 섬뜩하고 사악한 기운이 있습니다. 오래 데리고 있으면 반드시 집안에 안 좋은 일이 생길 것입니다. 그러니 저 아이를 빨리 집으로 돌려보내도록 하십시오."

최부자는 깜짝 놀랐습니다. 하지만 도력 높은 스님이 하시는 말씀이니 다 일리가 있을 거란 생각을 했지요. 최부자는 바로 머슴을 불러 노잣돈을 주고 이렇게 이야기합니다.

"자네가 품성이 좋고 일도 잘하기는 하지만 우리 집과는 인연이 없는 것 같네. 여기 노잣돈을 좀 줄 터이니 아쉽지만 집으로 돌아가도록 하게."

머슴도 깜짝 놀랐습니다. 마음 좋은 최부자 밑에서 계속 일하고 싶었기 때문이지요. 하지만 어쩔 도리가 없었습니다.

최부잣집을 나온 머슴은 곧장 집으로 향했습니다. 그런데 집으로 가기 위해서는 강을 건너야 했는데 마침 전날에 큰비가 와서 다리가 다 떠내려가 버리고 없었답니다. 머슴은 일자리에서도 쫓겨난 데다가 집으로도 돌아가지 못하는 자신의 신세가 서글퍼서 눈물이 났습니다.

그렇게 강가에서 울고 있는데 통나무 여러 개가 가라앉았다 떠올랐다 하면서 떠내려오는 것을 보았습니다. 그런데 자세히 보니 그 통나무마다 개미가 바글바글 붙어 있더래요. 아마도 큰비 때문에 어딘가의 개미굴이 무너졌고, 그 바람에 물에 빠진 개미들이 어떻게든 살아보려 떠내려가던 통나무를 붙잡았던 것이었겠지요.

머슴은 그 개미들을 보고 불쌍하다는 생각을 했습니다.

'저렇게 계속 떠내려가다가는 결국 다 죽겠구나.'

머슴은 위험을 무릅쓰고 물이 불어난 강에 들어가 개미들이 붙은 통나무를 건져내 뭍으로 옮겼습니다. 그런데 개미가 붙은 또다른 통나무가 계속 떠내려오는 거예요. 결국 머슴은 한참을 힘들게 떠내려오는 통나무를 건져 옮겨야 했습니다.

그렇게 개미들을 다 구해 주고 나니 이미 날이 저물어 있었습니다. 머슴은 어차피 오늘은 집에 돌아갈 수 없으니 최부잣집으로 돌아가 하룻밤 신세를 지자고 생각했습니다. 오던 길을 되돌아간 머슴은 최부자에게 다리가 끊겨 집에 돌아가지 못한 사연을 전하고 하룻밤 머물게 해 달라고 간청했습니다. 머슴이 안쓰러웠던 최부자는 그렇게 하라고 했지요.

머슴을 내보내라고 했던 파계사 스님은 그때까지도 최부자와 함께 있었습니다. 당연히 스님도 돌아온 머슴을 봤지요. 그런데 낮에만 해도 사악한 기운이 가득했던 머슴의 얼굴에 선한 기운이 가득하더랍니다. 참 이상했어요. 사람 기운이 하루도 지나지 않아서 완전히 바뀌기는 어려우니까요.

스님은 머슴을 따로 불러 오늘 무슨 일이 있었는지 자세하게 이야기해 보라고 했습니다. 머슴은 강에서 통나무를 건져 개미들을 구한 일을 이야기했습니다. 자초지종을 들은 스님이 경탄했죠.

"네가 오늘 수많은 생명을 구했구나. 그 공덕으로 너의 안 좋은 기운이 다 사라지고 지금은 좋은 기운만 가득해. 참으로 훌륭하다."

그러고는 스님은 최부자에게 이제 이 머슴을 데리고 있으면 반드시 집안에 복이 올 것이니 옆에 두고 계속 쓰라고 이야기했습니다. 그후로 머슴은 최부잣집에서 오래오래 일하며 잘 살았다고 합니다.

이 이야기가 전하고자 하는 바는 무엇일까요? 지금 곤궁하고 어려운 상황에 있다고 하더라도 선업을 짓기 위해 꾸준히 노력한다면 좋지 않은 운명도 바꿀 수 있다는 것입니다. 우리 주변에 있는 수많은 생명에 대해 자비로운 마음을 갖는다면 분명히 여러분에게 크나큰 혜택과 아름다운 은혜가 가득 찾아올 것입니다.

말 한 마디, 행동 하나가 운명을 바꾼다

우리에게는 무의식이란 것이 있습니다. 불교에서는 이 무의식을 '업식(業識)'이라고 부르지요. 우리가 지은 모든 선한 업과 악한 업은 모두 각자의 업식에 저장된다고 합니다. 이 업식에 선한 업이 많이 저장되어 있으면 내생에 행복한 일이 많이 생기고, 악한 업이 많이 저장되어 있으면 내생에 불행한 일이 많이 생기는 것이지요.

예전에 아주 용한 역술가 한 분이 계셨습니다. 이분이 가만히 보니까 사주로는 잘살아야 하는데 실제로 어렵게 사는 사람들은 어떤 공통점이 있더랍니다. 바로 말을 나쁘게 하더라는 것이지요. 남의 험담을 많이 하거나 매사에 부정적인 말을 많이 하는 사람들은 사주가 좋더라도 실제로는 그 사주처럼 잘살지를 못하더랍니다.

반대로 사주로는 어렵게 살아야 하는데 실제로 잘사는 사람들 역시 어떤 공통점이 있더랍니다. 바로 말을 좋게 하더라는 것이지요. 남의 칭찬을 많이 하고, 매사에 긍정적인 말을 많이 하는 사람들은 사주가 나쁘더라도 실제로는 그 사주처럼 어렵게 살지 않더랍니다.

편의점에서 일하시는 분들도 비슷한 이야기를 하십니다. 물건을 살 때면 카드나 돈을 던지듯이 주는 분들이 있다고 합니다. 일하시는 분들 입장에서는 기분이 안 좋겠지요? 이런 분들은 보면 한결같이 인상이 좋지 않다고 해요. 이와 반대로 카드나 돈을 공손하게 주는 것은 물론, 자기가 산 물건 자기가 받으면서도 꼭 환한 얼굴로 "고맙습니다." 하고, 나갈 때도 밝은 목소리로 "수고하세요."라고 말하는 분들이 있다고 합니다. 이런 분들은 보면 한결같이 인상이 좋고 얼굴이 훤하다고 해요.

말 한 마디, 행동 하나 나쁘게 하면 나쁘게 하는 대로, 좋게 하면 좋게 하는 대로 다 업이 되어서 우리 업식에 저장됩니다. 그리고 업식에 저장된 악업은 불행으로, 업식에 저장된 선업은 행복으로 내생에 고스란히 돌려받게 되지요.

사람이 살다 보면 좋은 일 생길 때도 있고 안 좋은 일이 생길 때도 있습니다. 삶이란 우리가 살아가면서 만나게 되는 수많은 조건들로부터 영향을 받지요. 그런데 그 조건들마저도 모두 내가 지은 업의 결과물입니다. 무언가 힘든 상황에 처하게 되면 우리는 내 주변 사람이 바꾸어야 하고, 세상이 바뀌어야 한다고 생각하기 쉽습니다. 하지만 가장 먼저 바뀌어야 할 것은 바로 나 자신입니다.

그러므로 불행한 일이 생기는 순간에도 '내 복이 부족한가 보다.' 하면서 반성하고, 성찰해야 합니다. 다시 말해 마음을 잘 쓰자는 것입니다.

남 탓하고 세상 탓하기 전에 나를 돌아보십시오. 기도하고, 복을 지어 나가면서, 평소 마음 잘 쓰기를 꾸준히 밀고 나가시기 바랍니다. 이 세 가지를 직접 실천할 때 여러분의 운명은 분명 바뀔 것입니다.

운명을 벗어난
사람들

중생이란 끝없는 윤회 속에서 생을 거듭하는 존재입니다. 그 거듭되는 생 가운데 중생은 천상에서 태어날 수도 있고, 인간으로 태어날 수도 있으며, 짐승이나 지옥의 존재로 태어날 수도 있습니다.

이렇게 육도를 윤회하는 가운데 인간으로 태어나는 것이 삼선도(三善道) 중 하나이므로 불교에서는 사람으로 태어나는 것이 어렵다고 이야기합니다. 그러므로 이왕 사람으로 태어났으면 무엇을 해야 할까요? 부처님께서는 마땅히 지혜를 닦고, 복을 지어야 한다고 말씀하셨습니다.

불교는 깨달음의 종교이기 때문에 지혜를 중요하게 여깁니다. 그러나 지혜는 그냥 닦을 수 있는 것이 아닙니다. 지혜를 닦기 위해서는 좋은 스승이 있어야 하고, 공부할 수 있는 시간적·물질적 여유도 있어야 하며, 몸도 건강해야 합니다. 이러한 스승복, 시간복, 의식주복, 건강복 등이 갖추어져야 지혜를 닦을 수 있지요. 그러므로 불교에서는 사람으로 태어나서 해야 할 일로 지혜를 닦는 것뿐만 아니라 복을 지어야 한다고 강조하는 겁니다.

우리 중생들의 인생 목표는 행복입니다. 행복을 성취하기 위해서는 그 행복을 누릴 만한 복의 씨앗을 스스로 심어야 하지요. 흔히 콩 심은 데 콩 나고, 팥 심은 데 팥 난다고 이야기합니다. 그처럼 복이라는 씨앗을 심어야 행복이라는 열매가 열리는 법입니다.

그래서 우리 불교에서는 살아가면서 좋은 일이 자꾸 생기면 '내가 전생에 복을 많이 지었나 보구나.' 이렇게 생각하라고 합니다. 반대로 안 좋은 일이 자꾸 생기면 '내가 지어 놓은 복의 씨앗이 없나 보구나. 이번 생에서라도 열심히 복을 지어야지.' 이렇게 생각하며 스스로 마음을 다스리라고 말합니다.

대대로 이어지는 선업의 힘

중국 명나라 복건성에 양영이라는 사람이 살았다고 합니다. 그는 나룻배에 사람을 태우고 강을 건너는 일을 대대로 해 온 집안에서 태어났지요. 양영의 증조할아버지와 할아버지도 물론 그 일을 했습니다. 하지만 이들은 열심히 일했음에도 불구하고 늘 가난했다고 합니다.

그러던 어느 해에 큰 홍수가 났습니다. 마을과 집이 큰물에 다 휩쓸려 가고, 수많은 사람들이 물에 빠져 허우적거렸지요. 배를 가진 사람들은 저마다 배를 몰고 나왔습니다. 하지만 그들은 사람을 구할 생각은 하지 않고 물에 떠내려가는 물건들만 건져 올렸습니다. 이게 웬 떡이냐 하면서 말이지요.

양영의 증조할아버지와 할아버지도 함께 배를 몰고 나왔습니다. 그런데 이 부자는 배를 몰고 나온 다른 사람들과는 달리 오직 사람만 구했다고 해요. 사람들은 혀를 차며 말했습니다.

"어리석기도 하지. 지금 이 기회에 저 떠다니는 물건들을 건져서 한 몫 챙길 생각을 해야지, 돈도 안 되는 사람들은 왜 구하고 있는 거야? 그렇게 구해줘 봤자 저 사람들이 그 은혜를 얼마나 기억할 것 같아? 저러니 가난뱅이로 살지, 쯧쯧."

하지만 양영의 증조할아버지는 그런 비아냥을 듣고도 담담하게 말했대요.

"사람이 알아주지 않으면 하늘이라도 알아줄 것이고, 내가 그 보답을 못 받으면 내 아들이나 손자들이라도 받지 않겠소?"

그 후 시간이 흘러 양영의 증조할아버지와 할아버지는 세상을 떠났습니다. 그런데 양영의 아버지 대부터 살림이 피기 시작하더니 양영 대에 이르러서는 큰 부자가 되었다고 해요.

부자가 된 양영은 마을을 지나가는 나그네들에게 늘 잠자리와 음식을 제공했다고 합니다. 증조할아버지와 할아버지가 물에 빠진 사람들을 구해 주며 복을 지었다면, 양영은 나그네를 대접해서 복을 지었던 것이지요.

한번은 어떤 도사가 양영의 집에 찾아왔습니다. 양영은 늘 하던 대로 그 도사를 손님으로 잘 대접했습니다. 하룻밤 잘 보내고 이튿날 아침에 양영의 집을 나서려던 도사가 말했습니다.

"어르신 얼굴을 보니 큰 부자로 살 사람의 얼굴이 아닙니다. 그런데도 이렇게 잘 사시는 것을 보면 분명 조상님들께서 크게 복을 지으셨던 것 같습니다."

그러면서 도사는 마을 부근의 명당을 일러 주며 조상님들의 묘를 그곳으로 이장하면 집안에 큰 인재가 나올 것이라고 말해 주었습니다. 양영은 곧 도사가 일러 준 명당으로 조상님의 산소를 이장했고, 이후 그 집안에서 큰 벼슬아치들이 많이 배출했다고 하지요. 양영의 증조할아버지와 할아버지가 지은 복, 그리고 양영이 지은 복 때문에 그 집안이 영화를 누린 것입니다. 살면서 복을 짓는다는 것은 이렇게 묘한 일입니다.

7대에 걸쳐 베푼 덕

조상들이 쌓은 복으로 자손이 음덕을 입은 이야기는 우리나라에도 전해집니다.

임진왜란의 가장 위대한 영웅이라고 하면 당연히 이순신 장군을 꼽을 수 있습니다. 그럼 이순신 장군을 천거했던 사람은 누구였을까요? 바로 서애 류성룡입니다.

류성룡이 태어났을 때 할아버지 되시는 분이 드디어 우리 집안에 인재가 태어났다고 하면서 그렇게 좋아했대요. 그리고 류성룡의 아버

68

지에게 이렇게 이야기했다고 합니다.

"우리 집안 대대로 이러한 전설이 전해진다. 우리 윗대로 7대 위의 할아버지께서 어느 날 큰 도인을 만나셨다고 한다. 할아버지는 그 도인에게 우리 집안에 큰 인재가 나오면 좋겠는데 어떻게 하면 되겠느냐고 물어보셨지. 그때 그 도인은 7대 동안 사람들에게 큰 덕을 베풀면 7대 밑에 자손 중 큰 인물이 태어날 것이라고 대답했다고 한다. 그 후로 우리 집안은 7대에 걸쳐 사람들에 덕을 베풀어 왔지. 이제 이 아이가 태어났으니 반드시 큰 인재가 될 거다."

7년도 아니고, 7대에 걸쳐서 덕을 베풀었다니, 대단하지요? 과연 류성룡은 훗날 이순신을 천거함으로써 임진왜란에서 나라를 구하는 데 큰 역할을 했습니다.

이런 이야기를 보면 확실히 옛날 어르신들은 조상이 복을 지으면 자손들이 반드시 그 음덕을 본다는 생각을 갖고 있었던 것 같아요.

심상으로 관상을 극복하다

동양에는 관상과 관련된 이야기가 많이 전해집니다. 불교에서는 관상을 무시하진 않지만, 그것에 너무 집착하지 말라고 하죠. 운명은 자기 스스로 만들어 가는 것이기 때문에 그렇습니다.

각자 자기 관상이 안 좋을 수 있습니다. 하지만 나의 운명은 관상대로 이미 정해져 있는 것이 아니라, 내가 얼마나 공덕을 짓고 살아가느냐에 따라서 바뀐다는 것을 명심하십시오.

옛날 중국에 매우 유명한 관상가가 있었다고 합니다. 하루는 어느 큰 부자가 자기 아들 관상을 봐 달라면서 관상가를 집에 초대했어요.

"이 아이의 관상을 좀 봐주십시오. 저희 집안이 부자이긴 합니다만 아직 벼슬에 오른 사람은 나오지 않았습니다. 그래서 항상 아쉬움이 있습니다. 어떻습니까? 우리 아들이 큰 벼슬에 오를 수 있겠습니까?"

관상가가 아들 얼굴을 보니 소위 말하는 떡두꺼비 상이었어요.

"이 아이 관상은 제가 본 관상 중에서도 제일 좋습니다. 그냥 둬도 알아서 잘 크고, 나중에 큰 벼슬에 오를 것이 아무 걱정하지 마십시오."

부자는 무척 기뻐했습니다.

이때 부자 아들의 친구인 아이가 집에 놀러 와 있었습니다. 이 아이는 지나가다 관상이니, 떡두꺼비 상이니, 큰 벼슬자리에 오르니 하는 어른들의 이야기를 들었지요. 아이는 부잣집 대문 밖으로 나가서 관상가가 나오기를 기다렸습니다. 후하게 대접받은 관상가가 대문을 나서자 아이는 관상가에게 쪼르르 달려가 말합니다.

"나리, 아까 제 친구 관상 봐주셨지요? 저도 큰 벼슬을 해서 부모님께 효도하고 싶은데, 제가 벼슬할 수 있을지 제 관상 한번 봐주시겠습니까?"

아이의 얼굴을 훑어본 관상가는 이렇게 말했습니다.

"너는 도저히 벼슬할 얼굴이 아니다. 그러니 욕심내지 말고 농사 지으면서 입에 풀칠할 궁리나 해라."

이후 수십 년 세월이 흘렀습니다. 관상가도 나이가 많이 들었죠.

그러던 어느 날 하루는 고을을 다스리는 현감이 관상가를 대접하고 싶다면서 사람을 시켜 불렀습니다. 관상가는 의아했죠. 현감과 자기는 아무 인연이 없기 때문이었습니다.

관아에는 아주 위엄 있어 보이는 현감이 산해진미를 차려 놓고 관상가를 기다리고 있었습니다. 현감은 관상가를 반갑게 맞이했지요.

"어르신, 정말 오랜만에 뵙습니다. 여기 상석에 앉으시지요."

관상가가 물었습니다.

"우리가 언제 만난 적이 있습니까?"

"어르신께서는 오래전에 어느 부잣집에 오셔서 그 집 아들 관상을 봐주신 적이 있습니다. 그날 관상을 보신 뒤 부잣집을 나설 때 한 아이가 어르신에게 와서 자기 관상도 봐 달라고 했던 것을 기억하시는지요? 그때 어르신께서는 그 아이에게 '너는 벼슬할 상이 아니니 입에 풀칠할 궁리나 해라'라고 말씀하셨습니다."

수십 년 전의 일이긴 했지만 현감의 말을 들으니 그날의 기억이 다시 떠올랐습니다. 관상가가 기억이 난다고 하자 현감이 웃으며 말했습니다.

"그때 어르신께서 농사나 지으라고 했던 아이가 바로 접니다."

관상가는 깜짝 놀랐습니다. 이제까지 관상을 잘못 본 적은 없었기 때문입니다. 어리둥절한 관상가에게 현감이 말했습니다.

"제가 어르신께 드릴 이야기가 참 많습니다. 예전에 어르신께서 앞으로 큰 인물이 될 테니 아무 걱정할 필요가 없다고 했던 그 부잣집 아이를 기억하시는지요?"

"예, 기억납니다. 지금쯤 큰 벼슬을 하고 있겠지요?"

"아닙니다. 폐인으로 살다가 얼마 전에 죽었습니다."

"아니, 어떻게 그럴 수가…."

"그 친구는 그날 어르신의 이야기를 듣고 자만에 빠졌습니다. 집안이 부자이니 주색잡기에만 몰두하고 공부는 하지 않았지요. 부모님이 걱정을 해도 '관상가가 분명 큰 벼슬을 할 거라고 하지 않았습니까? 걱정할 필요 없으니 때만 기다리십시오.' 이렇게 말했답니다. 그렇게 한 해, 두 해 지났지만 주색과 놀음에서 빠져나오지 못하게 된 그는 결국 집안 재산을 다 날리고 폐인이 되어 쓸쓸하게 죽었습니다."

관상가는 등골이 서늘했습니다. 좋게 이야기했던 말이 씨앗이 되어 결국 한 사람의 인생을 망쳐버렸다는 생각 때문이었지요. 관상가가 말했습니다.

"그럼 현감께서는 어떻게 이 위치에 오르셨습니까?"

현감이 웃었습니다.

"그때 저는 어르신에게 모진 말을 듣고 화가 많이 났습니다. 며칠간 잠도 제대로 자지 못할 정도였지요. 그래서 저도 관상 공부를 시작했습니다. 그런데 공부를 하다 보니 '관상이 좋은 것은 골상(骨相)이 좋은 것만 못하고, 골상이 좋은 것은 심상(心相)이 좋은 것만 못하다'는 말이 있더군요. 저는 이 말을 듣고 크게 깨달았습니다. 심상을 좋게 하면 관상이 나쁜 건 아무 문제가 안 된다는 것을 말입니다."

결국 마음을 잘 써야 한다는 말이지요. 현감은 당시 '그래. 내 관상을 극복하려면 마음 잘 쓰는 방법밖에 없구나.' 하며 절에 들어갔다고 합니다. 그리하여 몇 년간 그 절 큰스님 밑에서 마음 공부를 했다고 하죠. 어느 정도 공부를 마치니 큰스님께서 말씀하셨습니다.

"너는 세속에서 뜻을 이뤄야 할 사람이야. 모든 욕심을 버리고 출가하기에는 부족함이 있으니, 마음 쓰는 법을 잘 활용해서 네 뜻을 이루어라."

그렇게 하산한 이후 주변 사람들의 힘든 일을 자기의 힘든 일처럼 생각하고 매일 봉사하면서 살았습니다. 무언가 대가를 바라고 하는 행동이 아닌, 순수하게 하는 행동이었기 때문에 몇 년이 지나도 꾸준하게 할 수 있었지요. 그렇게 10년이 지나자 사람들이 그에게 모이기 시작했고, 20년이 지나자 그에 대한 칭송이 조정에까지 전해졌답니다.

하루는 황제가 신하들에게 말했습니다.

"각 지방에 사는 덕 있는 사람들을 천거해라. 마땅히 심사해서 벼슬을 내리겠노라."

그때 조정에서는 이 사람을 천거했습니다. 황제가 심사해 보니 과연 훌륭한 사람이었어요.

"이렇게 덕이 있는 사람이 있다니 참으로 기쁘구나. 이 사람을 그 고을 현감으로 제수(除授)하겠노라."

관상이 나빴던 아이는 이렇게 해서 결국 현감이 되었던 것입니다. 현감의 이야기를 들은 관상가가 감탄하며 말했습니다.

"저도 일찍이 젊었을 때 '아무리 관상이 좋아도 심상 좋은 것만 못하다. 아무리 관상이 나빠도 심상으로 그것을 극복할 수 있다'는 말을 본 적이 있습니다. 하지만 그걸 실천한 사람은 지금까지 본 적이 없습니다. 그런데 오늘에야 그런 사람을 만나게 되었군요. 현감께서는 정말로 위대하십니다."

재상이 안 된다면 의사라도

중국 송나라 때 범중엄이라는 유명한 재상이 있었습니다. 이 사람이 젊었을 때 유명한 관상가를 찾아가서 물었지요.

"제가 재상이 될 수 있겠습니까?"

"관상이 좋지 않고, 뼈골도 꾀죄죄하니 재상이 되긴 글렀습니다."

실망한 범중엄이 다시 물었습니다.

"그러면 제가 의사는 될 수 있겠습니까?"

지금은 의사가 아주 선망받는 직업이지만 당시에는 그렇지 않았나 봐요.

"재상이 될 수 있겠냐고 묻던 분이 이번에는 격을 훨씬 낮춰서 의사가 될 수 있겠냐고 묻는군요. 이것은 무슨 까닭입니까?"

"제가 큰 재상이 되고 싶은 것은 사람들을 행복하게 해 주고 싶어서입니다. 하지만 재상이 되지 못한다면 의사라도 되어서 고통받는 이들에게 조금이라도 도움이 되고 싶습니다. 의사라도 될 수 있겠습니까?"

관상가는 깜짝 놀라서 말했습니다.

"당신은 앞으로 큰 재상이 될 것입니다. 이렇게 마음을 잘 쓰는데 어떻게 재상이 안 될 수 있겠습니까?

아니나 다를까, 후에 범중엄은 중국사에 길이 남는 명재상이 되었습니다.

사람으로 태어나 마음을 잘 써서 복을 짓는 것이 이렇게 중요합니다. 우리는 내 눈이 어떤가, 내 코는 어떤가 하면서 열심히 거울을 들여다보곤 하지만 거울에 보이는 관상은 좋아도 그만, 안 좋아도 그만입니다. 정말 중요한 것은 관상이 아니라 심상이고, 심상은 거울에 보이지 않는 것이니까요. 내 마음을 잘 쓰고 살아가기만 한다면 관상이 대수이겠습니까?

빈상에도 부자가 된 할아버지

이번에는 요즘 이야기를 하나 해 볼까 합니다.

한 관상가가 지방에 사는 큰 부자 할아버지를 만나게 되었대요. 그런데 이 관상가가 할아버지 얼굴을 보니 무언가 좀 이상하더랍니다. 그가 보기에 할아버지는 아무리 봐도 빈상(貧相)이라 부자가 될 만한 구석이 없었기 때문이었지요.

관상가는 할아버지가 어떻게 큰 부자가 되었는지 이유를 알고 싶었습니다. 그래서 자신이 느낀 바를 솔직하게 이야기하고, 할아버지의 이야기를 듣고 싶다고 했답니다. 사실 기분이 나쁠 수도 있을 요청에 할아버지는 아무렇지 않아 하면서 자신의 이야기를 들려주었다고 해요.

할아버지의 집안은 원래 아주 가난했다고 합니다. 부모님이 자식들을 위해 열심히 일했지만 형편은 전혀 나아지지 않았다고 해요. 그러던 어느 날 할아버지의 부모님께서 결심을 하나 하셨다고 합니다.

"눈에 보이는 재산이 아니라, 눈에 보지 않는 재산을 자식들에게 물려주자."

그래서 경남 김해 근방에 있던 한 암자에 아버지는 부목 거사로, 어머니는 공양주 보살로 들어가셨다고 합니다. 부목 거사는 절에서 장작 패기 등 여러 허드렛일을 담당하는 분을 말합니다. 꼭 필요한 분이긴 하지만 일이 고되기 때문에 갖은 고생을 하지요.

공양주 보살은 공양간에서 밥 짓는 일을 담당하는 분을 말합니다. 가마솥에 불을 때서 밥하던 시절에는 이 일이 참 힘들었지요. 그래서 옛날에는 공양주 보살로 일하는 것이 복 짓는 데 최고라 했어요.

그렇게 할아버지의 부모님은 부목 거사와 공양주 보살로 3년 동안 일하셨다고 합니다. 아침저녁으로 꼬박꼬박 기도까지 하시면서 말이지요.

그런데 두 분은 당신들이 일한 것에 대한 품삯을 전혀 받지 않으셨대요. 본인들도 가난했으면서 말이지요. 암자의 스님이 돈을 좀 챙겨 주려고 해도 할아버지의 부모님은 한사코 받지 않았다고 합니다.

"스님, 저희가 받을 몫이 있다면 우리 자식들이 대신 받을 겁니다. 그러니 저희는 이거 안 받겠습니다."

할아버지는 어렸을 때 그런 부모님이 참 원망스러웠대요. 절에서 3년이나 일했지만 돈을 벌어 오지는 않았으니까요. 그 바람에 할아버지의 형제들은 소학교도 졸업하지 못했다고 합니다.

할아버지의 아버지는 절에서 나온 다음에 사업을 시작하셨다고 합니다. 하지만 사업은 곧 망했고, 설상가상으로 갑자기 돌아가셨다고 해요. 홀로 남은 어머니도 고생만 하시다가 자식들이 크는 것도 다 보지 못하고 돌아가셨다고 합니다.

그래서 할아버지는 불교를 믿지 않는다고 하셨답니다. 부모님이 그렇게 공덕을 쌓았지만 행복은커녕 시련만 찾아왔으니까요. 하지만 할아버지의 부모님은 생전에 항상 이렇게 말씀하셨다고 합니다.

"걱정 말아라. 우리가 너희들한테 보이지 않는 재산을 많이 만들어 놨으니 너희들은 분명히 잘살게 될 거다."

부모님을 모두 여의고 어른이 된 할아버지는 군대를 제대하고 어느 자전거 가게에서 일하게 되었다고 합니다. 가게 주인은 허드렛일도 마다하지 않고 열심히 하는 할아버지를 무척 마음에 들어 했다고 해요. 그러더니 나이가 들자 가게를 할아버지에게 헐값에 넘겼답니다.

할아버지가 인수한 가게는 장사가 잘되었다고 해요. 그렇게 돈을 모아 온 할아버지는 은퇴하면 농사나 짓겠다는 소박한 마음으로 땅을 조금씩 사 모았습니다.

그런데 우연치 않게도 할아버지가 산 땅들이 신도시 계발 부지에 들어가게 되었다고 합니다. 그 바람에 할아버지는 큰 부자가 된 거죠. 무엇 하나 의도한 것도 없었는데 모든 일이 그렇게 잘 풀렸다고 합니다. 할아버지는 이렇게 이야기했습니다.

"잘살게 될 것이니 걱정하지 말라던 부모님의 말씀이 그제야 이해가 되더군요. 조상들이 복을 지어 놓으면 그 자손들이 덕을 본다는 말이 맞는 것 같습니다."

당시 할아버지는 과거 부모님을 떠올리면서 재산을 가지고 장학 사업을 많이 하셨다고 합니다.

할아버지의 이야기를 통해 우리가 배울 수 있는 바는 무엇일까요? 절에서 일할 때는 월급을 받으면 안 된다? 아니요, 요새는 그러면 큰일나요. (웃음) 이와 같이 봉사를 통해 쌓은 나의 선업과 공덕과 복의 힘이 크다는 것이지요. 또 그 복이 지금 당장 나에게 좋은 일을 가져다 주는 것 같지 않아도, 결코 어디로 새어 나가는 게 아니란 것을 알 수 있습니다. 당장 우리에게 좋은 결과가 나타나지 않더라도, 우리 자손들에게 그 복의 힘이 당도하게 될 것입니다.

윤회 속에 펼쳐진 우리 삶의 모든 인연에는
은혜와 원한이 가득합니다.
그것은 모두 누가 만든 걸까요?
우리 자신이 만든 겁니다.
결국 은혜로운 삶을 살 것인가,
원한 가득한 삶을 살 것인가는
우리 선택에 달려 있습니다.

2

은혜와 원수로 엮인 인연의 이치

만남과 헤어짐은
우연이 아니다

우리 불교에서는 인연법을 말합니다. 우리가 태어나고 죽고, 태어나고 죽는 수없는 윤회의 삶을 통해서 수많은 사람, 수많은 존재들과 인연을 맺게 된다고 하는 것입니다. 그래서 이번 생에 내가 새로운 몸을 받아, 새로운 세상에서, 새로운 삶을 살아가게 될 때 업의 인연, 즉 업연(業緣)이 강한 존재끼리 만나게 되는데, 그것이 바로 위로는 부모님, 아래로는 자식, 한쪽은 부부관계, 한쪽은 형제자매나 친한 친구라고 합니다.

그래서 전생에 내가 좋은 업을 많이 지었는지, 나쁜 업을 많이 지었는지, 내가 전생에 복을 많이 지었는지, 복을 적게 지었는지를 알고 싶다면 내 주위에 어떤 사람이 있는지를 보면 알 수 있다고 말합니다. 요즘 말로 '끼리끼리 만난다'는 거지요.

그런데 이 업연이라는 게 굉장히 오묘합니다. 예를 들어 부모님은 잘 만났는데 남편이나 아내를 잘못 만나는 경우도 있고, 남편이나 아내를 잘못 만났는데 자식은 잘 만나는 경우도 있어요. 또한 어려서 부모를 잘 만나고 나이가 들어서는 부부를 잘 만났음에도 불구하고 이상한 (?) 자식을 만나서 말년을 속 태우며 살아가는 경우도 있습니다.

아마 많은 분들이 남 이야기 같지 않다고 느끼실 겁니다. 왜냐하면 이게 다 우리 현실에서 펼쳐지는 이야기이기 때문입니다.

빚으로 만난 부부

그중에서 부부관계가 제일 오묘하다고 합니다. 왜냐하면 부모와 자식은 서로 혈연이지만, 부부는 전혀 그렇지 않기 때문이지요. 생판 모르는, 피 한 방울 섞이지 않은 사람이 만나서 반평생을 살아가기 때문입니다. 그래서 이번 생에 남편이나 아내를 잘 만나는 것도 전생의 큰 복이라고 합니다.

불교에서는 서로의 만남과 관계에는 두 가지 목적이 있다고 말합니다. 첫째, 전생에 지어 놓은 은혜를 갚기 위해서, 둘째, 전생의 원수를 갚기 위해서. 그러니 남편이나 아내가 전생의 원수인지, 은인인지 한번 고민해 보세요. 내가 빚을 받기 위해서 만나는 경우도 있고, 내가 진 빚을 갚기 위해서 만나는 경우도 있습니다. 부부관계가 서로 화목하고, 금슬이 좋으면 전생에 은혜로 만난 사이일 것이고, 허구한 날 싸우고 부대끼고 서로 속상하기만 한다면 원수로 만난 사이인 겁니다.

누가 더 많이 가슴 아프냐에 따라서 빚을 받아야 할 입장인지, 빚을 갚아야 하는 입장인지 달라지는 경우도 있습니다. '스님, 제가 조금 더 손해 보는 것 같아요.' 하면 전생에 내가 빚진 게 더 많은 거예요. 물론 이런 경우는 양쪽 말을 다 들어봐야 하겠죠.

아무튼 서로 전생에 지어 놓은 업연, 업의 인연에 의해서 서로 만나게 된다는 것을 강조하고 싶습니다.

매 맞는 아내

옛날 옛적에 어느 젊은 부부가 있었습니다. 그런데 이 남편은 허구한 날 술을 마시고 들어와서 부인을 때리는 못된 버릇이 있었어요. 그래서 마을 사람들 사이에 돈 별명이 '개 같은 놈'이었답니다.

하루는 어느 스님이 그 마을에 탁발을 나오셨어요. 목탁을 두들기면서 탁발을 다니다가 매 맞는 부인이 사는 집 앞에 도착하셨지요.

'스님이 오셨는데 쌀 한 되라도 드려야지.'

매 맞는 부인은 목탁 소리를 듣고 쌀을 퍼서 나왔습니다. 그런데 스님이 부인의 얼굴을 보니 시퍼렇게 멍이 들어 있는 거예요.

"부인, 얼굴이 왜 이러오?"

스님이 물으시니 부인은 자초지종을 이야기합니다. 그런데 이야기를 한참 들은 스님이 가만히 보더니 하시는 말씀이 "전생의 업보로구나. 전생의 업보야." 이러시더래요.

"내가 비방을 가르쳐 드릴 테니 한번 해 보겠소?"

딱히 뾰족한 수가 없던 부인은 스님이 비방을 들어볼 수밖에요. 스님이 가르쳐 준 비방은 이렇습니다.

"산에 가서 빗자루 만들 때 쓰는 싸리나무 100개를 가져와 빗자루 10개를 만드시오."

부인은 스님이 시키는 대로 싸리나무 100개를 가져와 빗자루 10개를 만들어 방 한구석에 두었다고 합니다. 그리고 스님이 가르쳐 준 대로 방안에 위험해 보이는 물건들을 치우고, 두꺼운 솜으로 만든 누비옷을 입고는 방 안에서 기다리고 있었다고 해요.

그날 밤도 어김없이 취해 들어온 남편은 아내를 보더니, "이 여편네가 남편이 들어왔는데 어딜 그렇게 앉아 있어? 어디 눈을 그렇게 뜨고 쳐다봐!" 하고는 싸리나무 빗자루로 두들겨 패더랍니다.

그런데 여러분, 혹시 싸리나무 빗자루로 맞아 본 적 있나요? 사실 이걸로 맞으면 별로 안 아프죠. 더욱이 부인은 두꺼운 누비옷까지 입고 있었잖아요. 그러니까 소리만 크지, 얼굴만 잘 가리고 있으면 딱히 아프지 않은 겁니다.

남편은 아무리 때려도 부인이 찍소리 하나 내지 않으니까 더 화가 났습니다. 그래서 옆에 뭐 던질 게 없나 보는데 아무것도 없어요. 그러니까 '네가 죽나, 내가 죽나 한번 해 보자.' 하는 심정으로 밤새 때리는데, 빗자루 10개가 모두 부러질 정도였대요. 그렇게 힘이 빠진 남편은 결국 씩씩거리면서 집 밖으로 나갔답니다.

'이게 끝난 건가? 스님이 비방을 가르쳐 주었는데 이게 단가? 이

왕 맞을 거 덜 아프게 맞으라고 이 방법을 가르쳐 준 건가?'

스님의 비방

다음 날 저녁이 되었습니다. 남편은 어김없이 술을 마시고 들어왔답니다. 그러니 부인이 덜컥 겁이 나기 시작했어요. 그런데 남편이 부인을 보고 씩 웃더니 아랫목에 누워서 코를 골기 시작하더랍니다. 술을 마시고 왔는데 때리지를 않아요. 부인은 그동안 경험 때문인지 이상하기도 했지만, 한편으론 너무 기뻤답니다. 그 뒤로는 우리가 보통 '진상'이라고 말하는 그런 성격은 버리지 못했지만, 손찌검하는 남편의 못된 술버릇은 사라졌다고 해요. 놀랍지요?

몇 달이 지나 부인도 이제 얼굴에 생기가 돕니다. 더 이상 맞질 않으니까요.

하루는 그 스님이 그 집에 다시 탁발을 왔습니다. 부인은 자기 은인인 스님을 맞으면서 "스님, 어서 오십시오. 저희 집에서 맛있는 것 좀 드시고 가십시오." 하고는 온갖 진수성찬을 차려서 스님께 공양을 올렸습니다. 그러고는 묻습니다.

"스님께서 가르쳐 주신 비방 덕에 남편이 그날 이후로 저를 때리질 않습니다. 비결이 무엇입니까?"

"실은 모든 게 전생의 업보였습니다."

"전생에 어떤 업이 있었습니까?"

"부인은 머나먼 전생에 큰 부잣집 아들이었습니다. 그런데 성격이 좋지 못했어요. 화가 나면 그 화를 이기지 못하고 집에서 키우던 개를 사정없이 때렸지요. 그런데 그 개가 매질에 못 이겨서 한을 품고 죽었습니다. 그 강한 업의 인연에 의해 수많은 생이 지난 뒤 이번 생에 부부로 만나게 된 겁니다."

그러니까 성격 나빴던 부잣집 아들이 이번 생에 매 맞는 부인으로, 원한을 품고 죽었던 개가 남편으로 태어난 겁니다. 남편 별명이 뭐였다고 했죠? 네, '개 같은 놈'이었잖아요. 전생에 진짜 개였던 거예요. (웃음) 이어서 스님은 이렇게 말씀하십니다.

"자기가 맞은 만큼 때려야 이 업이 풀리는데 그 업보를 보니 앞으로 10년은 맞아야 했소. 그 업을 줄이기 위해 싸리나무 100개를 묶은 싸리비로 맞으면 한 번에 100대를 맞는 거나 다름없으니, 싸리비 10개로 맞아서 10년간 받아야 할 업을 단박에 모두 소멸시킨 것이지요."

우리는 이 설화를 의미 있게 생각해 봐야 합니다. 어떤 분의 말처럼 '이왕 맞을 거 막대기로 맞느니 쇠 파이프로 맞는 게 낫습니까?' 이런 게 아니에요. 내가 이번 생에 겪게 되는 좋지 못한 상황들이 다 전생에 내가 지은 빚일 가능성이 크다는 겁니다. 그리고 내가 전생에 지었던 빚, 전생의 업보는 그것이 다 풀리기 전까지 쉽게 사라지지 않는다는 것이지요.

만약 자기를 괴롭히는 누군가가 있으면 '아, 전생에 내가 저 사람을 괴롭혔기 때문에 이번 생에 저 사람이 나를 이토록 괴롭히나 보구나. 이번 생에 내가 저 사람을 원망하지 않는다면 이번 생에 저 사람과나 사이의 원한이 모두 사라지겠구나.'라는 마음을 일으키는 게 바로 불교의 가장 중요한 수행입니다. 그런데 결코 쉽지 않아요. 하기야 수행이 쉬우면 그게 수행이겠습니까?

업연을 업보로 풀지 말라

어느 법회 때 이 이야기를 들은 한 거사님의 이야기가 기억납니다. 거사님의 아내 되시는 분이 자기만 보면 그렇게 바가지를 긁는다고 하더군요. 그런데 이 이야기를 듣고 많이 위안된다고 하시고는 집에 가셨어요.

집에 도착하니 아내분이 또 잔소리를 해요. 1시간 정도 실컷 잔소리하니까 그분도 힘이 들겠죠? 그래서 뒤돌아 가려니까 거사님이 아내분 손을 딱 붙들고 "여보, 한 번 더." 그러셨대요. 그랬더니 잔소리를 또 1시간, 힘들지요? 아내분은 '이 인간이 어떻게 됐나?' 하면서 또 가려는데 다시 거사님이 손목을 딱 잡았답니다.

"여, 여보. 한 번만 더…." (웃음)

부인이 밖에서 뭘 잘못 먹었냐고, 왜 그러냐고, 인생 놓아버렸냐고 하더랍니다. 그래서 지금 해드린 이야기를 들려줬대요. 그랬더니 부인이 감동을 하더랍니다.

사실 잔소리하는 사람은 자기가 그러고 있다는 걸 잘 몰라요. 그런데 내가 이러면 안 되는 걸 알면서 잔소리한 걸 남편이 '모두 전생에 지은 내 업이다' 하고 받아 준 거잖아요.

이후 아내 되시는 분은, 물론 바가지를 계속 긁기는 하지만 이렇게 이야기하신답니다.

"전생의 당신 업이니까 받아."

대신 분위기는 많이 좋아졌다고 해요.

이런 마음이 중요합니다. 혹여 남편이나 아내에게 조금 미운 마음이 들거나 안 좋은 이야기하시는 분이 있으면 스스로 한번 생각해 보세요. '내가 전생에 그 개였나?' (웃음) 그래서 남편이나 아내가 전생의 나를 너무 괴롭혀서 내가 상대방에게 앙갚음하고 있는 건 아닌가 하고요. 내가 전생에 개였다고 생각하면 누구나 싫을 겁니다. 그럼 바뀌어야 하겠죠? 나의 남편이나 아내 사이에 전생의 업연이 있었다면, 내가 전생에 개였던 업보로 푸는 것이 아니라 인간답게 이성으로써, 수행과 불교적 가치관으로써 지혜롭게 풀어나가야겠다 하는 마음을 가지셔야 합니다.

원결로 맺어진 부부

서울 삼각산 도선사에 청담 큰스님이 계셨습니다. 스님은 설법을 굉장히 잘하시기로 유명하셨는데, 군 법당에서 법회도 많이 하셨다고 해요. 그래서 알고 지내던 군인들이 많았다고 하지요.

그중 월남전에 참전하고 돌아온 육군 대령 한 분이 계셨답니다. 그런데 오랜 군 생활에 결혼이 늦어져 마흔이 넘어서야 젊은 여성분을 아내로 맞았다고 해요.

그런데 신혼인 데다 때도 늦어 누구보다도 한창 좋을 시기에 고민이 한 가지 있었다고 합니다. 이야기인즉슨, 낮에는 부인이 너무나 사랑스러운데, 해만 지면 한기가 느껴져서 으스스할 정도로 무섭게 보이더라는 것이지요. 상황이 이렇다 보니 결혼하고 나서 며칠이 지났는데도 합방을 못했다고 했답니다. 그분은 답답한 나머지 결국 청담 스님을 찾아가 사연을 말씀드렸습니다.

　"전생에 두 분 사이에 원결(怨結)이 있나 봅니다."

　'원한 원(怨)' 자에 '맺을 결(結)' 자, 청담 스님은 원한의 맺힘이 있어서 그 업보를 소멸해야 한다고 말씀하셨습니다.

　"그럼 제가 어떻게 하면 되겠습니까?"

　"부인이 자고 있을 때 부인을 향해서 절 세 번을 하고 앉아 마음속으로 '관세음보살'을 외우세요. '관세음보살, 관세음보살…' 외우면서 속으로 '잘못했습니다. 내가 잘못했습니다. 우리 사이의 원한이 빨리 사라지기를 원합니다. 제가 잘못했습니다.' 하고 기도하세요."

　"예, 스님. 알겠습니다."

　그런데 그분은 나이 어린 부인을 향해 절하기가 힘들었나 봅니다. 자존심이 높은 편인 거죠. 이분은 스님께 그렇게 하겠노라 철석같이 대답하고 나왔지만 신경질이 났습니다.

　'내가 뭘 잘못했다고 나이 어린 아내한테 절을 해.'

　이후 밤이 되어 부인이 자고 있는 걸 확인한 남편은 절을 할까, 말까 망설이면서 방을 어슬렁거리다가 당일에는 결국 하지 못했다고 합니다. 그리고 두 번째 되는 날 밤에는 용기를 내어 결국 삼배를 했다고 해요. 그러고는 앉아서 염불을 하려는데, '잘못했습니다' 하기가 너무 쑥스러워서 그냥 나와 버렸다고 합니다.

스님을 찾아뵌 뒤 열흘이 지났을 때는 밤이 되면 습관처럼 아내가 자고 있는지 확인한 뒤에 절 세 번을 했답니다. 그리고 쑥스러움을 누르면서 억지로 염불을 했다고 해요. 그런데 어느 날은 갑자기 울컥하더랍니다.

'내가 무슨 잘못을 했다고 이런 짓을 해야 하나.'

조금 남사스럽긴 합니다. 밤마다 몰래 아내를 향하여 절 세 번 하고, 관세음보살 염불하면서 '내가 잘못했습니다, 내가 잘못했습니다' 하는 게요. 그러다가 '내가 무얼 잘못했는데!' 이러면서 설움이 쏟아진 겁니다.

주변 친구들은 좋은 아내 만나서 자식 낳고 옹기종기 잘 사는데 나는 이게 뭔가 하고 눈물이 펑펑 쏟아지더래요. 그런데 그런 가운데서도 자기도 모르게 '잘못했습니다. 정말 잘못했습니다. 제발 용서해 주십시오.'라는 말이 마음에서 쏟아져 나오더랍니다. 진짜 참회가 된 거예요. 내면에서 울음과 함께 터져 나오는 속죄의 마음이 솟구치더래요.

그때 자고 있던 부인이 갑자기 몸을 들썩이더니 갑자기 잠꼬대를 했다고 합니다.

"당신이 그러니 내가 용서해야지요."

좀 무섭죠, 여러분? 전 이 이야기를 처음 듣고 소름이 돋았어요. 비 오는 날 이 사연을 읽는 분이라면 공포물처럼 느껴지실지도 모르겠습니다.

다음날 부인은 그 순간을 전혀 기억하지 못했다고 합니다. 화창한 날씨만큼이나 환한 얼굴로 아침 인사를 하는데, 그날 이후 밤이 되어도 부인이 무섭게 느껴지지 않더랍니다. 그러니까 업장이 소멸된 거지요. 전생에 맺힌 원한이 사라지게 된 겁니다.

내가 지은 업에 의해서 서로 만나게 되는 것이 바로 부부의 인연입니다.

앞서 이야기한 것처럼 전생에 내가 살아오면서 얼마나 많은 사람들을 만났겠습니까? 그리고 그들과 얽히고설킨 인연이 얼마나 많았겠습니까? 그중에는 좋은 인연도 있었을 테지만 또 나쁜 인연도 있었을 테죠.

우리가 이번 생을 살아가면서 좋은 인연만 만나면 얼마나 좋겠습니까마는 살다 보면 나쁜 인연도 만날 수밖에 없습니다. 그 좋은 인연, 나쁜 인연 할 것 없이 모두 다 내가 지은 업의 결과입니다.

불교에서 말하듯 우리가 전생을 볼 수만 있다면 이번 생에 죄를 지을 사람은 단 한 명도 없을 겁니다. 하지만 볼 수 없으므로 또다시 잘못을 저지르고, 실수하고, 남을 원망하며 사는 겁니다.

하지만 '내가 전생에 지은 업연에 의해서 내가 저 사람들을 만난 것이구나.', '나에게 잘해 주는 사람은 내가 전생에 그만큼 베풀었기 때문이고, 나에게 못되게 굴었던 사람은 그만큼 내가 전생에 저 사람에게 상처를 주었기 때문이구나.'라는 것이 가슴속에 완전히 각인된다면 이 세상에 조금 좋은 일이 생겨도 그것에 집착할 일이 없고, 나쁜 일이 생겨도 그것에 크게 흔들릴 일이 없어지게 될 것입니다.

다만 우리 중생 마음이 그렇지 못하므로 그동안 상처 주고 힘들게 했던 이들을 향해 참회하고 기도해야 합니다.

'과거 전생에서부터 알고 지었건, 모르고 지었건 제가 지은 죄업을 참회합니다.'

그런 정성으로 나의 악업, 나의 업장을 하나하나 소멸시켜야 하는 것입니다. 그리고 제일 중요한 것, 마음을 잘 써야 합니다.

구박받는 아내

많은 분들이 고민하시는 것처럼, 부부 생활을 하다 보면 항상 행복할 수만은 없을 겁니다. 그런데 이런 이야기하는 제가 굉장히 부끄러워요. 저는 결혼도, 연애도 해 본 적이 없기 때문입니다.

사실 상담을 청하시는 분들의 고민을 들어 보면 대부분이 부부 문제 아니면 자식 문제예요. 그럼 조금 난감하죠. 제가 자식이 있는 것도 아니고, 부인이 있는 것도 아니니까요. 하지만 이 말씀은 꼭 해드립니다. '전생에 내가 복이 많으면 좋은 사람 만났을 것이고, 내가 복이 없으면 나쁜 사람 만나는 거다.' 그리고 당부의 말씀도 잊지 않습니다. '기도 많이 해서 복 많이 지으라.' 그게 우리 업연을 풀 수 있는 유일한 방법이니까요.

과거 어느 보살님은 집안도 넉넉하고, 자식들도 잘 키워서 남부러울 게 없었는데 말 못 할 고민이 하나 있었습니다. 바로 남편 때문이에요.

남편 되시는 분은 밖에선 양반 소리를 들을 정도로 성격이 무던했답니다. 그런데 집에만 오면 그렇게 화를 내고 구박을 줬대요. 그런 경우가 흔히 있죠?

보살님은 남편 쪽 집안이 워낙 건실하고, 직장도 번듯한데다, 사람들 말로는 성격도 좋다고 해서 부모님이 맺어 준 중매로 얼굴도 모르고 결혼을 했다고 합니다. 그런데 남편이 신혼 초부터 그렇게 화를 잘 냈대요. 조금만 실수해도 밥상을 엎어 버릴 정도로요. 그러니 맨날 '저 거지 같은 남편, 거지 같은 남편' 하면서 속으로 욕을 했다고 합니다. 그러다 보니 보살님 속에 화가 쌓이는 거예요. 답답한 구석을 누군가에게 털어놓고 싶어서 친한 친구나 친척한테 말하면 직접 겪지 않으니 공감하지 못하더랍니다. 도리어 남편이 돈 잘 벌어 주고, 밖에서는 잘 나가지, 네가 배부르니까 그런 소리 하는 거라고 말하더래요. 그러니 화가 더 커지는 거예요. 결국 보살님은 위궤양에 걸릴 정도였지만 그래도 자식들 때문에 살았다고 합니다.

그러던 어느 날부터는 절에 다니셨답니다. 법문도 듣고, 기도도 배우고, 그렇게 절에 열심히 다니다 보니 마음이 많이 안정되더래요. 그런데 어느 날 한 스님께서 보살님 이야기를 듣고는 전생의 업보인 듯하다면서 그걸 녹여야 한다고 말씀하시더랍니다.

"스님, 그럼 어떻게 하면 되나요?"

"열심히 기도하십시오."

내가 지은 업이 결과이니 누가 풀어야 합니까? 내가 풀어야죠. 보살님은 스님 말씀대로 열심히 기도하셨대요. '관세음보살'도 부르고,

『천수경』·『금강경』도 외우고, 『법화경』을 사경하면 좋다고 해서 사경도 하고요. 그러니까 이전보다 마음이 훨씬 편안해졌대요.

다만 남편은 변하질 않더랍니다. 그래도 절에 다니면서 기도하니 일단 내 마음은 편안하니까, 남편은 그러려니 두고 몇 년을 기도하러 다니셨대요.

좋은 기도 도량이 있다고 하면 그곳에 가서 철야 정진도 하고, 그렇게 기도하고 오는 게 삶의 낙이 되었답니다. 집에서 남편 안 봐도 되니까 그런 걸지도 모르지요? (웃음)

하루는 어느 지방의 도량에 가서 철야 기도를 하셨다고 합니다. 밤을 새워 기도를 하는데 날씨가 좀 추웠다죠. 더욱이 배도 고프고, 졸리기까지 하셨대요. 그래서 집에 갈까 생각하니 남편이 떠오르면서 '힘들어도 집엔 안 가.' 이러는데 순간 오만 생각이 다 들면서 설움이 복받치더랍니다. 내가 왜 이렇게 살아야 하나, 속상한 마음이 들면서 스님들이 원망스럽기까지 했대요. '항상 남편 이야기만 하면 내 업이 두꺼워서 그렇다는데 내가 뭘 그렇게 잘못했길래….' 하면서요. 보살님은 그날 큰 법당 안에서 대성통곡을 하셨답니다.

여담이지만 한밤중 누군가 법당에 촛불 켜놓고 대성통곡하면 스님도 못 건드려요. 얼마나 서러우면 저럴까 하면서요. 솔직히 조금 무섭기도 합니다. (웃음)

보살님은 울면서도 기도하던 버릇이 있으니까 '관세음보살님, 잘못했습니다, 잘못했습니다. 관세음보살님, 잘못했습니다.' 했대요. 그렇게 속 시원하게 울고 나니까 마음이 안정되잖아요. '다시 정신 차리고 기도나 하자. 기도 말고는 살 길이 없다.' 하고 기도를 시작했는데, 신기하게도 순간 눈앞에 환한 영상이 펼쳐지더랍니다.

남편의 전생

보살님 말씀이 마치 조선시대 같더래요. 어느 예쁘장한 아가씨가 보이는데, 분홍 저고리에 꽃신을 신고 봄날 소풍을 나온 것 같았답니다. 그렇게 꽃 구경을 하고 있는데 거지 한 명이 구걸을 하고 있더래요.

거지니까 얼마나 지저분하겠어요. 그러니 이 아가씨는 저 거지가 나한테 오면 옷하고 꽃신에 때 묻을까봐 싫다는 마음이 있었나봐요.

그런데 거지가 그 부유해 보이는 아가씨를 발견하고는 "한 푼만 줍쇼." 하면서 와락 달려들었대요. 깜짝 놀랐겠죠? 순간 화가 난 그 아가씨는 "이런 거지 새끼가!" 하면서 동냥 바가지를 발로 뻥 차 버렸다고 합니다. 결국 바가지가 허공을 날면서 와자작 깨져 버렸지요.

그 거지에게 유일한 재산이 무엇이었겠습니까? 네, 그 바가지죠. 옛말에 이런 말이 있어요. '거지가 아무리 미워도 바가지는 깨지 말아라.' 그런데 그 바가지를 깨 버린 거예요. 하염없이 날아가는 바가지를 보던 거지가 아가씨를 노려보는데 그 화난 표정이 남편의 화난 얼굴로 변하더래요.

그렇게 눈앞의 영상이 끝나는 순간 머릿속에 번개 같은 섬광이 번쩍이더니 '저 바가지를 깬 아가씨가 전생의 나였고, 거지가 이번 생의 남편으로 태어났구나. 그때 원한이 똘똘 뭉쳐서 복수하려고 내 남편으로 태어났구나.' 생각했답니다. 그렇게 자신과 남편의 전생을 알게 된 거지요. 보살님이 평소에 '거지 같은 남편, 거지 같은 남편' 그랬는데 전생에 진짜 거지였던 거예요. (웃음)

참 신기한 건 그 순간 화로 답답했던 가슴이 뻥 뚫리면서 가슴이 시원해지더라는 겁니다. 이게 진짜 업장 소멸입니다, 여러분.

그렇게 기도를 마치도 집에 돌아온 보살님은 신기한 경험을 합니다. 남편 성격이 저절로 바뀐 거예요. 싹싹하고 살가운 정도는 아니지만 보살님을 모욕 준다거나 화를 내는 수도 많이 줄고, 구박하는 성격도 많이 바뀌었다고요.

탓하는 삶, 해결하는 삶

불법은 이와 같이 신기합니다. 내가 지은 업은 결국 내가 받고, 그 업을 푸는 것도 결국 내가 푸는 거예요.

살아가면서 우리 인생에 얼마나 많은 일들이 펼쳐집니까? 그런데 좋은 일 생기면, '내가 잘나서 이렇게 좋은 일이 생겼나보구나.' 해요. 반대로 안 좋은 일이 생기면 남 탓, 조상 탓으로 시작해서 나중에는 부모님 탓도 합니다.

아닙니다. 그건 자기 업입니다. 남편 탓하고, 아내 탓하고, 자식 탓해야 소용이 없어요. 그런 사람들을 만난 것 자체가 내 업이라는 겁니다. 그러니 이번 생에 풀어내야죠. 언제까지 원망만 하고, 언제까지 남 탓만 할 수는 없습니다.

살다 보면 좋은 일도, 안 좋은 일도 있는 법입니다. 우리가 전생에 지은 복의 인연, 또는 악업의 인연일 뿐입니다. 더 이상 남 탓하지 말고 내 업은 내가 풉시다.

오늘 집에서 남편 혹은 부인 되시는 분의 손을 잡아 보세요. 여러분 주변에 있는 좋은 인연에게 좋은 마음 일으키고, 그렇게 여러분의 업장을 풀어내신다면 삶에 조금씩 변화가 생길 겁니다. 기도로 여러분의 업을 지혜롭게 풀어내시길 바랍니다.

가족이 원수인 줄
알아야 한다

어느 한 부부가 있었습니다. 이 부부에게는 애지중지 키운 아들이 있었다고 해요. 이 아들이 외국으로 유학을 갔는데 그곳에서 중국 아가씨와 사귀게 되었답니다. 그래서 부모님에게 인사시키고자 한국에 데려왔대요.

만나 보니 이 아가씨가 굉장히 싹싹한 성격이어서, 우리말은 잘 못 했지만 그래도 '어머니', '아버지' 하면서 부부를 살갑게 대하더랍니다. 그런데 이 부부가, 특히 어머니가 보수적인 데가 있어서 이 아가씨와의 결혼을 반대했다고 해요. 그 아가씨도 좋긴 하지만 이왕이면 한국 사람을 며느리로 얻고 싶다는 것이었지요. 그래서 아들과 다툼이 있었는데, 어머니가 '내 눈에 흙이 들어가기 전에는 안 된다'는 식으로 나오는 바람에 결국 아들은 그 중국 여성분과 헤어졌답니다.

몇 년 뒤, 취직한 아들이 한국 사람과 결혼하게 되었다고 합니다.

그런데, 물론 이건 한쪽 말만 들은 것이긴 합니다만, 이 며느리가 버릇이 없고 여러모로 별로였나 봐요. 그래서 이 부부가 아들한테 계속 이야기했대요.

"네가 쟤 좀 어떻게 해 봐라."

부모님이 자기 아내에 대해서 이러쿵저러쿵 말이 많으니까 아들도 힘들었을 거예요. 그래서 참다못한 아들이 말합니다. 원하시던 대로 사랑하던 여자와 헤어지고 한국 여자랑 결혼했으니 더 이상 내 인생에 참견하지 말라고 말이지요. 말은 안 했지만 사실 아들 가슴에 한이 맺혔던 겁니다.

어머니 되시는 분은 성격이 예민하셨는지 나중에는 화병이 도져서 건강도 안 좋아지셨다고 해요. 결국 이 부부는 차라리 그때 그 아가씨랑 결혼시켰으면 아들과 이렇게 의 상할 일도 없고, 집안 분위기도 좋았을 텐데 하면서 후회했다고 합니다. 하지만 되돌릴 수 있는 일은 아니지요.

가족은 전생에서부터 업의 인연이 가장 깊은 사람들끼리 모인 것이라고 했습니다. 그래서 가족이라는 테두리로 만나게 되는 이유는 은혜를 갚기 위해서, 또는 복수를 하기 위해서라고 하지요. 그렇다면 우리 가족은 이 둘 중에 어떤 이유로 만나게 된 걸까요?

불교에는 '가족이 원수인 줄을 알아라.'란 유명한 말이 있습니다. 좋지 못한 업의 인연으로 만나게 된 사이라 하더라도, 즉 복수를 위해 만나게 된 사이라 하더라도 서로 남남이면 안 보고 살면 그만이지만 가족은 그게 잘 안 돼요. 그러니 가족이 정말 무서운 원수라는 겁니다.

참 무서운 업의 인연이지요?

며느리에게 참회하며 절하다

한 스님의 법어집에 고부 갈등을 해결한 재미있는 이야기가 있어서 그 사연을 들려드릴까 합니다.

옛날 부산에 어느 할머니가 계셨다고 합니다. 이 할머니께서는 젊어서 아들 셋을 낳았는데 불행히도 나이 서른도 되기 전에 남편과 사별하셨다고 해요. 그래서 이 할머니는 아들들만 바라보면서 온갖 고생을 다 해 가며 돈을 모아 자식들 모두 대학 보내고, 장가도 보냈답니다.

할머니는 맏아들 부부와 함께 살았다고 합니다. 그런데 며느리가 참 괜찮은 사람이긴 한데, 할머니는 며느리를 볼 때마다 마음이 허했다고 해요. 아마 애써 키운 귀한 아들을 빼앗긴 것 같은 느낌이 들어서였겠지요.

그래서 며느리한테 자꾸 잔소리를 하게 되었답니다. 아무리 착한 며느리라도 시어머니가 자꾸 구박하면 참기가 힘들었을 겁니다. 결국 고부 사이에 갈등의 골이 커지더니 나중에는 걷잡을 수 없는 지경이 되었다고 해요.

사실 할머니도 며느리를 구박하면서 '그래도 내 식구인데 이러면 안 되지.' 하는 생각을 하긴 하셨답니다. 하지만 며느리를 볼 때마다 화가 치밀어 오르는 것을 어떻게 할 수 없더래요.

그렇게 시간이 흘러 아들과 며느리도 어느덧 오십 줄에 접어들고 손주들도 장성했답니다. 며느리도 어느덧 자기 며느리를 볼 때가 되어 가고 있었지요. 그러니 이 할머니가 슬슬 집안 눈치가 보이더랍니다. 며느리도 이제 할머니 소리 들을 나이가 되어 가는데 여전히 시어머니랑 같이 사는 것이 얼마나 불편할까 싶었던 것이지요. 결국 할머니는 만류하는 아들을 잘 달래서 집을 나왔답니다. 그러고는 어느 절에 방을 하나 잡아서 그곳에서 지내게 되었다고 해요.

거처를 절로 옮기니 적적하긴 해도 며느리 얼굴 안 보니까 기분이 좋더래요. 그러던 어느 날 밤 이 할머니가 꿈을 꿨다고 합니다. 꿈에 며느리가 나오는데 그 모습을 보니 꿈에서도 화가 나더랍니다. 그래서 또 대판 싸웠는데 이번에는 며느리가 지지 않고 따박따박 말대꾸를 하더래요. 할머니 화가 많이 나셨겠죠? 그런데 화를 내고 있는 자기 머리 위로 쌍칼이 솟아 나오는 것이 보이더랍니다.

꿈에서 깬 할머니는 한숨을 푹 쉬었어요. '내가 여전히 며느리한테 맺힌 응어리를 풀지 못했구나.' 하면서 말이지요. 그래서 스님을 찾아가 자초지종을 말씀드렸대요.

"스님, 제 마음이 풀려야 가족들이 다 편안해질 텐데 며느리에 대한 미움이 도통 사라지지 않습니다. 어떻게 해야 하겠습니까?"

그래도 이 할머니는 훌륭한 분이에요. 대개 사람들은 누구를 미워하더라도 그런 감정 자체를 잘 인정하지 않습니다. 하지만 이 할머니는 마음에 어느 정도 선근(善根)이 있어서 '내가 이러면 안 되겠다.'라는 생각이라도 하신 것이지요.

할머니의 이야기를 들은 스님은 며느리에 대한 감정이 안 좋은 것은 전생의 업보 때문이니 참회하여 그것을 소멸시키라고 했답니다.

"아침부터 밤까지 노는 입에 염불한다 생각하시고 열심히 염불하세요. 그리고 조석예불 때마다 부처님께 기도하고, 끝나고 나면 며느리가 있는 곳을 향해서 절 세 번 하십시오. '제가 당신에게 지었던 죄업을 참회합니다. 잘못했습니다. 당신과 내가 이렇게 만난 것도 서로의 인연으로 만난 것입니다. 내가 잘못을 참회할 테니 당신도 그 응어리와 한을 다 푸십시오.'라고 생각하면서 며느리를 위해 절을 올리십시오."

할머니는 스님이 이야기한 대로 하루 종일 염불을 하고, 조석예불을 끝난 후에는 며느리를 향해 삼배를 올렸다고 합니다. 그렇게 1년이 지나고, 2년이 지나니 할머니 얼굴이 좋아지시더래요. 본인 마음이 편안해진 겁니다.

서양의 심리학자들도 사람이 누군가에 대한 원한과 원망을 품고 있으면 심인성 질환에 걸릴 확률이 높아지지만, 그 원한과 원망의 대상을 진심으로 용서하면 그 병으로부터 벗어날 수 있다는 연구 결과를 내놓은 바 있습니다. 용서의 힘이 이렇게 대단한 거지요.

신기한 건 할머니의 마음이 편안해지니까 갑자기 며느리가 자주 찾아와서 살갑게 굴더랍니다. 먹을 것, 입을 것 바리바리 싸서 손주들까지 데리고 말이지요. 이런 것을 보면 인간의 에너지는 서로 통하는 것 같아요. 이 할머니가 먼저 마음을 여니까 그 에너지가 며느리에게까지 전달되었던 것이지요.

일이 이렇게 풀렸으니 기도를 멈추어야 할까요? 스님께서는 이렇게 말하셨다고 합니다.

"계속 기도하십시오. 그것이 업장을 소멸하는 길입니다."

가족끼리 좋지 못한 업으로 만났을 때 그것을 소멸하는 가장 좋은 방법은 '참회'입니다. 그래서 남편이나 자식, 며느리와 사이가 안 좋을 때는 그 사람을 떠올리고 삼배를 올리면서 '내가 잘못했다'고 기도하는 것이 좋습니다. 하지만 이런 방법을 가르쳐드려도 차라리 본인이 화병으로 죽고 말지, 그렇게는 절대 못 하겠다고 하시는 분들이 있어요. 그렇게 자존심에 집착하는 것도 업보입니다. 이런 분들에게는 아직 가슴 속의 응어리를 풀 시절 인연이 아직 오지 않은 것이지요.

여기 여러분과 나쁜 인연으로 만난 사람이 있다고 합시다. 그 인연을 만든 업보를 이번 생에 지혜롭게 풀지 않으면 어떻게 될까요? 다음 생에도 그 사람과 나쁜 인연으로 만나야 합니다. 지겹지요? (웃음) 그러니까 이번 생에 잘 푸시길 바랍니다. 내가 미워하는 사람을 위해 기도하는 것이 올바른 참회 기도법이라는 것을 명심하시기 바랍니다.

내가 변해야 가족도 변한다

원망하는 대상과의 업연을 푸는 방법은 참회하고, 용서하는 일밖에 없다고 말씀드렸습니다. 하지만 그런 마음을 내기란 쉽지 않아요. 아마 여러분 일상에서도 직접 경험하고 계시는 바가 있을테지요. 그럼 그 이유는 무엇일까요? 질기고도 질긴 전생의 업연을 풀기 위해 원망하는 마음을 참회하고, 용서하는 마음으로 변화시켜야 하기 때문입니다.

이것은 그야말로 유일한 방법입니다. 그 말인즉슨, 업연을 풀 열쇠는 우리 스스로가 쥐고 있는 것과 다름없다는 뜻이지요.

호주에서 활동하시는 아잔 브람 스님께서 전하신 이야기 가운데 재미있는 일화가 있습니다.

스님이 계신 호주에 굉장히 독실한 여성 불자가 있었다고 합니다. 이분은 집에 관세음보살님 불상을 모셔 놓고 매일매일 기도를 올렸다고 해요.

그런데 시어머니와 사이가 굉장히 안 좋았다고 합니다. 그래서 매일같이 관세음보살님께 시어머니가 자기를 괴롭히지 않게 해 달라고 기도를 했다고 해요.

어느 날은 꿈을 꿨는데 하늘에서 무언가가 내려오더랍니다. 저게 뭘까 싶었는데 얼핏 보니 자기 집에 모셔 놓은 관세음보살님 같은데 어딘가 조금 이상하더래요. 그래서 누구인고 더 자세히 보니까 시어머니 얼굴을 한 관세음보살님이더랍니다.

깜짝 놀라며 잠에서 깬 뒤로 자신이 왜 그런 꿈을 꾼 것인지 곰곰이 생각해 보았답니다. 그때 무언가 마음에 느껴지는 바가 있더래요. 그래서 이분은 그날부터 시어머니를 관세음보살님이라고 생각하면서 대했다고 합니다.

시어머니는 자신을 공경하는 며느리의 낯선 모습에 처음에는 당황하셨대요. 하지만 며느리가 한결같이 그런 태도로 자신을 대하니 결국 마음의 문을 열었다고 합니다. 그 후 이 두 사람은 둘도 없는 친구가 되었다고 하죠.

이렇듯 나와 누군가 사이에 문제가 있다면 내가 먼저 변해야 합니다. 사실 불자분들 중에서도 내 남편, 내 자식, 내 시어머니, 내 며느리가 변하게 해 달라고 열심히 기도하면서 정작 자기는 변할 생각이 없는 경우가 많습니다. 그러고는 내가 그렇게 열심히 기도했는데 왜 아무런 변화가 없냐고 하지요. 그럴 때 큰스님들은 이렇게 말씀하십니다.

"너나 잘해라." (웃음)

이런 말씀 드리면 어느 불자님들은 머리론 이해가 가지만 감정적으로는 도저히 힘들다 말합니다. 하지만 누누이 말씀드린 부처님의 가르침을 힌트 삼아 실천하세요. 바로 남편이나 아내, 부모님이나 자식 때문에 상처를 받는 건 내가 전생에 좋은 가족을 만날 만한 복을 짓지 못했기 때문이라는 겁니다.

다시 한 번 강조하지만 내 주변의 모든 사람은 내가 지은 업대로 만나게 되는 겁니다. 그러므로 이 세상에 내가 원망할 수 있는 사람은 단 한 명도 없다는 걸 명심하시기 바랍니다.

동전 두 닢을 받으러 태어난 아기

가족으로 만난다는 것이 어떤 의미인지 보여주는 옛날 이야기가 하나 있습니다.

과거 중국에 한 여인이 아주 사랑스러운 아기를 낳았대요. 아기가 너무 예쁘다 보니 이 여인이 새근새근 자는 아기에게 볼을 비비면서 이렇게 말했답니다.

"아가야, 너는 전생에 무슨 인연으로 내 뱃속에서 나왔니?"

그랬더니 무슨 일이 일어났을까요? 잠자던 아기가 갑자기 눈을 번쩍 뜨고 말했답니다.

"나는 전생에 당신의 시녀였습니다. 그때 당신이 나한테 동전 두 닢을 주기로 했는데 그걸 주지 않았지요. 그래서 내가 이렇게 받으러 왔답니다."

와, 이건 무슨 공포영화 같아요. (웃음) 이 뜻밖의 상황에 여인은 깜짝 놀라서 애를 떨어트릴 뻔했대요. 하지만 놀란 가슴을 진정시키고 아이에게 다시 물어보았답니다.

"그럼 내가 너한테 동전 두 닢을 주면 갈 거니?"

"받으면 가야지요."

그래서 이 여인은 아이를 다시 눕혀 놓고 혹시나 하는 마음에 동전 두 닢을 올려놓았답니다. 그런데 아이가 갑자기 몇 번 응애 응애 하고 울더니 그 자리에서 숨을 거두었대요.

가족으로 만났다는 것은 이 정도로 뭔가 서로 전생에 빚이 있다는 뜻이라고 합니다. 보통은 부모가 자식한테 많은 빚을 진 것이라고 하지요. 우리가 자식을 낳으면 자꾸 무언가를 주려 하지 않습니까? 남의 자식 같으면 그렇게 하지 않아요. 내 자식이니까 공부 안 하는 것 알면서도 비싼 학원 보내고, 고마워하지 않는 것 알면서도 비싼 옷 사 주고 하지요. 그게 모두 전생에 부모가 자식에게 진 빚이 많아서 그렇다고 합니다.

크게 받을 과보를 피해가다

중국 이야기 하나 더 해 볼까요? 옛날에 독실한 젊은 불자 부부가 있었다고 합니다. 이 부부는 아이를 갖게 되자 태교를 위해서 『지장경』을 열심히 읽었다고 해요.

그런데 임신 기간 동안 아내 되는 사람이 그렇게 고생을 많이 했다고 합니다. 입덧이 심하고, 몸도 퉁퉁 붓고요. 하지만 이 부부는 그게 다 예쁜 아기를 얻기 위한 인고의 과정이라고 생각하면서 기쁜 마음으로 견뎠답니다.

그렇게 10개월이 지나고 드디어 해산을 하게 되었습니다. 그런데 태어난 아기를 보니 목에 탯줄을 감고 죽어 있더래요. 이 날벼락 같은 일 때문에 부부는 말할 것도 없고, 온 집안이 실의에 빠졌습니다.

가족 중에 불교를 믿지 않는 사람들은 "그렇게 열심히 기도했으면 죽은 아이도 살아나야 할 텐데 어떻게 아이가 죽어서 태어날 수 있느냐. 불교라는 거 다 미신이다." 이렇게 이야기하더랍니다. 이 불자 부부의 신심도 시들해졌어요. 그렇게 정성을 쏟았는데도 다 허사라니, '불교 믿어 봤자 무엇 하나.' 이런 생각이 들었을 것입니다.

이런 상황이 도무지 이해가 되지 않던 주변의 다른 불자는 어느 큰스님을 찾아가 이 부부가 겪은 일을 말씀드렸습니다. 그러면서 어떻게 이런 일이 생길 수 있느냐고 물어보았지요. 큰스님은 한동안 눈을 감고 염주를 굴리시더니 이렇게 이야기하더랍니다.

"남편의 할아버지가 돼지 잡는 일을 하지 않았는지 한 번 확인해 보십시오."

"예? 그런 것이 이번 일과 무슨 상관이 있습니까?"

"부처님은 인과응보를 이치를 가르치셨습니다. 아마 남편의 할아버지가 돼지 잡는 일을 했었던 것 같은데, 그분이 지은 살생의 업보로 인해 원한을 품게 된 생명이 아내의 태 속으로 들어간 것 같습니다. 죽은 아이는 본래 어려서는 온갖 말썽을 다 부리고, 커서는 집안을 패가망신시킬 아이였습니다. 그런 식으로 복수하여 전생의 원한을 풀려고 했던 것이지요. 하지만 그 아이가 태중에 있을 때 부모가 『지장경』을 독송하며 기도한 덕에 그 아이로 하여금 원한을 품게 만들었던 업장들이 다 소멸되었습니다. 그리고 아이는 태어나야 할 이유가 없어졌기 때문에 죽어서 태어났던 것이지요. 이번 생을 이렇게 마무리했으니 다음 생에는 그 아이도 좋은 곳에 태어날 것입니다."

큰스님의 이야기를 들은 불자는 부부를 찾아가 큰스님의 말씀을 전했습니다. 그러자 남편이 깜짝 놀라며 말했지요.

"맞습니다. 우리 할아버지가 돼지 잡는 일을 하셨습니다. 할아버지는 큰 병에 걸려 온갖 고생을 하다 돌아가셨는데, 돌아가시는 모습도 아주 끔찍했지요. 제가 지금까지 불법을 열심히 닦은 이유도 실은 그때 받은 충격 때문입니다. 사실 할아버지가 돌아가신 다음 집안에 병에 걸린 자손들이 많이 나왔습니다. 큰스님의 말씀을 들고 보니 그것이 다 인과응보였던 것 같습니다."

이후로 부부는 다시 열심히 수행을 하면서 행복하게 잘 살았다고 합니다. 그 집안을 감싸고 있던 살생의 업장이 부부의 『지장경』 독송

기도를 통해 다 소멸되었기 때문이지요.

우리는 인과응보의 이치에 대해 확신을 가져야 합니다. 열심히 수행하면 내가 지은 업장을 완전히 소멸시킬 수는 없다고 하더라도 크게 받을 과보를 작게 받을 수는 있습니다. 이 부부의 경우 패가망신이라는 크나큰 과보를 받을 것을 아이가 일찍 세상을 떠나는 과보로 받을 수 있었던 것이지요.

내가 저 원수 같은 인간을 만난 것은 무엇 때문입니까? 내가 지은 업 때문입니다. 그러니 남편이나 아내나 자식을 원수라고 미워하지만 마시고 '내가 풀어야 할 숙제가 여기 있구나.', '이번 생에 내가 이 숙제를 잘 풀어야겠구나.' 이렇게 생각하시기 바랍니다.

내가 만나는 사람은 다 내 업보로 만난 사람들이고, 가족은 특히나 그렇다는 걸 이해하셔야 합니다. '내가 이번 생에는 어떻게 해서라도 이걸 다 잘 풀어내야지.' 하는 마음으로 복과 지혜를 닦고 부지런히 참회기도 하시기 바랍니다. 실천하지 않으면 법문을 아무리 들어도 소용없다는 것을 꼭 명심하셔야 합니다.

윤회 속에 맺힌
은혜와 원한

어느 날 한 노보살님께서 전화를 주셨습니다. 제가 진행하는 방송 즐겁게 보고 계시다며 덕담을 해 주시던 보살님의 목소리가 참 맑았습니다. 그래서 젊은 분이리라 생각했는데, 팔순이 지났다고 하셔서 깜짝 놀란 적이 있어요.

"아침마다 염불을 해서 그 공덕으로 목소리가 좋은 것 같아요, 스님."

보살님께선 과거 '귓가를 스치기만 해도 공덕을 얻는다'라는 주제로 했던 법문을 듣고 신심이 크게 나셨다고 합니다. 당시 불교설화 이야기를 주로 했었는데, 그분께선 그 이야기들을 전적으로 믿는다고 하시더라고요. 그래서 왜 그렇게 믿으시냐고 했더니 보살님께서 경험하신 이야기를 들려주셨습니다.

112

은혜 갚은 진돗개

보살님의 어머니는 굉장히 독실한 불자셨다고 합니다. 서울 선학원에서 큰스님들을 모시고 참선 공부도 하시고, 기도는 물론 불사도 많이 하신, 신심이 아주 깊은 불자셨대요. 계율도 아주 잘 지키셔서 큰스님들께서는 '보살이 스님들보다 더 낫다'고 농담 삼아 이야기하실 정도였다고 합니다. 그래서 어머니의 법명을 대면 모르는 스님이 없을 정도였다고 해요.

그런데 그런 어머니와 보살님이 키우던 진돗개 한 마리가 갑자기 병에 걸렸다고 합니다. 그래서 두 모녀는 교대로 번갈아 가며 하루 종일 누워 시름시름 앓는 개에게 염불·독송을 해 주었다고 해요. 대단한 정성이지요?

두 분께서 그 개에게 들려준 경전이 『화엄경』이었답니다. 우리 불교 경전 중에서 가장 방대하고 깊은 내용을 담고 있지요.

이 경전을 독송하는 공덕이 매우 커서 원래 제목인 '대방광불화엄경(大方廣佛華嚴經)', 이 다섯 글자만 읽어도 공덕을 얻는다고 할 정도입니다. 그래서 스님들이 돌아가신 영가들을 위해 제사를 지낼 때 항상 이 '대방광불화엄경'을 세 번 이상 읽어 주시는 겁니다.

어쨌든 그렇게 일주일이 지난 어느 날 진돗개는 갑자기 벌떡 일어나 '컹' 하고 고함을 지르더니 그 자리에서 죽어 버렸다고 합니다. 보살님은 안타까운 마음을 차분히 정리하고 삼각산 기슭에 잘 묻어 주었다고 해요. 그러고는 그날 밤 꿈을 꿉니다.

집 마당의 장독대가 있는 곳에 아주 하얗고 깨끗한 상의에 누런 하의를 입은 청년이 서 있더랍니다. 그런데 그 청년이 자기를 유심히 쳐다보더니 아무 말 없이 주머니에서 돈을 꺼내 주는 거예요. 생전 처음 보는 사람이 자꾸 돈을 꺼내 주니 참 황당하고 놀랐겠지요? 그래서 그 보살님이 청년에게 말했답니다.

"왜 자꾸 돈을 주는 거예요?"

"제가 더 드리고 싶은데 가진 게 이거밖에 없습니다. 이거라도 다 드리겠습니다."

그렇게 한참 돈을 꺼내 주던 청년은 가진 돈을 다 주었는지 자기는 이만 떠나겠다며 등을 돌려 담장을 펄쩍 뛰고는 하늘로 휙 날아가 버렸다고 합니다. 그런데 그 뒷모습을 유심히 보니까 엉덩이에 개 꼬리가 달려 있더래요. 그러고는 잠에서 깼지요.

보살님은 이 이야기를 어머니께 했다고 합니다. 그러니까 어머니는 손뼉을 치며 매우 좋아하셨대요.

"아마 그 아이가 우리 염불 공덕으로 사람으로 환생했나 보다. 아니면 더 좋은 곳으로 갔으려나?"

중요한 건 그 꿈을 꾼 이후 집안일이 잘 풀리고, 좋은 일들이 많이 생겼다는 겁니다. 이 이야기는 누가 들어도 진돗개가 은혜를 갚은 이야기죠? 이런 경험을 한 보살님이시니 제가 전에 했던 법문, '부처님 말씀은 귓가에 스치기만 해도 공덕을 얻는다'는 이야기를 믿는다 하신 겁니다.

성자의 법문을 듣고 사람으로 태어난 개

불교 경전에도 이처럼 은혜 갚은 짐승의 이야기가 많이 나옵니다. 부처님 당시에도 이런 일이 있었다고 하죠.

석가모니 부처님 당시 제자로서 '지혜제일'로 일컬어지던 사리불 스님에겐 신통력이 있었다고 합니다. 그래서 매일 아침에 일어나 천안통(天眼通)으로 세상을 훑어보시면서 자기와 인연 있는 중생을 찾아보았다고 해요. 그러고는 그를 직접 찾아가서 법을 전해 주었다고 합니다.

하루는 사리불 스님이 세상을 훑어보던 중 개 한 마리를 발견하게 됩니다. 이 개는 먼 지방의 장사꾼들이 큰 도시에서 장사를 하기 위해 떠나면서 데려온 개였습니다.

그런데 어느 날 밤, 여느 날처럼 길 위에 천막을 치고 다들 잠을 청하고 있을 때 배가 고팠던 개가 부스스 일어났습니다. 음식을 찾아 코를 킁킁거리다 보니 장사꾼들이 먹으려고 둔 고기가 담긴 짐을 발견했지요. 침을 흘리던 개는 결국 짐을 다 뜯어 고기를 먹어 버리고, 함께 담긴 물건들마저 이것저것 다 씹어 버려서 못 쓰게 되고 말았답니다.

잠에서 깬 장사꾼들은 화에 못 이겨 개를 두들겨 팼습니다. 결국 다리가 부러지고, 온몸이 피투성이가 되어 쓰러진 개를 들판에 버려둔 채 떠나죠. 그 개를 사리불 스님께서 발견하게 된 것입니다.

'저 개를 이번 생에 내가 제도해 주어야겠다. 마땅히 불법과 인연이 있는 개로구나.'

그래서 승복을 깨끗하게 입으신 채 발우를 들고는 도시의 재가자들에게 음식을 받아 개가 쓰러져 있는 들판에 갑니다. 그러고는 개에게 물을 먹이고 음식을 주었지요. 조금 기운을 차린 개가 사리불 스님에게 낑낑거리며 꼬리를 흔들더랍니다. 고마움의 표시겠죠. 그러니까 사리불 스님은 그 개를 위해 법문을 해 줍니다.

"네가 나의 양식을 얻어먹었으니 나의 법을 듣거라."

개가 스님의 법문을 알아들었는지, 못 알아들었는지는 알 수 없습니다. 하지만 스님은 끝까지 법문을 해 주셨다고 해요. 여기에 중요한 가르침이 있습니다.

아무리 미물이라 할지라도 부처님의 가르침이 귓가에 스치면 무의식에 저장되어 사람 말을 알아듣지 못하는 축생이라 할지라도 언젠가는 깨달음의 공덕을 얻게 된다는 것입니다.

균제의 출가

사리불 스님의 법문을 듣다가 그 자리에서 숨이 끊어진 개는 다음 생에 큰 부잣집 아들로 태어나게 됩니다. 깨달음을 얻은 성자를 좋아하는 마음을 일으키고, 성자의 법문을 들은 공덕의 힘 덕분이지요. 그 아이의 이름이 '균제'였다고 합니다.

사리불 스님은 언제나처럼 탁발을 나가게 되었는데, 마침 탁발하러 간 곳이 균제의 집이었습니다. 인연이 참 묘한 게 균제의 아버지는 사리불 존자의 재가 신도였다고 하지요.

"스님도 이제 연세가 드시는데 곁에 시자(侍者)는 없으십니까?"

"아직 없습니다. 이 집안의 아들이 있다고 들었는데 혹시 저에게 시자로 주지 않겠습니까?"

왜 스님은 뜬금없이 아들을 달라고 하신 걸까요? 균제의 전생에 자기와 인연이 있음을 꿰뚫어 보신 거예요. 다만 존자께서는 아이의 전생 이야기까지 하진 않으신 것 같습니다. 내 자식이 전생에 개였다고 하면 누구라도 기분 좋지 않을 거예요.

그러니까 이 바라문이 이야기합니다.

"아직 나이가 어려서 어렵고, 나이가 조금 더 차면 스님 시자로 보내겠습니다."

스님은 그 약속을 다 기억하시고서 아이가 일곱 살이 되었을 때 그 집에 다시 방문합니다. 약속대로 아이를 시자로 맡겨달라고 이야기를 하죠.

"이 아이를 시자로 거두십시오."

사리불 스님은 아이의 머리를 깎이고 수행을 시킵니다. 이제 균제 스님이라 불러야 하겠네요. 그런데 출가한 지 얼마 되지 않은 균제 스님은 깨달음을 얻게 됩니다. 물론 좋은 스승을 만나고, 또 불법과 인연이 깊었기 때문이지요.

스님은 내가 전생에 어떤 복을 많이 졌길래 이렇게 어린 나이에 일찍 깨달음을 얻을 수 있었을까 하고 의문이 들었습니다. 가만히 깊은 명상 상태에 들어가 자신의 전생을 살펴본 스님은 전생에 개였던 자신을 보게 됩니다.

'장사꾼들의 음식을 몰래 훔쳐 먹은 벌로 두들겨 맞아 죽어 가고 있을 때, 스승님께서 법문을 해 주신 공덕으로 사람 몸을 받고, 스승님의 제자가 되어 깨달음을 얻게 되었구나.'

스님은 다음과 같이 원력을 세웁니다.

'스승님이 아니었다면 나는 얼마나 많은 생을 축생으로 헤매고, 또 헤매었을까? 좋은 스승을 만나 이와 같이 사람의 몸을 받고, 불법을 만나서 깨달음을 얻게 되었으니 스님을 평생 스승으로 섬기고 옆에서 항상 시봉하리라.'

부처님 당시 20살 미만인 스님을 '사미승(沙彌僧)'이라고 불렀습니다. 그리고 20살이 넘으면 250계를 받고 비구승(比丘僧)이 되는데, 균제 스님은 평생 사리불 스님의 제자가 되어 시봉하리라는 원력을 세웠으므로 비구계를 받지 않았다고 합니다. 그래서 사리불 스님이 살아 계시는 동안 계속 사미승으로 살면서 항상 시봉하고 정성껏 모셨다는 이야기가 전해졌지요.

부처님의 십대제자 중 한 분인 아난 스님이 부처님께 여쭈었습니다.

"세존이시여, 균제 스님은 머나먼 전생에 어떤 업이 있었기에 개의 몸으로 태어났고, 또 어떤 인연이 있었기에 개의 몸을 벗자마자 사람으로 태어나 빨리 깨달음을 얻게 된 것입니까?"

"인과응보가 엄연하여, 저 균제 사미도 자신이 머나먼 전생에 지었던 인과응보의 법칙에 의해 개로 태어나고, 또 빨리 깨달음을 얻게 된 것이다."

축생으로 태어난 인연

머나먼 과거, 석가모니 부처님이 이 세상에 출현하기 이전 세상인 가섭 부처님 시대의 이야기입니다.

그 시대에 염불 독경을 기가 막히게 잘하는 어느 젊은 스님이 있었답니다. 그런 스님과 같이 살고 있는 다른 스님 중에는 한 노스님이 계셨는데, 그 스님은 목소리가 혼탁하셨다고 해요. 그럼에도 부처님 경전을 독송하길 좋아하셔서 혼탁한 목소리로 불경을 독송하니 다른 사람들이 듣기에 귀가 아팠답니다. 그러니까 이 젊은 스님이 듣다 못해 노스님에게 엄청난 구업을 지었습니다.

"스님의 독경 소리는 개 짖는 소리 같습니다."

그때 노스님은 어떤 기분이셨을까요? 토라지셨을까요? 중생이라면 그랬을지도 모릅니다. 하지만 노스님은 이미 깨달음을 얻은 성자셨다고 해요. 모든 깨달음을 얻으셨으므로 더 이상 욕망과 번뇌가 없으셨답니다. 그럼 노스님은 이 젊은 스님한테 무어라 대답하셨을까요?

"나는 모든 번뇌와 욕망이 사라진 아라한이다."

'아라한'이란 불교에서 말하는 성자를 뜻합니다. 모든 욕망과 번뇌가 사라진 성자, 그런데 노스님은 왜 이런 대답을 하셨을까요?

부처님 가르침 가운데 다음과 같은 이야기가 있습니다. 올바른 스승, 부처님이나 부처님과 같은 거룩한 성자들, 나아가 수행자, 또는 부모님에게 욕을 하면 무시무시한 악업을 받는다고요.

그러니까 이 노스님께서 '나는 깨달음을 얻은 아라한이다.'라고 대답을 하신 이유는 '네가 아라한인 나의 독경 소리를 개 짖는 소리 같다고 한 그 업으로 너는 죽어서 지옥에 떨어지게 될 것이다. 내가 너무 안타까워 지금 아라한임을 그대에게 밝히는 것이다.'라는 의미입니다.

저한테 "광우 스님 독경 소리는 개 짖는 소리 같아." 이러면 저는 토라질까요, 토라지지 않을까요? 네, 토라져요. (웃음) 전 아라한이 아니거든요. 아직 못 깨달았으니 토라지겠죠. '아, 어떻게 복수하지. 아, 열받아.' 하면서요. 그런데 저는 아직 깨달음을 얻지 못했기 때문에 그것이 물론 악업이 될 수는 있지만 지옥에 떨어질 업까지는 되지 않을 겁니다. 하지만 아라한에게 욕을 한 것은 지옥에 떨어질 업이 되는 거예요.

그러니까 이 젊은 스님이 깜짝 놀랍니다. 스님도 교리를 공부했을 테니 '내가 아라한에게 함부로 말을 했구나.' 하면서 그 자리에서 펄쩍 뛰면서 삼배를 올립니다.

"참회합니다, 거룩하신 스님. 제가 말을 함부로 했으니 제 참회를 받아 주십시오. 부디 저를 용서하여 주십시오."

노스님께서는 그 젊은 스님의 참회를 받아들이십니다.

부처님께서는 다음과 같이 말씀하셨습니다.

"그때의 악업에 의해서 지옥에 떨어질 뻔했지만 아라한에게 참회를 한 공덕의 힘으로 지옥에 떨어지는 업은 피하게 되었다."

결국 무엇으로 태어나게 되었다는 이야기인가요? 바로 개로 태어나게 되었다는 겁니다.

부메랑처럼 돌아오는 과보

이처럼 쉬운 말이라도 함부로 하면 안 됩니다. '부메랑의 법칙'이라고 들어보셨나요? 내가 던진 말은 반드시 나에게 돌아옵니다.

요즘 '악플러'라고 불리는 사람들이 있습니다. 이들은 엄청난 악업을 짓고 있는 거지요. '악플'도 또 다른 의미의 구업입니다. 저는 네티즌들의 댓글을 보면서 왜 악플을 다는지 잘 모르겠어요. 자기 마음에 들지 않으면 그냥 무시하면 될 텐데 입에 담지 못할 욕을 왜 굳이 하는지 이해되지 않는 때가 많습니다. 사람들이 다 저처럼만 살면 이 세상이 지상천국이 될 텐데요. (웃음)

다시 돌아와서, 부처님께서는 '비록 개로 태어났지만 가섭불 시대 때 스님으로 살면서 수행한 공덕이 남아 있었으므로 사람의 몸으로 태어날 수 있었던 균제 스님은 사리불 스님을 만나 깨달음을 얻을 수 있었던 것'이라는 인과응보의 법문을 하십니다. 인과응보란 참으로 무섭지요?

우리가 항상 몸으로 짓는 업도 조심해야 하지만, 그보다 더 쉽게 짓는 업, 바로 입으로 짓는 업도 조심해야 합니다.

일주일 동안 누군가를 욕했던 때를 떠올려 보세요. 엄청나게 많습니다. 그게 결국 자기한테 돌아오게 되는 겁니다. 물론 건전한 비판은 괜찮습니다. 하지만 올바르지 못한 비난은 반드시 구업이 됩니다.

상대방에게 상처 주려는 의도 없이 던진 말이 상처가 되기도 합니다. 요즘 말로 하면, 개그로 던진 말이 다큐멘터리가 되는 경우 있지요? 그런 경우는 어떨까요? 그건 업의 힘이 약하다고 합니다. 내가 의도한 게 아니기 때문입니다.

아들로 환생한 개

여러분, 그거 아십니까? 여러분이 잘 키운 애완동물은 다음 생이건 다다음 생이건 그 은혜를 갚기 위해서 효자, 효녀로 태어나기도 한다고 합니다. 여러분 자식 중에도 유독 부모 말 잘 듣고 애교 있는 아이들이 있지요? 그런 아이들이 바로 여러분 전생에 애정을 쏟아 키웠던 개나 고양이라는 이야기가 있습니다.

하지만 이와 반대로 동물을 학대하거나 심지어 버리기까지 하는 경우도 있습니다. 내가 만약 전생에 어떤 동물에게 그런 몹쓸 짓을 했다면 그 동물은 이생에 결국 나를 버리는 가까운 사람, 사랑하는 사람으로 태어난다고 해요. 이를테면 나의 이상형으로 다가와서 내 혼까지 다 쏙 빼놓은 다음에 나를 매정하게 차 버리는 사람으로 온다는 것이지요.

일제강점기를 산 한 남자가 있습니다. 이분은 집안이 잘살았는지 당시 일본에 있는 대학에 다녔다고 해요. 그러면서 독립운동에도 참여하셨다고 하지요. 아무튼 유학 생활을 마치고 집으로 돌아오니 집안에선 혼기가 찬 이분의 짝을 찾아 혼인을 맺어 주었다고 합니다. 그 뒤 아들을 낳았죠.

남자는 자식을 많이 아꼈다고 합니다. 눈에 넣어도 안 아플 정도로 귀한 자식을 앞으로 나라를 위해 힘쓰는 큰 인물로 키워야겠다며

금이야 옥이야 애지중지했다고 해요. 그런데 학교 다닐 나이가 된 아들이 돌연사합니다.

남자는 애를 안고 몇 날 며칠을 울었다고 해요. 그래서 장례식이 늦어질 정도였다고 합니다. 가까스로 장례를 치렀지만, 실의에 빠진 아이 아버지가 계속 울고만 있으니 보다 못한 집안 어른이 저러다 폐인 되겠다 싶어 돈을 쥐어 주면서, 금강산에 가 구경이라도 하고 오라고 합니다.

하지만 마음이 나지 않던 남자는 발길 닿는 대로 서울에 가 내기 바둑에 그만 돈을 모두 잃었다고 해요. 갈 곳이 없던 남자는 다시 집으로 돌아가자니 잔소리만 들을 것 같고, 잘 됐다 싶어 마음 내키는 대로 여기저기 떠돌아다니다 묘향산에 들어가게 됩니다. 그리고 거기서 밭농사를 짓던 스님 한 분을 만나게 되었죠. 그 스님과 이 얘기, 저 얘기 나누다 보니 서로 잘 통했다고 합니다.

"스님, 제가 일 도와드리면서 토굴에 같이 지내면 안 되겠습니까?"

마침 혼자 지내기 적적했던 스님은 며칠 쉬어 가라고 했습니다. 남자는 스님 일을 도와드리면서 밤마다 대화를 하다가 서로 마음이 열렸고, 남자는 비로소 응어리진 질문 하나를 스님께 던집니다.

"제가 죽어도 여한이 없지만 한 가지 마음에 걸리는 게 있습니다. 제 아들이 왜 갑자기 죽었는지, 제게 왜 이렇게 큰 아픔이 온 건지, 그게 가장 궁금합니다. 그것만 알면 소원이 없겠습니다. 우리 아들이 왜 그렇게 빨리 세상을 떠나야 했을까요?"

"내가 하라는 대로 하면 알 수 있는데, 하시겠소?"

그래서 그것이 무엇인지 여쭈니 지금부터 잠을 자지 말고 '관세음보살'을 계속 불러라 하시는 겁니다. 남자는 가슴에 맺힌 한 때문인지 지금 당장 하겠다고 답했답니다.

'관세음보살, 관세음보살, 관세음보살…. 왜 아들이 죽었는지, 왜 아들이 이런 아픔을 주는지 가르쳐 주십시오. 관세음보살, 관세음보살….'

잠을 자지 않고 부처님 모셔 놓은 법당에서 하루, 이틀, 사흘…. 나중엔 기도하다가 졸고, 그럼 또 벌떡 일어나서는 또 기도하다가 쓰러지고, 밭에 나가 일하다가도 기도하고, 산에 오르다가 자빠지면서도 관세음보살을 놓지 않았다고 합니다.

그렇게 몇십 일이 지났습니다. 그런데 아무 일도 없었던 거지요.

우리 같으면 아무리 의지력 강한 분이라도 겨우 일주일 기도에 '에이, 이거 속았다' 할 겁니다. 하지만 그분은 몇십 일 동안 계속 관세음보살을 부른 나머지 지쳐 법당에 주저앉고 말았습니다.

'관세음보살, 관세음보살, 관세음보살…. 저도 이제 지쳤습니다. 제발 가르쳐 주십시오.'

그런데 비몽사몽간에 갑자기 법당은 사라지고 눈앞에 허허벌판이 펼쳐지더랍니다. 그렇게 가만히 서 있는데 눈앞에 웬 어린 동자가 보이더래요. 누군가 하고 봤더니 자기 아들인 겁니다. 반가운 마음에 "아들아! 아들아!" 하고 다가가는데 자꾸 도망가더랍니다. 잡힐 만하면 또 도망가고, 잡힐 만하면 또 도망가고.

"아들아! 내가 너 때문에 얼마나 힘들었는지 아니? 그만 도망가고 내 품에 좀 안겨라."

그런데 아들이 위험해 보이는 바위굴 안으로 쏙 들어가더래요. 그런데 거기 들어가면 안 된다고 만류하며 굴 앞에 도착한 남자 앞에 신기한 일이 벌어집니다. 갑자기 아들이 펑 하고 개로 변한 겁니다. 그 순간 남자는 자기도 모르게 무릎을 탁 치면서 그 환상에서 싹 깼대요.

'그거구나. 바로 그거였구나.'

남자와 아들 사이의 업연

남자는 일본 유학 시절 삼촌의 집에서 하숙을 했답니다. 그 집에 키우던 개가 한 마리 있었는데 남자를 잘 따랐다고 해요. 자기한테 귀여움 떨면서 주인 이상으로 따르던 개였는데, 갑자기 병에 걸려 쓰러지게 됩니다.

당시엔 이런 이야기가 있었나 봐요. 삼촌이 자기에게 시키길, "도시에서 개가 죽으면 재수도 없고 사람들이 손가락질하니 멀리 가 내다 버려라." 하더랍니다.

삼촌 말이니 마음은 아프지만 조카 된 입장에서 거절할 수 없었겠죠. 남자는 결국 그 개를 상자에 넣어서 산에 가 버립니다. 그러고는 자전거를 타고 내려오는데 다 죽어 가던 개가 깽 소리를 내면서 막 뛰어오더래요. 그러다가 푹 쓰러지고, 또 뛰어오다 쓰러지고, 겨우 가까스로 따돌렸나 보다 하고 자전거를 멈추면 저기서 개가 절뚝거리며 또 따라오고…. 결국 남자는 전속력으로 자전거를 타고 도망 와서 개를 따돌렸답니다.

그 뒤 몇 주가 지난 어느 날 아침, 학교에 가려고 문밖을 나서니 그 개가 집으로 돌아온 거예요. 다 죽어 가던 개가 몇 주나 지난 뒤에 깡말라서 털은 다 뽑힌 채 집까지 찾아온 거지요. 놀란 마음 한편엔 반가운 마음도 있어서 "여기까지 어떻게 왔냐." 하고 안아 주려는데 개가 으르렁거리면서 한참 노려보더니 스스로 떠나 버렸답니다. 그 뒤로 그 개의 생사를 확인할 길이 없었겠죠.

그런데 그 개가 누구로 태어났습니까? 네. 그 남자의 아들로 태어나서 그때 그 개의 마음을 찢어지게 했던 그 업, 그 빚을 갚은 겁니다. 관세음보살 기도를 하면서 아들의 전생을 깨달은 거죠.

그렇게 자기와 아들 사이에 있었던 업연을 다 깨닫고 나니 세상과 자기 인생 모두가 무상(無常)한 겁니다.

'내가 지은 업대로 사는 것이구나. 더 이상 무엇에 미련을 두고 더 집착하겠는가.'

남자는 그 길로 해인사에서 출가했다고 합니다. 이분이 현대 고승으로 손꼽히는 제선 스님이십니다.

은혜로운 삶을 살 것인가, 원한 가득한 삶을 살 것인가

이와 같이 인과응보가 무섭습니다. 인과응보를 믿으면 세상에 죄를 지을 사람이 하나도 없을 거예요. 그런데 우리는 왜 죄를 지을까요? 이번 생에 다 끝난다고 생각하기 때문에 그런 겁니다. 내가 지은 업은 언젠가 내가 받는다고 생각하면 죄지을 사람이 어디에 있겠습니까?

윤회 속에 펼쳐진 우리 삶의 모든 인연에는 은혜와 원한이 가득합니다. 그것 모두 누가 만든 걸까요? 네, 우리 자신이 만든 겁니다. 결국 좋은 인연을 지어서 은혜로운 삶을 살 것인가, 반대로 나쁜 인연 속에서 원한 가득한 삶을 살 것인가는 우리 선택에 달려 있다는 걸 명심하십시오.

지금 드린 이야기는 첫째도 개 이야기였고, 두 번째도 개 이야기, 세 번째도 개 이야기였습니다. 이 이야기를 딱 세 글자로 줄이면 뭐가 될까요? 바로 '개소리' 되겠습니다. (웃음) 그런데 이 '개'는 '강아지' 할 때의 '개'가 아니라 바로 '열 개(開)' 자의 '개'입니다. 우리 마음을 열어 주는 이야기이고, 윤회 속에 펼쳐진 은혜와 원한의 흐름을 꿰뚫어 볼 수 있는 이야기입니다. 그러니 이 세 가지 이야기를 여러분 마음으로 스스로 각인해 보시길 바랍니다.

우리는 행복한 삶을 살기 위해
업장을 녹여야 합니다.
그렇다면 우리의 행복을 방해하는 업,
업장을 녹이는 가장 좋은 방법은 무엇일까요?
바로 '기도'입니다.

3

기도의 이유

인생의 장애물을 극복하는
가장 좋은 방법

누군가가 달라이 라마 스님에게 여쭈었습니다.

"인간은 왜 사는 것인가요?"

스님은 이렇게 대답하셨습니다.

"업 때문에 삽니다."

우리는 현생에 태어날 때 각자 과거 전생의 업을 짊어지고 왔습니다. 그러니 우리는 업 때문에 살아가는 것이고, 업을 잘 닦는 것이 지금 우리에게 주어진 숙명적 과제라고 할 수 있습니다.

중생은 끝없는 과거 생부터 몸과 말, 생각으로 업을 지으며 살아오고 있습니다. 여기에서 좋은 의도로 지은 업을 '선업'이라 하며, 이는 곧 복(福)이 됩니다. 반대로 나쁜 의도로 지은 업을 '악업'이라 하며, 이는 박복(薄福)함으로 바뀝니다. 살면서 이상하리만큼 어려움을 많이 겪는 사람들에 대해 '박복하다'라는 말을 쓰는데, 이 '박복'이 의미하는 바가 이것이지요.

선업은 우리가 행복하게 살아가는 것을 돕지만, 악업은 우리가 행복하게 살아가는 것을 방해합니다. 그래서 악업에 의한 장애를 '업장(業障)'이라고 부릅니다.

그럼 우리는 행복한 삶을 살기 위해 어떻게 해야 할까요? 네, 그 업장을 녹여야 합니다. 업장을 녹이는 것을 우리는 흔히 '업장 소멸'이라고 하지요. 그렇다면 우리의 행복을 방해하는 업, 업장을 녹이는 가장 좋은 방법은 무엇일까요? 바로 '기도(祈禱)'입니다.

불교에는 힘들고 괴로울 때 간절한 기도를 통하여 불보살님의 가피(加被)를 받아 자신의 운명을 아름답게 바꾼 이들의 이야기가 많이 전해지고 있습니다.

다만 이러한 경험담은 상식적인 관점에서 볼 때 도저히 받아들이기 힘들 정도로 신비로운 경우가 많지요. 그래서 불자들조차 쉽게 믿기 어려운 것이 사실입니다.

하지만 전생에 복을 많이 지어서 불법과 인연이 있는 분들은 이런 이야기를 들었을 때 의심을 일으키지 않습니다. 의심을 일으키기는커녕 오히려 나도 기도해야겠다는 마음을 일으키지요. 그리고 실제로 꿋꿋하게 기도를 해서 가피 경험담의 주인공들처럼 그분들 또한 스스로 가피를 받게 됩니다.

가피담을 듣고도 별생각 없이 그저 '신기한 이야기로구나.' 하고 넘겨 버리면 심심풀이 옛날이야기를 듣는 것과 다를 바가 없습니다. 가피담을 들었을 때 믿는 마음을 일으키고, 또 그 마음이 직접 기도를 실천하는 것으로 이어져야만 가피담을 듣는 의미가 있습니다.

축법의 스님의 화병

중국 위진남북조시대의 축법의 스님은 수행도 많이 하시고, 교학에도 뛰어나셔서 중국불교사에 법명을 드날린 큰스님이십니다.

언젠가 스님은 이유 없이 가슴에서 화가 치밀어 오르는 화병에 걸리셨다고 합니다. 이로 인해 갖은 고생을 다 하셨지만 여러 가지 치료를 다 해 보아도 별 차도가 없었다고 해요.

부처님의 가르침에 따르면 사람이 큰 병에 걸리는 이유가 크게 두 가지 있다고 합니다.

그중 첫째는 이번 생에 건강 관리를 부실하게 한 탓입니다.

담배를 많이 피우거나, 술을 많이 마시는 경우가 그 원인입니다. 또 음식을 가리지 않고 먹었다든가, 혹은 과로, 스트레스 등도 병고(病苦)의 원인이 되죠.

둘째는 전생과 현생에 걸쳐 살생(殺生) 등의 악업을 저질러 생긴 업장 때문입니다. 이로 인한 병은 곧 업장에서 비롯된 병이라고 해서 '업병(業病)'이라고 해요. 그래서 평소 건강 관리를 잘했음에도 몸이 좋지 않고, 자꾸 병에 걸린다면 업병을 의심해 보아야 합니다.

만약 지금 겪고 있는 질병이 건강 관리를 잘하지 못해서 생긴 거라면 나쁜 습관을 바로잡고, 숙면을 취한다거나, 영양분을 골고루 섭

취한다거나, 꾸준히 운동을 하는 등의 노력으로 극복할 수 있습니다. 하지만 업장으로 인해 생긴 질병은 생활 습관을 바꾼다거나 병원에 다니면서 약을 처방받더라도 잘 극복되지 않는다고 합니다.

그렇다면 전생의 업장에 의해 생긴 병은 어떻게 해야 나을 수 있을까요?

업병을 치료하는 방법은 두 가지가 있습니다.

그중 하나는 '기도', 또 하나는 '방생(放生)'입니다. 업장을 녹이는 데 기도가 좋다는 이야기는 앞에서도 했습니다. 그렇다면 방생은 왜 하는 것일까요? 살생의 반대가 방생이기 때문입니다.

결국 간절히 기도를 하고, 복과 선업을 짓고, 공덕을 지을 때 지난 악업의 에너지가 소멸됨으로써 병을 낫게 할 수 있는 것입니다. 다시 말해 전생에 지은 빚을 갚는 것이지요. 신비하게 들리겠지만 불교에는 이런 이야기가 많이 전해집니다.

간절한 기도로 병을 극복하다

축법의 스님의 경우도 그렇습니다.

스님은 자기가 앓고 있는 병이 업병이라 생각하여 관세음보살님께 간절하게 기도를 올렸다고 해요. 그렇게 기도하며 지내던 어느 날 스님은 꿈을 꾸게 됩니다.

어떤 남자가 나타나 스님의 배를 칼로 가르더니 내장을 다 꺼내고는 물이 가득한 동이에 넣어서 깨끗하게 씻더랍니다. 스님이 내장 씻

134

기는 모습을 보니 온갖 오물들이 다 닦여 나오더래요. 꿈속의 남자는 그렇게 스님의 내장을 다 씻은 다음 다시 배에 집어넣고 갈라진 배를 실로 봉합해 주었다고 합니다.

그 꿈을 꾸고 난 다음 스님은 어떻게 되셨을까요? 네, 화병을 극복하고 쾌차하셨다고 합니다.

화를 이기는 법

제 주변의 보살님들 가운데도 축법의 스님처럼 화병에 걸려 힘들어하는 분들이 많습니다. 우리나라 사람들의 고질병이기도 하죠. 그런데 이 화병이 쉽게 고쳐지질 않아요. 그럼 이 병을 어떻게 다스릴 수 있을까요? 제게 좋은 방법이 하나 있습니다. 바로 '절'이 그것입니다.

과학적으로도 증명된 이야기입니다만, 화병 환자를 열 감지 카메라로 찍어 보면 가슴과 머리 등 상반신 부위가 빨갛게 나타난다고 합니다. 그런데 우리가 일반적으로 하는 절 수행인 108배를 한 뒤 다시 찍어 보면 파랗게 나타난다고 해요. 머리와 가슴에 있던 뜨거운 화의 기운이 사라진 것이지요. 화병에 걸린 불자들이 꾸준하게 절을 하면서 건강을 되찾았다는 이야기가 실제로도 많이 있습니다.

부처님께 108배를 하기 위해서 꼭 사찰을 찾을 필요는 없습니다. 방 안에 깨끗한 담요를 펼쳐 놓고 '전생에 내가 지었던 업을 참회합니다. 전생에 내가 지었던 악업을 참회합니다. 몸과 말과 생각으로 지은 업을 참회합니다.'라고 되뇌이며 108배를 해 보세요. 절을 하면 내가 지은 업장을 소멸시킬 수 있고, 몸도 건강해집니다.

어린 소녀의 기도

아주 오랜 옛날 중국에 노씨 성을 가진 관리가 있었습니다. 그에게는 10살 정도 된 딸이 있었는데 그만 중병에 걸렸다고 해요.

부모가 가장 속상할 때는 언제입니까? 자식이 아플 때이지요. 그래서 아이의 부모도 이곳저곳을 다니며 여러 의사들에게 진찰도 받게 하고, 온갖 약을 쓰면서 딸의 병을 고치려 애썼다고 합니다. 하지만 그런 노력에도 불구하고 아무런 차도가 없었어요.

이 관리는 결국 종교에 의지하기 위해 어느 절의 스님을 찾아갔습니다. 그에게 이런저런 사정을 들은 스님은 가만히 생각에 잠기시더니 아이의 병이 업병 같다고 말했습니다.

여러분, 업병을 낫게 하려면 어떻게 해야 한다고 말씀드렸나요? 네, 악업에 의한 업장을 소멸시켜야 합니다. 그리고 업장을 소멸하는 가장 효과적인 방법은 기도라고 말씀드렸습니다.

제대로 된 가르침을 전해 주시는 스님은 고통에 처한 이들에게 기도를 시킵니다. 우리가 겪는 고통은 모두 우리가 지은 업의 결과이기 때문이지요. 그런데 엉뚱한 말을 늘어놓는 사람도 있어요. 그런 사람들은 남의 불행을 이용하려 드는 자들입니다. 어려운 때일수록 이런 사람들을 조심하셔야 합니다.

다행히 이 관리가 만난 스님은 그런 사람이 아니었던 모양입니다. 스님은 아이에게 관세음보살님을 부르는 기도를 하게 하라고 말했거든요.

스님을 만나고 온 관리는 먼저 집에 관세음보살상 하나를 모셨다고 합니다. 그러고는 딸에게 당부했습니다.

"애야, 관세음보살님께 절하면서 '관세음보살, 관세음보살'을 계속 부르도록 하거라."

어린아이들이 기도를 하면 그 효과가 매우 빠르게 나타난다고 합니다. 아이들은 의심이 없고, 순수하기 때문이지요.

제가 예전에 태극권을 배운 적이 있는데 그때 선생님으로부터 들은 이야기가 있습니다. 태극권의 깊은 경지에는 내공법이 있는데, 그 내공법 중 하나가 나의 몸을 지우개로 지워서 허공과 같이 만드는 상상을 하는 것이라고 해요. 우리 같은 어른들은 의심이 많고, 생각도 많은 나머지 그런 상상을 해 보려고 노력해도 대개 잘하지 못합니다. 하지만 유치원생이나 초등학교 저학년 정도의 아이들을 지도해 보면 곧 "선생님, 제 몸이 사라졌어요!"라고 한답니다. 아이들은 순수하니까 선생님 말씀을 그대로 믿고 곧장 상상에 몰입하기 때문이지요.

10살 먹은 이 딸아이 역시 그렇게 순수한 마음으로 간절하게 절하고, 기도했다고 합니다. 고사리 같은 앳된 손을 모으고 "관세음보살님, 관세음보살님. 저를 좀 낫게 해 주세요." 하면서 애원했겠지요.

그렇게 아이가 기도를 시작한 지 며칠이 지났을 때의 일입니다. 한밤중에 아이가 자기 부모님이 자고 있던 방에 갑자기 들어오더랍니다. 깜짝 놀란 부부는 아이에게 물었습니다.

"무슨 일이냐, 많이 아프더냐?"

"아니요, 아버지. 이상한 꿈을 꾸는 바람에….."

"무슨 꿈을 꿨길래 그래?"

딸아이는 꿈에 황금 부처님이 나타나 자기 몸을 만져 주었다고 설명했습니다. 관리는 그 꿈이 무엇을 의미하는지 바로 눈치챘지요. 과연 의사도 어찌지 못한 아이의 병은 그 꿈을 꾼 이후로 완쾌되었다고 합니다.

어린 나이에 기도를 통하여 부처님의 가피를 받은 경험이 강렬했던지 아이는 나중에 어른이 되면 꼭 출가하겠다고 노래를 불렀다 합니다. 실제로 아이는 나이가 차자 출가하여 '현조'라는 법명을 받았다고 해요. 비구니 현조 스님은 10살에 죽었어야 할 자기를 살려낸 부처님의 은혜를 갚겠다는 마음으로 평생 『법화경』 공부를 하며 열심히 수행하셨다고 합니다.

불단에서 일어난 부처님

간절한 기도 수행을 통해 불보살님의 가피를 얻은 이들의 이야기는 비단 과거에만 있지 않습니다. 오늘날 우리가 머무르고 있는 현재에도 기도 가피를 통해 고통을 극복한 불자들의 이야기가 많이 전해지고 있어요.

몇십 년 전 서울, 지금의 미아동에 사시던 한 보살님에 관한 이야기를 들려드리고자 합니다.

이분은 유복한 집안에서 태어나 어려움 없이 자랐고, 성인이 되어서는 좋은 집안의 남자와 결혼했습니다. 그렇게 모든 면에서 부족함 없이 잘살고 있었는데 언제부터인가 갑자기 입 안이 헐기 시작하더랍니다.

처음에는 대수롭지 않게 생각하고 병원에 다녔다고 해요. 그런데 입병이 점점 심해지더니 나중에는 음식을 먹는 것은 고사하고 말도 하기 힘든 지경이 되었다고 합니다. 이때쯤 되어서는 병원을 다녀도 차도가 없었다고 해요.

그래서 보살님은 결국 종교에 의지해 보자는 생각을 하게 되었다고 합니다. 급한 마음에 집 근처의 어느 절에 찾아가서 기도를 올리려고 하는데, 문제는 입안이 너무 아파서 염불조차 할 수 없더래요. 말을 하려면 혀를 움직여야 하는 데 그마저도 힘들었던 것이지요. 더욱이 통증 때문에 몸을 움직이는 것도 힘들어 절 수행도 힘든 상태였답니다.

보살님은 할 수 없이 법당 뒤에 앉아서 하염없이 부처님 얼굴만 바라봤다고 합니다. 속으로 '부처님, 제가 전생에 지은 악업을 참회합니다. 제 입 안의 병을 낫게 해 주세요.'라고 가만히 빌면서 말이지요. 그렇게 보살님은 하루도 빠지지 않고 몇 개월 동안 계속 부처님 얼굴만 바라봤답니다.

대부분의 사람들은 마음이 급한 나머지 며칠 기도해 보고 효험이 없으면 더러 포기하곤 합니다. 하지만 기도를 할 때는 마치 장기적금

들 듯 몇 개월, 혹은 몇 년이라도 꾸준히 하겠다는 마음으로 임하셔야합니다. 이 보살님은 비록 염불을 할 수는 없었지만 이런 꾸준함이 있었어요.

그러던 어느 날이었습니다. 여느 때처럼 법당 뒤에 앉아 부처님 얼굴을 바라보고 있던 보살님이 신기한 광경을 목격했습니다. 눈앞의 부처님께서 싱긋 웃으시더니 자리에서 쓱 일어나시는 겁니다. 그러고는 당신 앞에 놓인 다기의 물을 찻잔에 손수 부으시곤 그것을 가지고 뚜벅뚜벅 걸어오셔서 그것을 마시라고 하시더래요. 바로 삼키지 말고 입안에 물고 있다가 삼키라는 친절한 말씀까지 덧붙이셨다고 합니다.

깜짝 놀란 보살님은 덜덜 떨면서 찻잔의 물을 받아 입에 넣고 부처님께서 시키신 대로, 우리가 보통 가글하듯 우물우물하다가 삼켰대요.

그 순간 보살님은 눈을 떴다고 합니다. 법당에서 부처님 얼굴을 바라보고 있다가 깜빡 잠이 들었던 것이지요. 그런데 이상하게도 꿈속에서 마셨던 물의 느낌과 향기가 입안에 생생하더랍니다. 자, 그럼 보살님이 겪던 원인을 알 수 없던 입병은 어떻게 되었을까요? 네, 그 일을 계기로 흔적도 없이 사라졌다고 합니다. 부처님의 가피를 직접 받은 보살님은 그 후로 더욱 독실한 신자가 되었다고 해요.

우리 주변의 이런 이야기를 들어 보면 간절한 기도로 불보살님의 가피를 경험한 분들이 참 많구나 싶습니다.

이 이야기에서처럼 불보살님의 가피를 얻기 위해서는 한두 번의 기도, 한두 달의 기도로는 충분치 않습니다.

우리가 하루 세 끼를 챙길 때 한 끼라도 거르면 속이 허하지요? 그처럼 밥 먹을 줄은 알면서 왜 꾸준히 기도할 줄은 모르는 걸까요? 모두 업장 때문입니다. 아는 걸 실천하지 못하는 이유는 업보라는 장애 때문인 거지요.

하지만 의지를 가지고 매일 밥 먹듯 기도도 거르지 않고 꾸준히 한다면 여러분의 삶에 행복한 에너지가 가득 차게 됩니다. 이 점을 꼭 명심하시기 바랍니다.

백의관음의 약초

어느 노보살님께서 당신이 젊었을 때 경험한 기도 가피에 대해 이야기해 준 적이 있습니다. 한국전쟁이 발발하기 전, 보살님이 서른한 살이었을 때의 이야기라고 합니다.

당시 보살님의 남편분은 아이 셋을 남기고 세상을 떠났다고 합니다. 서른한 살의 청상과부가 남편도 없이 아이 셋을 키워야 하는 막막한 상황이 되었지요. 그런데 설상가상 보살님은 늑막염과 복막염에 폐결핵까지 걸렸다고 합니다. 당시에는 이 세 가지 병 가운데 하나만 걸려도 죽은 목숨이라고 했다 하니 상황이 정말 심각했던 것이지요. 보살님은 아이 셋을 두고 이렇게 떠나야 하는구나 싶어서 하루하루를 눈물로 보내셨다고 합니다.

그런데 보살님께는 불심(佛心)이 깊은 고모 한 분이 계셨다고 합니다. 하루는 고모님이 찾아오셔서 이렇게 말씀하시더래요.

"죽든 살든 부처님께 의지해. 이렇게 그냥 가 버릴 거니? 그럼 애들은 어떻게 하고? 더구나 부모님 남겨두고 네가 먼저 떠나면 천하에 그런 불효가 어디 있어. 그러니 부처님을 의지해라!"

그러면서 절에 가 기도해 업장을 소멸시키면 살길이 있을 거라고 하시더래요. 보살님은 그 말을 한번 믿어 보기로 했답니다.

아이들을 잠시 친정 부모님께 맡기고 서울 광나루 쪽에 있던 한 암자로 들어간 보살님은 처음엔 몸이 너무 아파 몇 날 며칠을 계속 누워만 있었다고 합니다. 그러다가 몸을 좀 추슬러서 매일 법당에 가 기도를 하기 시작했대요. 그런데 이상하게도 그 안이 마치 옛집에 돌아온 것처럼 참 편하더랍니다. 그렇게 한 달 반 정도 기도를 계속하니 몸은 여전히 죽을 만큼 아팠지만, 여기에서 이대로 죽어도 여한이 없겠다는 생각이 들 정도로 마음만은 편해지더래요.

그러던 어느 날 밤 보살님은 꿈을 꾸었습니다.

어디서 본 적 있는 것 같은 하얀 옷의 귀부인이 보살님에게 약초 같아 보이는 풀 몇 뿌리를 주면서 걱정하지 말고 먹어 보라고 하더랍니다. 보살님은 그 말씀대로 풀을 받았다고 해요. 순간 꿈에서 깬 보살님은 의식적으로 통증이 줄고 편안해진 몸을 느꼈다고 합니다.

보살님은 참으로 신기한 일이다 싶어서 고모님께 꿈 이야기를 말씀드렸다고 합니다. 그러자 고모님은 손뼉을 치며 이렇게 말했습니다.

"네가 관세음보살님을 친견했구나! 이제 네 병은 다 나았다!"

이날의 경험은 보살님이 평생 독실한 불자로 살아갈 수 있는 힘이 되었다고 합니다. 물론 병상에서 일어나 보살님 혼자 아이 셋을 키우는 동안에도 여러 어려움을 많이 겪었다고 해요. 하지만 그때마다 무언가 보이지 않는 힘이 항상 뒤에서 자신을 지켜주고, 도와주는 느낌을 받았다고 합니다. 결국 자식들도 무사히 잘 키울 수 있었고, 그 어떤 고비도 잘 넘기면서 지금까지 살아왔다는 참으로 감동적인 이야기입니다.

여러분에게 만약 불행한 일이 생긴다면, 살아가면서 생긴 병고로 건강이 오랫동안 회복되지 않는다면 '내가 전생에 지은 내 업보인가 보다. 이번 생에 열심히 기도해서 업장 소멸을 해야겠다.'라는 마음으로 꾸준히 기도해 보시길 바랍니다.

기도를 하면 업보가 소멸되는 만큼 행복이란 에너지가 채워지게 됩니다. 그러니 힘들고 괴로울 때 기도를 하세요. 간절한 기도가 우리들의 운명을 점차 아름답게 가꾸어 줄 것입니다.

불자의
살림살이

불자들의 삶의 중심에는 '기도'가 있습니다. 불교에는 불자들의 살림
살이라 할 수 있는 기도법이 여러 가지 있지요.

　　그중 하나는 아미타 부처님이나 관세음보살, 지장보살 등 불보살
님의 명호를 부르는 '염불기도법'입니다. 그리고 부처님의 가르침을
담은 경전, 예를 들어 『금강경』, 『법화경』 등의 경전을 독송·사경하는
'경전수행법', 또한 〈광명진언〉, 〈신묘장구대다라니〉, 〈능엄주〉 같이 주
문을 외우는 '주력수행법'과 부처님께 간절히 절을 올리는 '절수행법'
도 있습니다.

　　불교에서는 이러한 여러 기도 수행법 중 자기에게 맞는 걸 꾸준히
실천하는 게 중요하다고 이야기합니다. 이 기도법 가운데 특별히 효과
적이거나 좋은 방법은 없습니다. 모두 똑같이 여법한 이 기도법은 또
한 무엇을 하든 결국 하나로 통한다는 점을 명심해야 하죠.

예를 들어 우리가 식당에 가면 여러 가지 메뉴 중 자기가 좋아하는 메뉴 하나를 선택해 식사를 하게 됩니다. 그 여러 가지 메뉴는 맛이 서로 다 다르지만 그것을 먹었을 때 '배가 부르다'는 결과를 낳습니다.

이처럼 여러 가지 기도 수행법은 '맛'이 다 다릅니다. 그래서 잘 맞는 기도법, 선호하는 기도법이 있기 마련이죠. 어떤 분은 염불을 해야 마음이 편안해지는 분이 있고, 어떤 분은 책 보는 걸 좋아해서 경전 기도를 하는 걸 더 선호하는 경우도 있습니다. 하지만 이 모든 기도는 어떤 음식을 먹든 결국 배가 부르듯, 그 끝엔 업장의 소멸로 말미암은 행복과 자유, 나아가 깨달음이라는 귀결점으로 나아가기 마련입니다.

무엇을 하는지보다 더 중요한 것

많은 신도분들이 어떤 기도를 하는 게 좋겠냐고 물어 오십니다. 그럼 제가 항상 드리는 말씀이 있습니다.

"무엇이든 꾸준히 하세요."

어떤 기도를 할지 상담하시고는 얼마 뒤에 만나 무슨 기도 하는지 물어보면 대답 못 하시는 분들이 많이 계세요. (웃음)

불교를 지식으로만 배웠거나 겉멋으로 배운 분들은 절에 몇 번 나오다가 결국 나오지 않는 경우가 많습니다. 처음에는 어찌어찌 관심이 있어서 나왔지만 시간이 지날수록 점차 다른 데에 마음을 빼앗기게 되기 때문이지요. 이에 반해 평소 기도를 열심히 하면서 본인이 직접 무언가를 체험하신 분들은 불법에 대한 나름의 확신이 있기 때문에 절에 꾸준히 나오십니다. 그러니 꾸준한 신행을 위해서는 먼저 기도를 통해 그 영험함을 스스로 경험할 필요가 있습니다.

기도라는 것은 어쩌다 마음 내서 하는 것이 아니라 우리가 끼니를 챙기는 것과 같이 해야 합니다. 우리가 적어도 하루 한 끼는 꼭 챙겨 먹듯이, 기도도 그와 같이 임해야 하는 것이지요. 하루에 한 번 이상은 반드시 스스로 챙겨야 하는 불자의 살림살이가 바로 기도입니다.

그러니 어떤 기도를 하든 꾸준히 하는 게 중요하다는 점을 명심하시기 바랍니다. 그렇게 한결같이 부처님의 가르침을 믿고 의지하면서 기도한다면 분명히 여러분들 삶에 행복하고 긍정적인 기운이 가득 차게 된다는 것을 믿고 확신하시기 바랍니다.

사경의 공덕

저와 친분이 있는 노보살님께서 해 주셨던 이야기를 소개해 볼까 합니다.

보살님이 어느 날 볼 일이 있어서 부동산 사무실에 가시게 되었는데, 들어가 보니 벽에 걸린 서예 작품들의 필체가 너무 좋더랍니다.

"누가 쓰셨는지 필체가 참 좋네요."

"제가 쓴 겁니다."

부동산 사장님은 칭찬을 들어 기분이 좋았던지 책장에서 『법화

146

경』을 꺼내 가져오더랍니다. 그러고는 자신의 필체가 좋은 것은 이
『법화경』사경을 오래 했기 때문이라고 하더래요.

보살님 역시 절에 오래 다니신 분이라 당신 집에도『법화경』사경
노트가 있다고 말하니 사장님이 무척 반가워하더랍니다. 그러면서 자
기 이야기를 해 주시더래요.

사장님은 몇 년 전만 해도 여러 가지로 어려움이 많았다고 합니
다. 하던 사업이 잘되지 않는 바람에 경제적으로 힘든 시기를 보내기
도 했고, 부인이 좀 극성스러웠던 까닭에 부부 사이에 불화가 심했대
요. 거기에 자식들은 말 안 듣고 방황하지, 더욱이 본인은 암 진단을 받
게 되었다고 합니다. 상황이 이 정도면 누구라도 힘들지 않을 수 없겠
지요. 사장님은 당시 자살 충동까지 느꼈다고 합니다.

그런데 당시 누군가가『법화경』을 주면서 이걸 노트에 계속 베껴
쓰면 좋은 일이 생길 거라고 하더랍니다. 사장님은 그 권유에 따라『법
화경』사경을 시작했습니다.

무언가를 베껴 쓰다 보면 시간이 갈수록 손가락은 아프지만 마음
은 편안해지는 법이지요. 붓글씨 쓰는 분들 중에도 하루에 네댓 시간
씩 쉬지 않고 쓰는 분들이 있는데, 이런 분들 역시 '쓰기'에 몰입할 때
느끼는 편안함을 즐기는 것입니다.

부동산 사장님 역시『법화경』을 사경해 보니 마음이 편안해지더
랍니다. 그 편안함을 많이 맛보고 싶어서 시간이 날 때마다 사경을 했
고, 어떤 때는 하루 종일 하기도 했다지요.

그렇게 몇 년 동안『법화경』을 사경하다 보니 경전 전체를 사경한

횟수가 60회 정도에 이르더랍니다. 그런데 이때쯤부터 여러 가지 좋은 일들이 생겼대요.

첫째는 경제적 형편이 나아져서 한결 여유를 되찾게 되었답니다. 둘째는 부인이 굉장히 온순해졌대요. 셋째는 자식들이 더 이상 속을 썩이지 않게 되었답니다. 넷째는 본인의 암이 점차 회복되었다고 합니다. 한마디로 말해 이 사장님을 괴롭히던 여러 가지 문제들이 『법화경』 사경을 계기로 저절로 해결되었던 것이지요.

그러고 보면 이 사장님도 전생에 지은 선근이 있으셨던 모양입니다. 누가 경전을 베껴 쓰라고 해도 제아무리 간절한 상황인들 선뜻 그것을 실천하는 분이 몇이나 될까요? 부처님 법을 만나는 것도 전생에 복이 있어야 하고, 선근이 있어야 합니다. 나아가 그 가르침을 알아듣고, 실천하기 위해서도 복과 선근의 힘이 필요합니다. 아무리 좋은 걸 가져다줘도, 그 기회를 잡지 못하는 건 그만큼 박복하기 때문입니다. 부처님의 법을 만났더라도 스스로 기도하고, 수행하지 않는다면 소용없다는 걸 기억하시기 바랍니다.

감옥에서 관세음보살을 염하다

지금은 돌아가신 청화 큰스님은 우리 불교를 대표하는 스님이라고 해도 과언이 아닌 훌륭한 분이십니다.

20대에 출가하신 스님은 세수 여든의 나이로 돌아가실 때까지 평생 하루 한 끼만 먹는 일종식 수행을 하셨다고 해요. 또 하루 24시간 내내 등을 바닥에 대지 않고 가부좌를 틀고 앉아 있는 장좌불와(長坐不臥)를 실천하셨다고 합니다.

한번은 큰스님의 제자 한 분이 이렇게 말씀하셨답니다.

"스님, 이제 연세도 많으신데 눕지 않으시고 앉아만 계시면 힘들지 않으십니까?"

"나는 앉아 있는 것이 버릇이 되어서 누워 있는 게 더 불편하네."

정말 대단한 수행자이시지요.

스님은 젊었을 적 어느 유명한 기도 도량의 주지를 잠시 맡은 적 있었다고 합니다. 당시 그 절에는 사무장으로 계신 어느 거사님도 함께 있었다고 해요.

그런데 어느 날, 이 거사님이 절의 재산을 빼돌리다가 신도들에게 들키는 사건이 일어났답니다. 분노한 신도들은 결국 경찰에 신고했다고 해요. 그런데 이 거사님은 경찰 조사를 받을 때 그저 큰스님이 시키는 대로 했을 뿐 자기는 모르는 일이라 주장했답니다. 그 바람에 스님도 경찰서로 소환되어 조사를 받아야 했습니다. 경찰은 거사님의 이러저러한 주장이 사실이냐고 물었답니다. 스님은 이때 무척 갈등하셨다고 해요. 물론 본인은 그 사건에 개입한 바가 없으니 그 말은 모두 거짓이었지요. 하지만 사실대로 이야기해서 거사님이 감옥에라도 들어가면 그의 가족들은 어떻게 되나 걱정이 들더랍니다. 그때 스님께선 이렇게 말씀하셨답니다.

"다 내 탓입니다."

경찰은 이 말을 자백한 것으로 받아들여 스님은 결국 구속되고 말았습니다. 본의 아니게 누명을 쓰신 거지요.

끝내 광주교도소에 수감된 스님은 그곳에 처음 들어가 벽을 보고 참선만 하셨다고 합니다. 그런데 조금 시간이 흐르자 무언가 한스러운 마음이 올라오더래요. 비록 실제로 죄가 있는 것은 아니었지만 출가 수행자의 몸으로 감옥에 있게 된 것 자체가 당신의 업보라는 생각을 하셨던 것이지요. 그래서 스님은 당신의 업장을 소멸시키기 위해 하루 종일 관세음보살을 염하기 시작하셨다고 합니다.

염불을 시작한 지 일주일쯤 되던 날 밤, 마음속으로 관세음보살을 염하고 있던 스님은 순간적으로 의식의 차원이 확 바뀌는 경험을 했답니다. 관세음보살님이 허공으로부터 찬란한 빛을 내면서 내려오시는 환상을 보았던 것이지요.

이때 큰스님은 중요한 깨달음을 얻으셨다고 합니다. 불보살님은 항상 우리 옆에 계시는데 다만 우리가 그 모습을 보지 못하고 있다는 것이었지요. 이런 깨달음을 얻자 큰스님은 마음이 시원하고 편안해지더랍니다. 그리고 며칠 뒤에는 무혐의로 교도소에서 나오게 되셨다고 해요. 큰스님은 감옥 안에서 관세음보살 기도를 함으로써 본인이 전생에 쌓았던 업장을 소멸시켰던 것이지요.

앞서 말씀드렸듯이 관세음보살 기도뿐만 아니라 어떤 기도를 해도 좋습니다. 어느 불보살님을 부르건, 어떤 기도를 하건 결국 효과는 같습니다. 다만 저는 기도를 처음 하시는 분이라면 관세음보살 기도를 하시라고 권해드립니다. 우리 불교에서 가장 많이, 보편적으로 하는 기도이기 때문입니다.

　기도를 할 때는 꿈속에서 불보살님이 환하게 나타나실 때까지 열심히 해야 합니다. 열심히 기도를 하면 무의식의 상태인 꿈에서 내 업장이 소멸되는 징조를 볼 수 있습니다. 꿈에 관세음보살님이나 지장보살님 같은 불보살님이 환하게 나타나는 것이 그러한 징조의 대표적인 예입니다.

　신도분들 중엔 간혹 기도를 많이 해서 꿈에 관세음보살님을 보긴 했는데 이를테면 뒷모습만 봤다는 분들이 있습니다. 이럴 땐 어떻게 해야 할까요? 예, 기도를 더 하셔야 합니다. (웃음) 충분히 기도를 하면 꿈속에서 불보살님의 얼굴을 똑똑히 볼 수 있게 될 것입니다.

사경의 가피를 입은 남동생과 어머니

예전에 어느 젊은 보살님이 개인적으로 답답한 일도 있고, 소원 성취도 하고 싶어서 저를 찾아와 상담을 하신 적이 있습니다.

　저는 일단 그 보살님에게 『법화경』을 한글로 열 번 이상 써 보라고 권했습니다. 『법화경』을 그 정도로 쓰고 나면 웬만한 소원은 다 이루어진다는 말이 있다고도 덧붙였지요. 『법화경』을 열 번 이상 쓰라고 하면 어떻게 그렇게 많이 쓰냐고 생각하실 수도 있겠지만 사경으로 기도를 하려면 그 정도는 독하게 해야 합니다.

　몇 달 후에 그 보살님이 다시 찾아오셨어요. 제가 『법화경』을 열

번 썼느냐고 물어보니까 세 번 썼다고 하시더라고요. 내심 조금 아쉽긴 했지만 그분에게 물어보았습니다. 혹시 무슨 꿈을 꾼 것은 없느냐고 말이지요. 그분은 이런저런 꿈을 꾸었는데 그중 신비한 꿈도 있었다고 했습니다.

당시 보살님 남동생이 목과 어깨에 심한 대상포진이 걸려 있었대요. 대상포진에 걸리면 아주 고통스럽다고 합니다. 하루는 보살님이 사경을 하다가 깜빡 잠이 들었는데 꿈에서 어떤 분이 나오더랍니다.

"누구세요?"

이 물음에 답하길, 자신은 보현보살이라고 하더랍니다. 보현보살님은 『법화경』에 나오는 불보살님 중에 '위대한 실천'을 상징하는 분이지요. 그런 보현보살님이 남동생의 어깨를 한동안 주물러 주셨다고 합니다. 그러고는 이제 다 됐다는 말을 남기고 사라지시더래요. 신기한 꿈이지요? 이후엔 어떤 일이 일어났을까요? 맞습니다. 남동생의 대상포진이 사라졌다고 합니다.

꿈에서 불보살님을 친견한 일은 여기서 끝이 아닙니다. 보살님의 다른 꿈에 관세음보살님이 나타나신 거죠. 관세음보살님은 보살님의 어머니 무릎에 기다란 침을 놓고 계셨답니다. 그러다 앞선 이야기의 보현보살님처럼 다 되었다는 말씀을 남기시자 꿈에서 깼다고 해요.

사실 보살님의 어머니께서는 무릎에 심한 관절염을 앓고 계셨다고 합니다. 물론 그 꿈을 꾼 이후로 어머니의 무릎은 조금 나아지셨지만, 시간이 좀 더 흘러 어머니의 상태가 그때보단 다소 악화되었다고 해요. 저는 보살님께 말했습니다.

"아직 어머님 업장이 남아 있어서 그런 것이니 더 열심히 기도하셔야 합니다."

이 젊은 보살님은 『법화경』 사경을 열심히 했지만 애초 원했던 만큼의 소원 성취는 하지 못했다고 합니다. 하지만 이러한 경험을 통해 불보살님의 가피가 분명히 있고, 기도의 영험함도 분명히 있다는 확신이 생겼다고 해요. 이 보살님은 지금도 어디서든 꾸준히 기도를 하고 있을 겁니다.

염불하는 전신마비 환자

몇십 년 전, 어느 고등학교 2학년 학생이 사촌 형을 만나기로 하고 설악산에 올라갔답니다. 그런데 산에 올라 형을 기다리며 주위를 둘러보니 너무 좋았던 거죠. 그래서 이 학생은 머리를 깎고 출가해 버렸대요.

그렇게 수행자로서의 삶을 살던 스님은 나이가 되어 군대에 가게 되었답니다. 그러다 도중에 휴가를 나왔었는지 밖에서 하룻밤 자게 되었는데 그날 밤에 그만 연탄가스를 마셔 버렸대요. 요즘에는 그런 소식이 잘 들리지 않지만, 예전에는 연탄가스 중독 사고가 많이 있었습니다.

스님은 당시 의식을 잃은 상태이긴 했지만 다행히 사람들에게 발견되어 병원으로 옮겨졌대요. 신분이 군인이라 육군병원에 입원했는데 며칠 만에 의식을 회복할 수 있었답니다. 그런데 연탄가스 중독의 후유증이 컸던 탓인지 전신이 마비되어 버렸대요. 눈은 겨우 깜빡거릴 수 있었지만 몸은 움직일 수도 없었고, 말도 할 수 없었답니다.

몇 달을 병원에 꼼짝없이 누워 있노라니 스님은 이렇게 살 바에야 차라리 죽는 편이 낫겠다는 생각을 했답니다. 하지만 스님은 스님이었어요. '죽을 때 죽더라도 관세음보살 염불이나 실컷 해 보자.' 하는 생각을 했대요. 그래서 마음속으로 오로지 관세음보살을 불렀다고 합니다.

'관세음보살, 관세음보살, 관세음보살⋯.'

그러다가 졸리면 자고, 자다가 깨면 또다시 관세음보살 염불하고⋯. 스님은 이미 삶에 대한 희망을 포기한 상태였기 때문에 아무런 망상도 떠올리지 않고, 하루 24시간 누워서 오로지 관세음보살에만 집중해 염불할 수 있었다고 합니다.

사실 우리가 염불한다고 하면서도 염불에만 온전히 집중하기는 어려워요. 처음에는 호기롭게 시작하더라도 5분만 지나면 슬슬 딴생각이 나기 마련입니다. 이렇게 오만 가지 망상을 다 껴안고 염불을 하면 기도를 성취하기 어렵지요. 기도를 했는데도 왜 효과가 신통치 않냐고 하는 분들이 종종 계시는데, 기도에 집중하지 못한 이유도 한몫합니다. 하지만 집중하지 못하더라도 기도 자체만으로 분명히 공덕이 있습니다. 그러니 아예 기도하지 않는 것보다야 망상을 떨치지 못하더라도 기도를 하는 편이 더 좋습니다.

그렇게 마음을 비우고 염불을 한 지 20일 정도 지났을 때 스님은 꿈을 꾸게 됩니다.

아주 인자해 보이는 노인이 자기 침대 옆에 앉아 있는 모습이 보이더랍니다. 노인은 스님을 보고 방긋 웃으면서 "이보게, 젊은이. 자네

는 왜 그렇게 실의에 빠져 있는가?" 하고 묻더랍니다. 그래서 스님은
자기의 답답한 마음을 그 노인에게 털어놓았다고 해요. 꿈이니까 말을
할 수 있었겠지요. 스님의 이야기를 다 듣고 난 뒤 노인은 손을 들어
스님의 이마의 만져 주었대요. 그러더니 "걱정하지 마, 젊은이. 걱정하
지 마." 이렇게 이야기하고는 병실을 나갔답니다. 비록 꿈속이긴 했지
만 스님은 마음이 편안해졌다고 해요. 그러고는 '아, 관세음보살님이
노인의 모습으로 나를 찾아오셨던 것이구나!' 하는 확신이 들더래요.
스님은 너무도 기쁜 나머지 마비되었던 오른팔을 번쩍 들고 휘저으면
서 '관세음보살'을 외쳤다고 합니다.

그런데 이 스님이 꿈을 꾸는 동안 병원의 담당 간호사가 놀라운
광경을 목격하게 됩니다. 움직이지도 못하고, 말도 못하던 환자가 갑
자기 오른팔을 번쩍 들고 '관세음보살'을 부르면서 잠꼬대를 하는 것
이었지요. 간호사는 너무나 놀란 나머지 담당 의사와 동료 간호사들까
지 불러서 그 모습을 함께 보았다고 합니다.

그 꿈을 꾼 이후로 스님은 차츰 다시 말을 하기 시작했고, 몸도 조금
씩 움직일 수 있게 되었다고 합니다. 이런 사례가 병원 입장에서도 너무
뜻밖이었던지 스님의 일화는 그 병원에서 전설처럼 전해졌다고 해요.

스님은 시간이 지나 몸을 완전히 회복하셨습니다. 그러고는 누구
나 이름만 대면 알 만한 유명한 사찰의 주지로 사시면서 전법 활동을
열심히 하셨지요. 이제 이분은 노스님이 되셨는데 아직도 왕성하게 활
동하고 계십니다.

불보살의 가피로
질병을 이겨낸 사람들

부산의 어느 거사님께서 경험하신 이야기입니다.

거사님께는 일흔다섯 되신 어머니가 계셨습니다. 그런데 갑자기 뇌졸중으로 쓰러지셨다고 해요. 그래서 급히 해운대 근처 큰 병원으로 모셨지만 머리에 출혈이 생겨 피가 고인 상태였다고 합니다.

"뇌가 회복되는 속도를 신중히 지켜본 뒤에 수술을 하지요."

의사는 뇌에 칼을 대면 생명을 유지할 수는 있어도 자칫 반신불수가 될 수 있다고 하더랍니다.

이야기를 들은 거사님은 두 누님들에게 병 수발은 자신이 할 테니 두 분은 절에 가서 어머니가 빨리 쾌차하실 수 있도록 열심히 기도해 달라고 했답니다.

두 분 중 불심이 깊던 한 누님은 "그래. 그럼 절에 가서 열심히 기도해 볼게." 했는데, 그중 다른 누님은 "무슨 헛소리를 하니? 어머니가 쓰러지셔서 병원에 입원했는데 부처님한테 기도한다고 병이 낫겠어? 그럼 세상에 병 안 걸리는 사람 없겠다." 이러면서 부정적이더래요. 그러자 거사님은 어머니 병이 나으려면 부처님께 기도를 올려야 한다고, 그럼 반드시 효과가 있다고 다시 한 번 간곡하게 이야기했다고 합니다. 동생이 그렇게 이야기하니 어쩔 수 없이 그 누님도 집에서 가까운 절에 가 기도를 열심히 올렸다고 해요. 물론 거사님도 어머니 가까이에서 간병하며 마음속으로 틈틈이 기도를 했다고 합니다.

'부처님, 우리 어머니가 빨리 병고에서 벗어나게 해 주십시오.'

그렇게 몇 날 며칠을 기도하면서 간병하던 어느 날, 수술을 위해 CT 촬영을 했답니다. 어머니 상태가 어떤가 하고요. 그런데 의사가 깜짝 놀라면서 말하기를 뇌에 고여 있던 피가 말끔하게 사라져 버렸다는 겁니다. 저절로요. 의사는 놀란 표정으로 뇌에 고여 있던 피가 사라져 수술을 할 필요가 없다고도 했답니다.

의식을 차린 어머니는 다만 손과 발을 잘 움직이지 못하셨다고 해요. 그런 상황이니 거사님은 누님들, 그리고 온 식구와 함께 어머니께서 하루라도 빨리 편안해지고 병고에서 벗어나게 해 달라고 간절히 기도했다고 합니다. 그리고 얼마 후, 어머니가 손, 발을 조금씩 움직이기 시작하시더래요. 재활치료를 담당하던 간호사는 어머니 회복 속도에 놀라워하면서 감탄할 정도였다고 합니다.

상황이 이러하니 기도에 부정적이었던 누님도 마음이 달라졌다고 해요. 그때 네 말 대로 하길 잘했다고요.

"네 덕분에 어머니가 살았다. 네 덕분에 어머니가 산 거야."

그런데 이 누님이 조금 벅차올랐던 모양이에요. 다소 잠긴 목소리로 병원에 가니 고통받는 사람들이 너무 많다고 이야기하더랍니다. 몸만 아픈 게 아니라 치료를 받으면서 생기는 경제적인 문제와 심리적인 문제로 고통받고 있는 사람들을 보면서 '아, 부처님께 간절히 기도를 올리면 저분들도 분명히 가피를 받을 수가 있을 텐데.'라는 생각을 했다고 해요.

사실 거사님도 당시 여러 가지 상황이 좋지 않았대요. 더욱이 어머니께서 갑자기 쓰러지시는 일까지 생긴 것인데, 그때 열심히 기도한 덕분에 일이 일사천리로 잘 풀린 것 같은 느낌이 든다고 그러시더군요. 그러면서 제게 말씀하셨습니다.

"스님, 제가 경험한 이 이야기를 여러 사람들에게 말씀해 주셨으면 합니다. 다른 불자분들도 마음에 부처님에 대한 믿음을 일으켜서 열심히 기도하시면 좋겠습니다."

저는 법문을 하거나 강의를 할 일이 있으면 꼭 이 말씀을 드립니다. 불교는 귀로 듣고, 머리를 채우는 게 아니라고요. 불교는 기도하고, 업장을 소멸하고, 복을 짓고, 선업을 짓고, 공덕을 쌓아서 자기가 스스로 운명을 바꾸는 것입니다. 그러므로 불교는 학문이 아닙니다. 불교는 곧 내 운명을 바꿀 수 있는 수행, 그 자체입니다.

이처럼 우리 불교에는 의사도 포기한 위중한 병을 가진 분들이 모든 걸 다 내려놓고 불보살님께 열심히 기도해서 건강을 되찾았다는 영험담, 단명할 팔자를 고쳤다는 이야기가 많이 전해집니다.

몇 년 전에 입적하신 범행 큰스님께서는 원래 불교에 전혀 관심이 없었다고 합니다. 그러다가 병에 걸리셨는데 부처님께 기도해서 나은 후 출가하셨다고 하죠. 부처님의 은혜를 갚겠다는 마음으로요.

스님의 집안은 일제강점기 때 비누를 만드는 화학 공장을 운영했다고 합니다. 그런데 화학 공장에서 나오는 유독가스 같은 걸 많이 마셔서 그런지 집안 식구 중에 다섯이나 폐병으로 돌아가셨다고 해요. 그것도 젊은 나이에요.

그러다가 당신이 27살이 되었을 때 스님 자신도 폐병에 걸리고 말았답니다. 집안에 돈이 많으니 일본의 유명한 의사까지 만났지만 도저히 손을 쓸 수 없는 상태였다고 하지요. 요새는 의학이 발달해서 웬만한 폐병은 다 고쳐낸다고 하지만 과거에는 죽을병이었다고 해요.

그런 상황에서 스님은 깊은 산골, 공기 좋은 곳에서 휴식하며 마음이나 다스리자는 생각으로 대둔산에 들어갔다고 합니다. 그곳엔 '태고사'라는 절이 있어요. 아주 이름난 터에 자리한 사찰입니다. 원효 스님께서 태고사 자리를 발견하고 사흘 동안 춤을 추셨다는 이야기도 있지요. 그런 태고사에 가 보니 일고여덟 분의 스님들이 계셨다고 합니다.

스님은 당시 그곳에 방 하나를 얻어 철학책만 읽으셨답니다. 인생이란 무엇인가를 탐구했던 것이지요. 그때 한 스님이 방문을 빼꼼 열어 보시더니 "젊은이, 뭐 하나?" 하고 물으시더래요. 바로 태고사 조실 스님이셨습니다.

"예, 스님. 책 보고 있습니다."

"무슨 책 봐?"

"철학책 보고 있습니다."

"그래, 철학이 뭔가?"

그렇게 토론이 시작되었습니다. 주거니 받거니 이야기를 해 보니 조실스님이 보통 분이 아니셨다고 해요. 자기도 부유한 집안에서 자라 어려서부터 온갖 세계문학을 독파하고, 철학책도 읽고 해서 어디 가도 견문이 모자라거나 말이 달리는 일이 없었는데, 스님과 대화해 보니 도저히 말 붙일 데가 없더랍니다. 그렇게 일주일 동안 밥 먹고 쉬는 시간을 제외하고는 토론을 벌였다고 합니다. 그러다 결국 자기가 항복했대요.

"아이고, 스님. 저는 스님을 못 당해내겠습니다. 불교의 지혜가 이렇게 깊은 줄 몰랐습니다."

사실 범행 스님은 출가하기 전만 해도 스님들을 무시하고 우습게 봤다고 합니다. 누더기 같은 옷 입고, 툭하면 마을에 와서 목탁 두들기며 쌀 얻어 가는 정도의 존재로 알았다는 거지요. 그런 스님들이 모여 사는 절에 와 자기는 스님들보다 훨씬 똑똑하다고 자부했을 겁니다. 하지만 조실스님과 토론한 뒤로는 불교에 완전히 감복했다고 합니다.

'아, 불법의 지혜가 이렇게 심오하구나. 스님들이 정말 공부를 많이 하시는구나.'

그렇게 불교의 지혜에 압도당하고 나니 세계문학을 읽어도 다 남 이야기 같고, 철학책을 봐도 다 말장난 같아서 다른 책이 머리에 들어 오질 않더랍니다.

어느 날 조실스님이 물었습니다.

"그런데 자네는 여기 왜 왔나?"

"예. 저희 집안이 화학 공장을 크게 하는데, 그래선지 제가 폐병에 걸려서 잠시 쉬려고 왔습니다."

"그래."

조실스님은 '불정심관세음보살모다라니경'이라는 제목이 붙은 얇은 책을 하나 건네셨습니다.

"이 안에 〈관세음보살모다라니〉라는 짧은 주문이 있는데 열심히 읽어 봐. 열심히 읽어서 이 주문과 하나가 돼 꿈에서도 외울 정도가 되 면 병도 낫고 모든 소원을 성취하게 될 것이야."

스님 말씀을 듣고 책을 펼쳐 보니 생전 처음 보는 주문이 있는데 무슨 뜻인지 모르겠더랍니다. 사실 주문이란 것이 원래 뜻을 알 수가 없어요. 하지만 자신과 토론했던 조실스님에 대한 존경심이 너무 커서 '스님이 안 좋은 일 시키겠나. 한번 믿고 해 보자.' 하고 그것을 열심히 외웠답니다.

관세음보살의 가피력이 담긴 주문

우리에게 잘 알려진 『천수경』에는 여러분이 잘 아시는 〈신묘장구대다라니〉라는 주문이 있습니다. 〈관세음보살모다라니〉는 이 〈신묘장구대다라니〉를 삼 분의 일 정도로 줄여 놓은 거예요. 그러니까 그 핵심만 뽑은 것인데, 관세음보살님의 가피력이 담긴 주문이라고 합니다.

나모 라다나 다라야야 나막 아리야 바로기제 새바라야
모지 사다바야 마하 사다바야 마하가로 니가야 다냐타
아바다 아바다 바리바제 인혜혜 다냐타 살바다라니 만
다라야 인혜혜 바리마수다 못다야 옴 살바작수가야 다
라니 인지리야 다냐타 바로기제 새바라야 살바도따 오
하야미 사바하

〈관세음보살모다라니〉는 매우 짧습니다. 범행 스님은 당시 이 다라니를 정말 열심히 외웠다고 해요. 아침에 일어나서, 공양한 후, 왔다 갔다 걸어 다니면서도 외우고, 누워서도 외우고, 그렇게 하다 보니 나중에는 잠도 자지 않고 계속 외웠다고 합니다. 그러다 보니 주문이 저절로 돌아가더래요.

여러분, 좋아하는 음악을 계속 듣다 보면 그 음악이 머릿속에 저절로 재생되는 경험을 한 적 있으시지요? 스님은 그 시절 계속 주문을 외다 보니 속에서 저절로 외워지더랍니다. 그런 경지에 이르니 나중에는 나뭇가지에 스치는 바람 소리도 주문으로 들리더래요. 〈관세음보살모다라니〉와 하나가 된 거지요.

그렇게 한 달이 지난 어느 날, 오로지 다라니에 일심(一心)이 되어 있던 그 무렵, 어슴푸레 꿈을 꿨답니다. 그 꿈에 자기 주치의였던 의사가 나타나서는 "한번 봅시다, 이 선생." 하고 보더니, "아이고, 잘됐다. 다 나았다. 다 나았다." 이러더래요. 그러니까 자기도 너무나 기뻐서 벌떡 일어났는데 눈을 딱 떠 보니 법당 안이더랍니다. 법당에서 주문을 외우다 깜빡 졸았던 것이지요.

그런데 꿈에서 깼을 때 손끝에서 발끝까지 온몸이 시원하고 힘이 펄펄 나더랍니다. 그때 '나았구나. 몸의 병이 나았구나.' 하는 생각이 머리를 싹 스쳤다고 합니다. 그래서 자기도 모르게 눈물이 터졌다고 해요. 그때 스님은 법당 앞에 있는 부처님께 하염없이 절을 올렸다고 합니다.

'감사합니다. 감사합니다.'

그렇게 폐병이 완전히 나은 스님은 '부처님 아니었으면 죽었을 텐데, 부처님 가피 덕에 제2의 인생을 살게 되었으니 그 은혜를 갚으며 살아야겠다.' 하는 생각으로 출가를 하게 되었답니다.

이것이 불보살의 가피입니다.

진료는 의사에게, 약은 약사에게

그런데 이러한 가피담을 들으면 어떤 분들은 이런 질문을 하실지 모르겠습니다.

"스님, 그럼 병에 걸려도 병원에 가지 말고 그냥 기도만 하면 되지 않습니까?"

제 대답은 '아니요'입니다. 저는 그런 생각을 하는 분들에게 항상 이런 말씀을 드립니다. '진료는 의사에게, 약은 약사에게!' 병에 걸렸으면 의사에게 진료받아야 하고, 약은 약사에게 타야죠.

병을 키우는 다섯 가지 이유

경전을 보면 부처님은 굉장히 합리적인 분이셨습니다. 부처님께서는 병이 깊어지게 되는 다섯 가지 이유를 다음과 같이 말씀하셨습니다.

첫째, 아무 음식이나 먹는다.

체질에 맞춰서 먹지 않고, 제철에 나온 것을 먹지 않고, 인스턴트 같이 좋지 못한 음식을 마구 먹을 때 병이 깊어진다는 겁니다.

둘째, 때에 맞추어 먹지 않는다.

아무 때나 과식하고 폭식한다는 거예요. 먹는 것도 다 때가 있는 법인데 특히 요즘 사람들은 제때 먹지 않는 경우가 많지요. 그럼 가지고 있던 병이 더 깊어지게 됩니다.

셋째, 의학을 가까이하지 않는 것, 즉 의사와 약을 가까이하지 않는 것입니다.

이 점이 중요합니다. 부처님께선 기도만 하면 모든 병고에서 벗어날 수 있다고 가르치지 않으셨어요. 오히려 의사와 약을 가까이하지 않으면 병이 더 깊어진다고 말씀하셨습니다.

넷째, 자신의 감정을 조절하지 못하는 것입니다.

근심 걱정하고, 기뻐하거나 슬퍼하면서 마음을 다스리지 못하면 병이 더 깊어진다고 했습니다.

다섯째, 나를 간호해 주는 사람에게 감사하는 마음을 일으키지 않는 것, 즉 감사하는 마음도 중요하다는 겁니다.

나를 간호해 주는 사람에게 고마운 마음이 없으면 그런 마음자리가 병이 더 깊어지는 원인이 된다고 하셨습니다.

얼마나 합리적입니까? 아침 방송에 의사들이 나와서 하는 이야기가 여기에 다 있어요. '음식 가려라', '때에 맞춰서 먹어라', '항상 주기적으로 의사를 찾고, 의사와 상의해서 좋은 약을 챙겨 먹어라', '마음을 잘 조절해야 한다', '심리적인 스트레스도 중요하다', 그 이야기가 모두 2,600여 년 전에 부처님께서 이미 말씀하신 것입니다.

병에서 회복될 수 있는 다섯 가지 방법

부처님께서는 역으로 다음 다섯 가지를 잘 지키면 병에서 금방 회복될 수 있다고 하셨습니다.

첫째, 좋은 음식을 가려서 먹어라.

둘째, 때에 맞춰서 올바르게 먹어라.

셋째, 의사와 약을 가까이해라.

넷째, 근심 걱정을 내려놓고 감정을 잘 조절해라.

다섯째, 간호해 주는 사람에게 감사하는 마음을 일으켜라.

부처님께도 '지바카'라는 주치의가 있었습니다. 스님들을 진료해 주고 병을 치료해 주던 재가 신자도 있었지요. 누군가가 부처님께 질문했습니다.

"부처님께선 모든 업장을 소멸시키셨고, 모든 신통을 다 얻으셨으며, 지혜와 복덕을 다 구족하셨는데 어떤 이유로 의사가 필요합니까?"

부처님은 이렇게 대답하셨습니다.

"나는 사실 의사가 필요 없다. 그런데 머나먼 미래가 되면 병에 걸리는 스님들이 자주 나타나게 될 것이다. 그 스님들이 수행하다 몸에 병이 나서 의사를 찾아가면 '당신의 스승이었던 부처님께서는 한 번도 의사를 찾아간 적이 없었는데 당신들은 어떻게 수행을 했기에 의사를 찾아가는 겁니까?' 같은 사람들의 비난을 막기 위해 내가 의사에게 진료받는 모습을 중생에게 일부러 보여주려는 것이다."

부처님의 자비심이 느껴지시나요? 그래서 부처님께서는 '첫째, 몸에 병이 나면 반드시 의사를 찾아가라. 약을 지을 때는 약사에게 문의하라.'라고 말씀하셨습니다. 다만 의사도 고칠 수가 없고, 약도 통하지 않을 때에는 마지막 한 가지 방법이 있는데 그게 바로 기도입니다.

동구나무 안에서 관세음보살을 염하다

기도에 있어 가장 중요한 요소가 하나 있습니다. 바로 '신심(信心)'입니다. 신심이 없는 기도는 빈 껍데기나 다름없습니다. 여기 그 지극한 신심으로 어려움을 극복한 한 스님의 이야기가 있습니다.

합천 해인사에 계셨던 보해 스님은 어린 나이에 출가해 해인사 백련암에 계시던 노스님을 시봉했다고 합니다. 그런데 15살이 되었을 때 심한 위궤양에 걸렸다고 하세요. 소화가 잘되지 않으니 음식을 잘 못 먹고, 음식을 잘 못 먹으니 몸이 항상 처져서 누워 지내는 날이 많았다고 합니다. 그러다 보니 수행은 물론, 절집 생활도 제대로 할 수 없었지요. 그러던 어느 날 노스님이 보해 스님을 불러서 말씀하셨습니다.

"바깥사람들은 먹는 것을 양식으로 삼지만, 우리 출가 수행자들은 신심을 양식으로 삼는다."

'신심'이란 곧 '믿는 마음', '신앙심'을 뜻하지요. 노스님 말씀은 도를 닦는 출가 수행자가 몸이 아픈 건 신심이 없기 때문이라는 뜻이었습니다. 신심이 없는 사람이라면 수행도, 절집 생활도 잘할 수 없을 테니 절에 있을 필요가 없을 것입니다.

보해 스님은 노스님 말씀이 절에서 나가라는 뜻임을 알아채고 백련암을 나섰다고 합니다. 스님은 도대체 어디로 가야 할지 걱정하면서 터벅터벅 산길을 내려왔다고 해요.

그 당시 백련암 밑으로 조금 내려오면 가운데가 푹 꺼진 동구나무가 하나 있었다고 합니다. 스님은 그 동구나무에 안에 들어가 가마니로 몸을 덮고 밤을 보냈다고 해요. 아무 데도 갈 곳이 없었으니까요. 동구나무 안에 몸을 웅크리고 있던 스님은 이런저런 생각을 했습니다.

'노스님께서 나를 미워해서 하신 말씀은 아닐 거야. 내 몸이 아픈 것은 분명 내 신심이 부족해서 그런 것일 거야.'

참 순수해요, 그렇지요? 그러면서 또 생각했습니다.

'힘들고 괴로운 일이 있으면 관세음보살을 열심히 부르라고 스님께서 말씀하셨어. 그래, 내가 관세음보살을 열심히 부르면 이 병도 나을 수 있을 거야.'

생각이 여기에 미치니까 신심이 솟구쳤습니다. 보해 스님은 동구나무 안에서 '관세음보살, 관세음보살' 염하기 시작했습니다. 배가 고프면 백련암에 올라가서 몰래 음식을 훔쳐 먹고는 다시 동구나무로 돌아와서 지극한 마음으로 관세음보살을 계속 불렀대요.

그렇게 일주일 정도 지내다가 스님은 깜빡 잠이 들어 꿈을 꿨다고 합니다. 스님의 눈앞에 처음 보는 사찰이 펼쳐지더랍니다. 어디인지는 모르겠지만 주변에 소나무도 굉장히 많고, 시원한 계곡물도 콸콸 흐르는 곳이었답니다.

스님은 꿈속에서 그 절 법당에 들어가 부처님께 삼배를 올렸다고 합니다. 그때 갑자기 흰 가운을 입은 의사 여럿이 우르르 나오더니 "여기까지 왔으니 수술을 받자." 이러면서 스님 배를 갈라 위와 창자를 다 꺼내더랍니다. 그러고는 대야에 깨끗한 계곡물을 담아서 그것들을 빡빡 씻더래요. 그 정신없는 사이에 스님이 자기 위와 창자를 씻은 대야를 흘끔 보니 더러워진 물에 모래와 유리 조각 같은 것들이 떠다니고 있었다 합니다.

의사들은 스님의 위와 창자를 다 씻고 나서 다시 스님의 뱃속에 그것들을 집어넣었습니다. 그때 스님은 계곡물에 씻긴 위와 창자의 차가운 느낌을 그대로 느꼈다고 하죠. 그 뒤 한 의사가 스님의 배를 꼼꼼

하게 꿰매 주었대요.

"자, 이제 다 됐다. 일어나거라."

그러고는 꿈에서 깨어났다고 합니다.

꿈이 너무 생생해서 덜덜 떨릴 정도였던 스님은 자기 배를 만져보 았답니다. 그런데 이상하게도 배가 전혀 아프지 않더래요. 전에는 손 만 갖다 대도 찌릿찌릿 아팠는데 말이지요. 그제야 스님은 깨달았다고 합니다.

'아, 내가 관세음보살 기도를 열심히 해서 그분이 나를 치료해 주 신 거구나. 나에게도 이제 신심이 생긴 거구나.'

보해 스님은 동구나무를 나와 다시 백련암으로 올라갔습니다. 그 리고 노스님께 그동안 있었던 일들을 말씀드렸습니다. 노스님은 아주 기뻐하셨대요.

"그래, 네가 이제 신심이 생긴 거 같구나. 이제 앞으로 수행 잘하겠 다."

보해 스님은 그 후 10여 년 동안 열심히 공부하고 수행했습니다. 그 뒤 만행(萬行)을 하다가 영천 은해사를 찾게 되었다고 해요.

스님은 은해사에 당도하자 이상한 기분을 느꼈다고 합니다. 은해 사는 처음이었는데, 그 풍경이 모두 익숙했던 거지요. 그리고 법당에 올라가 부처님께 삼배를 올리는데, 그때 자기가 이곳에 언제 왔었는지 기억이 나더랍니다. 그게 언제였을까요? 네, 어릴 적 동구나무 안에서 관세음보살을 애타게 염하다가 꾸었던 꿈속에서 왔던 거예요. 그리고 부처님께 인사 올린 이 법당은 꿈속에서 의사들이 수술해 주었던 바로 그 법당이란 것도 깨달았습니다. 그 후 스님은 은해사로 승적(僧籍)을 바꿨다고 합니다. 전생에 분명 은해사와 큰 인연이 있었을 것이라고 생각했기 때문이지요.

보해 스님께서는 살아생전 당신이 겪은 이 경험담을 평소 스님들께 많이 이야기하셨다고 합니다.

이처럼 기도를 함에 있어 신심은 매우 중요합니다. 나아가 불자로서 신심을 가지고 살아갈 때 매일 조금씩이라도 기도하는 자세가 중요하다는 점을 잊지 마십시오. 그래서 위급한 일이 생기거나 불행한 일이 생길 때에만 기도해야겠다는 마음을 갖는 것이 아니라, 매일 밥 먹고, 호흡하듯 기도해야 한다는 점을 잘 이해하셨으면 좋겠습니다.

마음을 하나로 모아서 염불하고, 기도한다는 것은 결코 허공으로 사라지는 헛된 것이 아닙니다.

기도의
묘한 이치

인생에 더러 브레이크 걸린 것처럼 턱턱 막히는 일이 생기는 건 업장 때문인 경우가 많습니다. 그런데 이 같은 고난은 전생에 내가 진 빚을 현생에 갚는 과정이기도 합니다. 따라서 어떤 어려움이 닥쳐오면 다른 사람을 탓하거나 원망하기 전에 먼저 내가 감당해야 할 일임을 생각하고 마음을 다잡아야 합니다.

업장을 소멸시키는 가장 좋은 방법은 기도라 하였습니다. 그런데 이 기도에는 묘한 구석이 있어요.

비어 있던 마지 그릇에 채워진 쌀

첫째, 기도의 효과가 얼마나 빨리 나타나는지는 사람마다 다르다는 것입니다. 다시 말해 전생에 복을 많은 지은 분들은 기도의 효과를 빨리 보고, 전생에 복을 적게 지은 분들은 기도의 효과를 늦게 봅니다.

얼마 전 저를 찾아온 한 보살님이 들려준 이야기를 소개하고자 합니다.

보살님은 젊었을 때 남편과 사별하고 아이 둘을 혼자 키우셨다고 합니다. 혼자서 그런 생활을 다 헤쳐나가려고 노력했지만 경제적으로 여의치 않으셨다고 해요. 그래도 이분은 전생에 부처님과 인연이 있었는지 열심히 절에 다니면서 마음을 다스리셨다고 합니다. 연등도 달고, 방생도 하고, 쌀도 보시하면서 특히 기도를 열심히 하셨다고 하지요.

그렇지만 당장 눈에 띄는 변화는 일어나지 않았다고 합니다. 그래도 보살님은 신심을 잃지 않고 이런 생활을 몇 년 동안이나 계속하셨다고 해요.

그러던 어느 날 보살님은 꿈을 하나 꾸게 됩니다.

꿈에서 보살님은 당신이 다니던 절의 법당에서 부처님께 공양 올릴 때 쓰는 마지 그릇을 들고 있었는데, 그릇이 비어 있었다고 합니다. 보살님은 그 빈 마지 그릇을 들고 불상 앞으로 걸어가 부처님 앞에 올려놓은 다음 합장을 했다고 해요. 그런데 갑자기 어디선가 쌀이 쏟아지더니 비어 있던 마지 그릇에 넘치게 담기더랍니다. 그 꿈을 꾼 이후로 보살님은 하는 일마다 다 잘 풀리는 것을 경험하셨다지요.

보살님은 당시 어려웠던 형편이 이렇게 좋아진 건 다 부처님 덕분이라고 생각하신답니다. 그래서 지금도 열심히 절에 다니고 계신다고 해요.

상황이 어려울 때는 누군가를 탓하면서 화를 내거나 신세 한탄에 빠질 위험이 큽니다. 보살님의 경우에도 먼저 세상을 등진 남편을 원망할 수 있었겠지요. 하지만 절에 다니며 번잡한 마음을 다스렸듯, 누군가를 원망하며 허송세월할 시간에 염불이든, 절이든, 독경이든, 기도 한 번 더 하는 것이 좋습니다.

성냄과 원망이란 어리석음을 내려놓고, 어려운 상황 속에서 몇 년이고 기도를 멈추지 않은 것은 보살님의 신심 때문일 것입니다. 우리가 부족한 게 바로 이것 아닐까요? 열심히 기도해도 효과가 바로 나타나지 않으면 단 몇 개월 만에 '아, 역시 영험 같은 것은 없나 보다.' 하면서 그만두는 경우가 많으니까요.

기도는 내 복을 짓고 내 업장을 소멸시킨다는 수행의 마음으로 하는 것이 중요합니다. 만약 기도를 수행의 마음이 아니라 신비한 기적을 바라는 욕심으로 하면 오랫동안 꾸준히 하기가 어렵습니다.

기도의 영험이 각자의 인생에 닿기까지는 시간이 걸릴 수 있어요. 하지만 우리가 기도하는 시간이 쌓일수록 우리의 삶이 알게 모르게 나아지는 것을 반드시 경험하게 될 것입니다.

기도의 명현 현상

둘째, 기도를 열심히 했는데 상황이 오히려 나빠지는 경우가 있습니다. 불교에서는 이런 경우를 일컬어 '도고마장(道高魔長)', 즉 도가 높아지면 안 좋은 일이 계속 생긴다고 이야기합니다.

옛 스님들은 이런 경우가 있음을 잘 알고 계셨어요. 그런데 일반 불자들은 크게 실망하기 마련입니다. 하지만 우리는 이렇게 생각해 볼 필요가 있습니다. 열심히 수행하고 복을 짓는데 중간에 우환이 생기는 것은 전생의 업장이 소멸하는 과정에 있기 때문에 그런 거라고 말이지요.

예를 들어 몸이 굉장히 안 좋을 때 보약을 먹으면 몸이 더 안 좋아지는 것처럼 느껴질 때가 있습니다. 한의사들은 이런 현상을 명현 현상, 즉 몸이 정화되는 과정에서 독소가 뿜어져 나오며 일시적으로 몸이 안 좋게 느껴지는 것이라고 설명합니다.

이러한 명현 현상이 불교의 수행 과정에서도 일어나는 것입니다. 그래서 진정한 불자라면 기도하고 수행할 때 불행한 일이 생기더라도 '내가 기도를 열심히 하니까 업장이 소멸되고 있구나.', '이것이 내 인생의 명현 현상이구나.', '이 고비를 잘 넘겨야 되겠구나.' 이렇게 생각해야 합니다.

만약 기도를 하지 않았더라면 더 큰 고통에 직면했을 겁니다. 그나마 기도를 했기 때문에 이 정도의 어려움으로 그친 것이지요. 달리 말해 크게 받을 과보를 기도 덕분에 작게 받았다고 할 수 있는 겁니다.

제가 몇 년 전 어느 사찰에 머물고 있을 때 한 젊은 보살님을 만난 적이 있습니다. 미인형에 키도 훤칠했는데 이상하게도 얼굴에는 항상 수심이 가득했어요. 그래도 제 법문이나 강의를 듣고 무언가 마음에 느낀 바가 있었는지 절에 꾸준하게 다니시더군요.

174

한번은 이분이 저와 상담을 한 적이 있습니다. 그때 저는 불행을 소멸시키고 행복의 에너지를 불러일으키고 싶다면, 먼저 열심히 기도할 것, 다음으로 복을 지을 것, 마지막으로 평소 마음을 잘 쓸 것을 당부했습니다.

"이 세 가지를 몇 개월 정도가 아니라 1년이건, 3년이건, 5년이건 꾸준히 실천해 보세요. 이것은 역대 큰스님들께서 모두 증명하신 방법입니다. 이대로 실천하시다 보면 분명 주변에 좋은 일들이 있을 것입니다."

그 후로 보살님은 열심히 기도를 하셨어요. 또 설거지 봉사 등을 꾸준히 하면서 복을 짓더군요. 설거지하면서 닦는 것은 그릇이 아니라 내 마음입니다. 또한 전생에 지은 업의 때를 닦는 것이지요.

그런 날들이 쌓이면서 언제부터인가 보살님의 얼굴에 어두운 그늘이 조금씩 사라지는 것을 볼 수 있었습니다. 얼굴이 아주 맑아지고 환해지는 것이 눈에 보일 정도였지요. 그러다 1년 정도 지난 뒤에는 보살님의 예전 모습을 기억하는 불자들마다 이구동성으로 너무 환해졌다고 칭찬하는 겁니다.

실제로 기도를 열심히 하면 얼굴이 맑아집니다. 저 같은 경우에도 근심 걱정 다 내려놓고 기도에 집중하는 시기에는 거울을 보다가 깜짝 놀라곤 합니다. 좋은 로션 바른 것도 아닌데 얼굴에 윤기가 흐르기 때문이지요. 반대로 바쁘게 지내느라 기도를 게을리할 때는 얼굴이 칙칙해집니다. 그래서 또 한 번 놀랍니다. (웃음)

문제는 이 보살님에게 명현 현상이 닥친 겁니다. 얼굴도 밝아지고 주변에 일도 잘 풀리고 하면서 잘 지내고 있었는데 3년 정도 지나니 조금씩 안 좋은 일이 생기기 시작했던 것이지요. 그러니 건강이 안 좋아지고 주변 인간관계까지 꼬이면서 스트레스를 많이 받았다고 합니다.

그때 걱정을 많이 했어요. 한창 열심히 기도하고 수행하던 불자인데 이 고비를 넘기지 못하면 어떻게 하나 싶어서요. 전생의 업장이 소멸되는 과정일 뿐이니 이 고비를 잘 넘겨야 한다고 당부했지만 그래도 불안하긴 마찬가지더군요.

보살님은 그 후 한동안 절에 나오지 않았습니다. 그러다가 어느 날 갑자기 찾아온 보살님을 보고 깜짝 놀랐어요. 보살님 얼굴이 너무 밝고 환해져 있었기 때문이지요. 어떻게 된 일이냐고 물어보니 그동안 지방에 있는 어느 절에서 하루에 천 배씩 100일 기도를 했는데 그 기도를 마치고 인사차 왔다고 하더군요.

반가운 마음에 앞으로 보살님에게 좋은 일이 많이 생길 것 같다고 이야기하니, 이분 역시 이제는 마음이 너무 편안하고 몸에도 활력이 넘친다고 하더군요.

그 후 몇 개월 되지 않아서 보살님은 절에서 아주 잘생긴 남자친구를 만나 결혼까지 했습니다. 지금은 아주 행복하게 잘살고 있는데, 이런 말씀을 하시더군요.

"스님께서 제게 말씀하신 적이 있어요. 기도하고, 복을 짓고, 평소에 마음을 잘 쓰면서 살면 그 선업과 공덕이 차츰 쌓이면서 모든 일들이 편안하게 잘 풀릴 것이라고 말이지요. 이제는 그 말씀을 전적으로 믿습니다. 그리고 앞으로는 수행하는 중간에 안 좋은 일이 생기더라도 마음이 흔들리지 않을 것 같아요. 그게 다 내 업보가 풀리는 과정에서

176

만나는 고비라는 것을 분명히 알게 되었으니까요."

　보살님의 그 이야기를 들으며 저는 '아, 이분이 정말 진정한 불자로 거듭났구나.' 하고 감탄했습니다.

공짜로 받은 부처님의 가피

한편 기도를 전혀 하지 않아도 항상 일이 잘 풀리는 분도 있습니다. 이런 분들은 전생에 그만큼 복을 많이 지었기 때문에 그에 상응하는 행복을 현생에 누리는 것입니다.

　출가 수행자인 제가 봐도 불심이 엄청나게 깊으신 한 노보살님이 계십니다. 어떻게 그토록 불심이 깊으시냐고 여쭤봤더니 당신이 젊었을 때 부처님으로부터 큰 은혜 받은 적이 있어서 그렇게 되었다고 하시더군요.

　보살님 부부는 젊은 시절 가게를 하나 운영하셨다고 합니다. 사업수완이 좋으셨던지 가게가 정말 잘 되었다고 하세요. 그런데 어느 날 보살님께서 갑자기 쓰러졌는데 그 이후로 건강이 점점 더 안 좋아지더니 나중에는 거의 죽을 지경이 되었다고 합니다. 여기저기 병원도 가 보았지만 매번 병명을 모르겠다는 대답만 들으셨다고 해요. 그렇게 치료도 받지 못하고 속수무책으로 괴로워만 하고 있었는데 어느 날 보살님이 꿈을 꾸셨답니다.

　보살님의 꿈에는 부처님이 나오셨답니다. 부처님께서 환한 미소를 지으시는데 그 모습 자체로 광명 같더랍니다. 신기하게도 이 꿈을 꾼 다음에 보살님의 병이 저절로 나았다고 해요.

더욱 신기한 건 보살님은 그때까지 한 번도 절에 다녀 본 적이 없었다는 것입니다. 그러니 절이나 염불 같은 기도 역시 전혀 해 본 적이 없었지요. 열심히 기도했는데도 별 가피를 경험하지 못한 분들이 듣기에는 도무지 납득이 가지 않는 이야기일 것입니다.

하지만 이 보살님의 경우는 전생에 지은 복을 현생에 받은 것이라고 생각할 수 있습니다. 전생에 지은 그 복이 너무나 컸기 때문에 현생에 아무런 기도도 하지 않았지만 부처님의 가피를 받을 수 있었던 것이지요.

불자가 아니었던 보살님이 깊은 불심을 갖게 된 것은 이 경험 때문이었다고 합니다. 보살님께서는 평생 열심히 기도하면서 부처님의 은혜를 갚겠다는 마음으로 지금도 신행 생활을 잘하고 계시지요.

이렇게 기도는 크든 작든 기적을 낳습니다. 기도의 효과가 늦게 나타난다고 하더라도, 또 기도를 했는데 오히려 더 상황이 안 좋아진다 하더라도 실망하거나 좌절해서는 안 됩니다.

기도의 묘한 이치를 항상 염두에 두십시오. 그리고 인생은 정확히 내가 지은 복대로 이루어진다는 것, 내가 기도해서 지은 복은 언젠가 반드시 내게 돌아온다는 인과응보의 진리를 발판삼아 정진하는 것이 우리 불자들에게 꼭 필요합니다.

한번은 어느 보살님이 어떤 큰스님을 찾아왔다고 합니다. 스님이 보니 보살님 얼굴에 수심이 가득하고 그늘이 져 있어, 무슨 일로 오셨느냐고 물어봤다죠. 보살님 말이 아들 때문에 왔다고 하더래요.

이야기인즉 수험생인 아들이 늑막염에 걸렸는데 넉 달을 치료했지만 아무런 차도가 없는 바람에 학교도 못 다니고 있어서 걱정된다는 것이었습니다. 그러자 큰스님은 이렇게 말씀하셨대요.

"보살님, 아드님의 병이 잘 안 낫는 것은 아드님만의 문제가 아닌 것 같습니다. 보살님 얼굴을 보니 보살님의 업보도 문제인 것 같아요. 아마도 지금 보살님의 마음이 굉장히 괴롭고, 집안의 기운도 아주 어두운 것 같습니다. 무슨 사정이 있습니까?"

보살님은 큰 회사의 임원으로 일하는 남편 덕분에 그동안 남부럽지 않게 잘 살아왔는데, 본인이 든 고액의 계 모임이 깨지는 바람에 엄청난 빚을 지게 되었다고 답했습니다. 그 빚을 갚느라 집을 팔고 전셋집으로 이사를 가야 했고, 그 와중에 집안 분위기도 안 좋아졌다고요. 그런 생활이 이어지다 보니 항상 마음이 괴로웠고, 그 때문에 인상도 어두워졌던 것이지요.

"보살님의 어둡고 탁한 기운 때문에 아드님의 병이 잘 낫지 않는 것입니다. 먼저 보살님의 마음이 바뀌어야 합니다. 지금부터 마음에 있는 모든 원망하는 마음을 다 놓아 버리십시오. 계가 깨지는 바람에 떼먹힌 돈도 다 놓아 버리십시오. '전생에 내가 진 빚을 이 일을 통해 다 갚았다.' 생각하고 더 이상 마음에 떠올리지 마십시오. 그리고 지금부터 오직 염불하세요. 염불하면서 마음속으로 '부처님 감사합니다. 부처님 감사합니다. 계속 감사합니다.'라는 마음을 일으키십시오. 이렇게 '부처님 감사합니다.'라는 마음을 계속 일으킨다면 아드님 병이 빨리 나을 것이고 집안도 편안해질 것입니다."

이 보살님이 다시 큰스님을 찾아온 것은 몇 달 뒤의 일이었다고 합니다. 큰스님이 보니 이번에는 보살님 얼굴이 맑고 밝더래요.

"큰스님께서 가르쳐 주신 대로 열심히 기도했더니 넉 달 동안 낫지 않았던 아들의 병이 2주 만에 다 나았습니다!"

제가 강조한 이야기, 병이 있으면 물론 병원에 가야 합니다. 하지만 기도를 하면 분명 더 큰 이익이 있어요.

기도를 열심히 했지만 효과를 보지 못했다고 기도를 그만두어서는 안 됩니다. 전생에 지어 놓은 복이 적어서, 전생의 업장이 두꺼워서 효과가 더디게 올 뿐이기 때문입니다.

살면서 줄곧 장애 하나 없이 행복하기만 하다는 분들은 기도하지 않아도 됩니다. 하지만 그런 삶은 존재하지 않습니다.

어느 사주팔자 공부하시던 분 말씀이, 시간이 흘러 입소문이 나니 이름만 대면 알만한 유명한 사람들까지 자기를 찾아오더래요. 그렇게 상담해 주고 나서 깨달은 게 하나 있답니다. 밖에서 보면 아무 걱정 없이 행복해 보이는 사람들도 모두 자기만의 엄청난 고민들을 안고 있다는 것이지요. 그리고 보면 남의 삶을 부러워할 필요가 없어요. 말을 안 해서 그렇지 다 자기만의 고민 하나씩은 있습니다.

여러분들도 살아가면서 답답하거나 풀리지 않은 일이 있으면 '기도하면 일이 반드시 풀리리라'라는 생각마저 놓아 버리고, '다 내가 지은 업보다'라는 마음으로 기도로써 업보를 녹여 나가시기 바랍니다. 당장은 효과가 없는 것 같아도 꾸준히, 꾸준히 기도한다면 반드시 이와 같은 묘한 불보살님의 기도 가피를 만나게 될 것입니다.

꿈에서 얻은
불보살의 가피

지금까지 몇 가지 영험담을 접하시면서 한 가지 공통된 레퍼토리를 확인할 수 있으셨을 겁니다. 그 키워드는 바로 '꿈'입니다.

전부 그런 것은 아니지만 기도를 통한 가피를 경험하신 분들은 많은 수 신비한 꿈을 꾸고 직면한 고통에서 벗어나 소원을 성취했다고 이야기하십니다. 부처님의 경전이나 중국, 티베트의 큰스님들이 남긴 법문에도 업장이 소멸되는 징조를 꿈을 통해 확인한 이야기들이 전해지지요.

이렇게 간절한 기도 중 불보살님, 혹은 거룩한 스님이나 환한 광명이 꿈에 나타나 소원이 이루어질 것을 예시하는 것을 '몽중가피(夢中加被)'라고 합니다. 실제 우리 불교에서 전해지는 영험담 중에는 이러한 사례가 가장 많이 전해지고 있다고 해요.

그래서 더러 "에이, 무슨 이야기가 이렇게 다 고만고만해?" 하고 웃으실 수 있겠지만 고래(古來)의 여러 스님들은 물론, 신심이 단단한 불자들이 부처님 법을 가지고 거짓말을 했을 리 만무합니다.

천하명필의 소원을 성취한 스님

조금 가벼운 영험담으로 몽중가피의 사연을 들려드리고자 합니다.

오래전 통도사에 구하 큰스님이라는 분이 계셨습니다. 세수로 아흔 넘게 사신 스님은 돌아가시던 그날까지도 기억력이 매우 좋고, 몸도 아주 건강하셨다고 합니다.

스님은 일제강점기 때 통도사 주지를 지내셨습니다. 그런데 일설에 의하면 친일파였다고 해요. 조선총독부 총독과 의형제에 가까운 사이였다고 하니 이 정도면 더 말할 것도 없겠지요.

더욱이 기생집에 가는 것을 그렇게 좋아하셨다고 합니다. 또 통도사 공금도 어마어마하게 횡령했다고 하죠. 통도사는 우리나라에서 손꼽히는 부찰(富刹)이니 공금도 그 규모가 엄청났을 겁니다. 스님은 그렇게 큰돈을 빼돌렸다가 발각되었다고 하죠. 참 파란만장한 삶 아닙니까?

그런데 여기에 놀라운 반전이 있습니다. 사실 구하 큰스님은 상해 임시정부에 독립운동 자금을 몰래 지원하고 계셨다고 합니다. 당시 스님이 지원한 금액이 통도사의 20년 예산쯤 된다는 이야기도 있어요. 이러한 사실이 밝혀지면서 큰스님은 친일파의 누명을 벗었다고 합니다.

이렇게 놓고 보면 큰스님의 행각이 비로소 이해가 됩니다. 조선총독부 총독과 절친하게 어울렸던 것도, 기생집에 가서 흥청망청 놀았던 것도 모두 일본의 의심을 피하기 위한 수단이었던 것이지요. 상해임시정부에 보낼 자금을 마련하는 것도 드러내 놓고 할 수 없으니 자신이 통도사 예산을 횡령한 것으로 가장하여 은밀하게 진행했던 것입니다. 이렇게 해서 구하 큰스님은 부패한 친일파가 아닌 조국의 광복에 헌신한 큰 공덕을 쌓으신 애국지사로 새롭게 조명받게 되셨지요.

이러한 사연을 가지고 계신 구하 큰스님은 천하의 명필이셨다고 합니다. 그래서 구하 스님의 서예 작품을 서로 받아 가려 했었다는 이야기도 있지요. 그런데 큰스님의 이러한 재주와 관련해 재미있는 영험담이 전해집니다.

한번은 스님께서 천일기도를 하셨다고 합니다. 그때 부처님 앞에서 몇 가지 발원을 하셨는데, 그 가운데 하나가 천하의 명필이 되게 해 달라는 것이었대요.

그렇게 간절하게 기도하던 어느 날 꿈에 한 노스님이 나타나시더랍니다. 그러고는 구하 스님을 보시더니 "옛다. 받아라!" 하면서 무언가를 휙 던져 주시더래요. 그래서 스님이 뭔가 하고 받아 보니 바로 붓이었답니다.

그 꿈을 꾸고 난 이후로 큰스님은 발원했던 바대로 천하 명필이 되었다고 해요. 지금도 구하 큰스님이 남긴 붓글씨 작품은 아주 높은 평가를 받고 있다고 합니다.

아픈 곳을 회초리로 맞다

한 노보살님이 젊었을 적 겪었던 이야기를 들려주신 적 있습니다.

보살님은 30대에 치과의사였던 남편분과 사별하셨다고 해요. 그런데 남편 장례식을 다 치르고 나니 왼쪽 옆구리부터 골반, 허벅지까지 마비된 것처럼 굳더니 엄청난 통증까지 느껴지더랍니다.

보살님은 당시 병원에도 가 보고, 침도 맞아 봤지만 별 효과는 없었다고 합니다. 결국 몸 한쪽이 마비되는 바람에 꼼짝없이 누워만 지내던 어느 날 갑자기 온갖 서러움이 밀려왔다고 해요.

그때 보살님은 관세음보살 기도를 했다고 합니다. 그런데 '관세음보살, 관세음보살' 염하다 보니 더더욱 서러운 마음이 들어서 울음이 터졌다고 해요. 혹여 이웃집에서 청상과부가 대성통곡한다고 흉볼까 봐 울음소리가 새어 나가지 않도록 이불을 뒤집어 쓴 채 이를 악물고 울었다고 합니다.

아이가 울면서 애타게 엄마를 찾듯 '관세음보살, 관세음보살'을 부르던 보살님은 그러다 깜빡 잠이 들었다고 합니다.

꿈속에서 이분은 조계사 대웅전에 들어갔다고 해요.

법당 안엔 이미 많은 신도들이 열심히 기도를 하고 있었습니다. 그런데 신도들 사이로 몸집이 작은 비구니 스님 한 분이 회초리를 휘두르면서 다니더래요. 그러면서 기도하지 않고 떠드는 신도들이 있으면 회초리로 등짝을 후려치는 것이었습니다.

"왜 기도는 안 하고 딴짓하느냐!"

보살님은 그 모습을 보면서 법당에 가만히 앉아 있었는데 옆에 있던 노보살님 한 분이 말을 건넸습니다.

"법당에 왔으면 초나 향이라도 좀 올리지 애기보살은 왜 가만히 있어?"

"제가 갑자기 정신없이 와서 아무것도 준비하질 못했어요."

그때였습니다. 회초리를 들고 다니던 비구니 스님이 코앞으로 다가와서는 기도 안 하고 왜 떠드느냐며 보살님의 아픈 곳을 있는 힘껏 때리더랍니다.

꿈이긴 했지만 아픈 데를 맞으니 자지러질 것 같았다고 해요. 안 그래도 서러운 마당에 절에 와서 얻어맞기까지 하니 대성통곡했다고 합니다.

온몸이 땀에 젖고, 얼굴은 눈물, 콧물에 침으로 뒤범벅되어 잠에서 깬 보살님은 꿈이 어찌나 생생하던지 회초리로 맞은 자리가 얼얼할 정도였다고 해요. 그때 순간 떠오르기를 예전에 들은 어느 큰스님의 법문 내용 중에 '몽중가피'에 관한 말씀이 떠올랐다고 합니다.

'내가 혹시 몽중가피를 받은 게 아닐까?'

과연 하루가 지나자 통증이 사라지고, 이틀이 지나자 마비가 풀렸으며, 사흘이 지나자 몸이 완전히 정상으로 돌아왔다고 해요.

폐에 난 구멍이 사라지다

저와 친분이 깊은 비구니 스님 한 분이 계십니다. 어느 날 스님과 차를 마시면서 이런저런 이야기를 나누다가, 실은 자신도 꿈에서 가피 받은 일이 있다고 하시더군요.

몇십 년 전, 스님이 기침을 하는데 피가 나오더랍니다. 걱정이 되어 병원에 갔더니 폐에 구멍이 생겼다고 하더래요. 스님은 덜컥 겁이 났습니다. 아무래도 이게 결핵인 것 같은데 다른 스님들한테 옮기지는 않을까 싶었던 거지요. 하지만 의사 말이 폐결핵은 아니니 걱정하지 않아도 된다고 하더래요.

다만 스님은 다른 스님들과 같이 살다가 기침을 하고 피를 토하면 주변에서 불안해 할 것 같고, 또 본인도 건강이 매우 좋지 않아서 집을 구해 한동안 혼자 지내셨다고 합니다. 하지만 치료를 받아도 토혈이 쉽게 멈추지 않더래요. 스님은 이런 생각이 들었다고 합니다.

'옛날에 큰스님들이 수행을 하려면 복이 있어야 한다고 하셨는데 나는 수행할 복 없나 보다.'

여러분, 수행을 하려고 해도 복이 있어야 한다는 말 기억하고 계시나요? 좋은 스승 만나는 스승복, 좋은 도반 만나는 도반복은 물론이고, 건강복과 시간복도 있어야 합니다. 건강치 못한 몸은 수행에 큰 장애가 되죠. 일이나 인간관계 때문에 너무 바쁜 것도 수행에 장애가 됩니다. 그러므로 불교에서는 사람으로 태어나 지혜를 닦는 것뿐만 아니라 복을 지어야 한다고 강조하는 것입니다.

스님은 이렇게 생각하셨답니다.

'내가 복이 없어서 이러고 있으니 일단 복부터 좀 지어 보자.'

그래서 스님이 어떻게 복을 지을까 고민하다가 오대산에 있는 어느 비구니 사찰에 공양주로 들어가기로 결심하셨답니다.

복 짓는 방법에는 여러 가지가 있습니다. 그중에서 가장 크게 복 짓는 방법이 간병이라고 해요. 몸이 아픈 사람을 간병하는 일이 여간 쉬운 일이 아니지요. 잘 아시다시피 육체적으로, 정신적으로 희생하는 일이기 때문에 그렇습니다.

그다음으로 크게 복 짓는 방법은 공양주로 일하는 것입니다. 지금이야 전기밥솥이나 전자레인지 등등 기술이 발전해 공양 차리는 일이 다소 쉬워지긴 했지만 옛날에는 그렇지 않았어요. 가마솥에 밥해 가며 하루 세 끼 스님들의 공양을 마련하는 일은 보통 힘든 일이 아니었습니다. 그래서 공양주로 일하는 것을 복 짓는 방법 가운데 높게 치는 것이지요.

과거에는 수행이 잘 안 되고, 안 좋은 일이 자꾸 생기는 스님들이 복을 짓기 위해 1년, 길게는 3년 정도 절에서 공양주로 일하기도 했습니다.

그런데 이렇게 복을 지으면서 무언가 대가를 받으면 복이 깎인다는 점 기억하시지요? 그건 봉사라기보다는 노동이라고 해야 할 텐데, 봉사가 아닌 노동으로 크게 복을 짓기는 어려울 것입니다. 남이 알아주건 말건 상관하지 않고 대가 없이 순수하게 봉사할 때 큰 복을 지을 수 있지요. 그러니 여러분도 봉사하고 난 다음에 '아무도 알아주지 않

는다.' 하고 생각하면 오히려 복이 깎일 수 있으니 주의하십시오. (웃음)

스님은 키가 작고 몸도 굉장히 아담하세요. 그렇게 약한 분이 매일 십여 명 분의 세 끼 공양을 만들며 몇 달을 지내보니 역시나 지치더랍니다.

어느 날은 일을 마치고 방에 들어가 벽에 등을 기댔는데 몸이 피곤하다 보니 깜빡 잠이 들었답니다.

그날 꿈에 스님은 어떤 목욕탕에서 목욕을 했대요. 그런데 처음 보는 비구니 스님이 탕에 들어오더니 스님의 알몸을 훑어보고는 말하더랍니다.

"그 더러운 걸 왜 달고 있어?"

스님은 별안간 무슨 소리인가 했겠지요.

"무슨 말씀이세요?"

"거기 있잖아. 빨리 버려."

"아무것도 없는걸요."

하지만 비구니 스님은 아랑곳하지 않고 재촉하더랍니다.

"그거 빨리 뱉어. 빨리."

영문을 알 수 없지만 자꾸 뱉으라고 하니 스님은 뱉는 시늉을 했다고 해요. 그런데 별안간 입안에서 달걀만한 핏덩어리가 뚝 떨어지더니 목욕탕 하수구로 데굴데굴 굴러가더랍니다.

깜짝 놀란 스님에게 비구니 스님이 계속 재촉했대요.

"더 뱉어. 아직 더 남았으니까 신경 쓰지 말고 빨리 뱉어."

그렇게 스님이 또 무언갈 뱉어 보려는 순간 잠에서 깨었다고 합니다. 눈을 뜨니 신기하게도 마치 가슴에 구멍이 뻥 뚫린 것처럼 시원하더래요. 또 그 꿈을 꾼 이후로는 토혈 증상이 없었다고 합니다.

그렇게 얼마 후 오래간만에 찾은 병원에서 엑스레이 사진을 찍었는데 이전 사진과 비교해 보던 의사가 고개를 갸웃거리면서 신기하다고 하더랍니다. 폐에 났던 구멍이 사라진 것이었어요.

그날의 일을 회상하며 이야기를 들려주실 때 저도 모르게 그만 "그거 마저 뱉었어야 했는데." 하고 말해 버렸지 뭡니까. (웃음) 스님은 웃으시면서 아직 전생에 지은 업보가 남아 있는 것 같다고, 앞으로 더 닦아야 한다고 말씀하셨습니다.

평소 아주 착실하게 수행 생활을 하는 분이시니, 제가 아는 스님은 절대 허튼소리 하실 분이 아닙니다. 그런 스님이 제게 직접 해 주신 경험담인 만큼 믿지 않을 도리가 없죠. 여러분도 가피의 힘을 믿어 보시기 바랍니다.

절체절명의 상황에서 생명을 구한 불보살님

이처럼 몽중가피를 통해 병고를 털고 일어난 이들의 이야기가 많이 전해집니다. 제가 아는 어느 노보살님은 몽중가피를 통해 따님의 생명을 보전할 수 있었다고 해요.

보살님의 따님은 나이가 들어 임신하게 되었다고 합니다. 보통 노산은 위험하다고들 이야기하지요. 더욱이 그분은 임신 중 과로를 하는 바람에 더 걱정스러운 상황이었다고 해요. 그런데 아니나 다를까. 출산 중 피를 많이 흘리는 바람에 산모가 위험한 상태에 빠졌다고 합니다.

소식을 들은 보살님은 살던 지방에서 부랴부랴 서울로 올라왔다고 합니다. 수술에 들어가기 전 담당 의사는 결과를 장담하기 어려우니 마음의 준비를 하시라고 하더래요.

수술실 밖에서 안절부절못하고 기다리던 보살님은 달리 할 수 있는 일도 없어서 그저 간절히 기도했다고 합니다.

'관세음보살님, 지장보살님. 제발 우리 딸 좀 살려 주십시오. 관세음보살님, 지장보살님. 제발 우리 딸 좀 살려 주십시오.'

시간 가는 줄 모르고 기도에 매달리던 보살님은 지친 나머지 깜빡 잠이 들었다고 해요. 그리고 비몽사몽간에 꿈을 꿨는데 수술대에 누워 있는 따님의 머리맡으로 환한 빛과 함께 서 계신 관세음보살님이 보이더랍니다. 그 옆에 계시던 지장보살님은 무슨 약 같은 것을 따님의 입에 넣어 주고 계시더래요.

그 모습을 보고 잠에서 깨어난 보살님은 '수술이 잘 끝나겠구나.' 하는 확신이 들었답니다. 얼마간 시간이 흐른 뒤 과연 수술은 무사히 끝나고 따님은 건강한 몸으로 퇴원하셨다고 하죠.

이런 이야기를 들으면 '불보살님은 없다. 따라서 불보살님에 대한 기도 역시 아무 효험이 없다.'라고 말할 수 없을 것 같습니다. 보살님과 비슷한 경험을 한 불자들이 여럿 있으니 말이지요.

기도의 이유

감로수로 생명을 구하신 관세음보살

과거 한 보살님 댁에 큰불이 났다고 합니다. 당시 보살님은 친정 부모님과 같이 살고 있었는데, 다른 식구들은 무사했지만 아버지께서는 돌아가시고, 어머니는 중태에 빠져 중환자실에 입원하게 되었다고 해요.

이때 보살님이 의지할 수 있는 것은 기도밖에 없었습니다. 그래서 중환자실에 누워 사경을 헤매고 있는 어머니 옆에 앉아 간절하게 『천수경』을 독송하기도 하고, '관세음보살'을 부르기도 하셨대요.

그러던 어느 날이었습니다. 여느 때처럼 기도를 하던 보살님이 잠깐 사이 잠에 들었는데 꿈에 관세음보살님이 나타나신 거예요. 관세음보살님은 그 보살님에게 물이 든 병을 주었답니다. 보살님은 그 병을 받아 안에 든 물을 누워 계신 어머니 입에 흘려 넣어드렸대요.

"꿈에서 깨고 나니 전보다 마음이 많이 편안하더라고요, 스님."

과연 보살님의 어머니는 그 꿈을 꾼 이후 급속도로 호전되었고, 병실도 중환자실에서 일반 병실로 옮겨 가셨다고 합니다. 간절한 마음으로 한 기도에 응하신 관세음보살님의 몽중가피가 정말로 효험이 있었나 봅니다.

구름 아래 새까만 줄

어머니를 간호하기 위해 병원에 오래 머물던 보살님은 병으로 죽어가는 사람들을 여럿 보게 되었다고 합니다. 보살님 역시 그 화재로 인해 아버지를 잃은 터라 삶과 죽음에 대한 근본적인 의문이 들었대요.

어느 해 백중 날, 절에 간 보살님은 스님을 따라 염불하고 절하고 있던 중 '삶은 무엇이며, 죽음은 무엇인가' 하는 화두에 빠져들게 되었답니다. 이 화두를 들고 기도를 계속하고 있는데 갑자기 눈앞에 어떤 환상이 보이더래요.

그 환상 속에서 보살님은 손오공같이 구름을 타고 하늘을 날아다니고 있었다고 합니다. 그런데 구름 밑을 보니까 끝이 안 보일 정도로 아주 기다랗고 새까만 줄 같은 것이 보이더래요. 보살님이 구름을 타고 가까이 가 보니 사람들이 끝없이 줄지어 서 있는 모습이었다고 합니다. 그 모습이 하늘 높은 곳에서는 새까만 줄처럼 보였던 것이지요. 그때 보살님은 수많은 사람들이 늘어서서 만든 이 긴 줄이 저승길이라는 것을 깨달았다고 합니다.

신기하게도 그 길은 생전에 어떤 죄업을 지었느냐에 따라서 다섯 줄로 나뉘어 갈라지더랍니다. 그런데 그 줄엔 나이 든 사람, 젊은 사람, 갓난아기, 남자, 여자 구분할 것 없이 참으로 여러 사람들이 다 섞여 있더래요.

여기까지 확인한 보살님은 그 환상에서 깨어났다고 합니다. 그때 보살님은 올 때는 순서가 있지만 갈 때는 순서가 없는 것이 바로 삶이라는 것을 뼈저리게 느끼셨다고 합니다. 그러면서 언제 죽을지 모르는 게 인생인데 욕망에 끌려다니고 번뇌에 시달리기만 하다가 허망하게 끝내서는 안 되겠다는 생각을 하셨대요. 이 순간 보살님은 당시 자신이 몰두하고 있던 삶과 죽음에 대한 화두가 싹 풀려나가는 것을 느꼈다고 합니다. 그동안 보살님이 했던 기도의 가피를 받았던 것이지요.

이 보살님은 화재를 겪고 또 부모님마저 다치거나 돌아가시는 슬픔을 겪으면서도 불보살님을 원망하지 않았습니다. 불법에 대한 믿음을 잃기는커녕 오히려 더 열심히 기도하셨지요. 만약 이 보살님이 불만과 불신이 가득 한 채로 기도마저 하지 않았더라면 관세음보살님이 나오는 꿈을 꾸지 못했을 것이고, 나아가 가피도 받지 못했을 것입니다.

이 보살님이 그러했던 것처럼 우리도 언제 어디서 갑자기 힘들고 어려운 상황 속으로 떨어지게 될지 알 수 없습니다. 만약 그런 날이 오더라도 우리는 그 상황을 더 열심히 수행하고 공부하라는 불보살님의 격려라고 생각할 줄 알아야 합니다.

사실 불교에서는 꿈에 너무 집착하지 말라고 합니다. 꿈은 마음이 만든 그림자이니, 거기에 매달리기보다는 살아 있는 지금 이 순간에 최선을 다하라는 의미이지요.

이 책을 읽는 동안에도 여러분들이 꼭 기억하셔야 할 가르침입니다.

노는 입에 염불하세요.
한 번이라도 더 염불하면
그만큼 공덕이 쌓이게 됩니다.

4

기도의 기적

나무아미타불 염불로
삼악도를 면하다

불교 수행의 첫째는 '절'이라고 할 수 있습니다.

사찰을 '절'이라 부르는 것도 절을 많이 하는 곳이기 때문에 그렇다는 이야기가 있지요. 그런데 절은 나이가 들어 무릎이 약해지면 하기가 힘들어집니다. 그래서 저는 젊은 불자들에게 나이 들기 전 조금이라도 더 많이 절을 하라고 권합니다. 절을 많이 하면 업장을 소멸시킬 수 있는 것은 물론, 몸과 마음을 동시에 건강하게 만들 수 있지요.

다음으로는 '염불'을 하라고 권합니다.

처음에는 염불을 해도 집중이 잘 되지 않습니다. 그럴 때는 깨끗한 A4 용지나 노트에 '관세음보살'을 하루 108번 이상 써 보라고 이야기합니다. 이 방법으로도 많은 분들이 효과를 보곤 하는데, 그 효과란 마음이 평온해지고, 얼굴이 밝아지며, 주변의 일들이 잘 풀리게 되는 것입니다. 다만 이렇게 수행했을 때 유념할 점이 한 가지 있습니다. 염불을 쓴 노트나 종이는 함부로 버리면 안 된다는 겁니다. 다만 부득이한 경우 절에 가서 잘 소각하십시오. 한편 피치 못해 쓰레기통에 버려야 한다면 속으로 염불을 하면서 "부처님, 때가 타지 않게 공경하는 마음으로 파지 (破紙)하겠습니다." 하며 잘게 잘라 봉투에 싸 버려야 합니다.

아무튼 '노는 입에 염불한다'는 말처럼 불교에서는 믿든 안 믿든, 혹은 알고 하든 모르고 하든 염불하는 것 자체만으로도 공덕이 있다고 합니다.

더욱이 염불은 정말 간단합니다. 아미타 부처님이 좋으신 분은 "나무아미타불" 하시면 되고, 관세음보살님이 좋으신 분은 "관세음보살" 하시면 되고, 지장보살님이 좋으신 분은 "지장보살" 하시면 됩니다. 하지만 그 효과는 아주 크지요. 그래서 어느 큰스님께서는 염불이야말로 세상에서 가장 훌륭한, 최고의 보험이라고 말씀하시기도 했습니다.

염불 가운데 가장 대표적인 것이 '나무아미타불'입니다. '나무아미타불'은 '관세음보살'과 더불어 모르는 사람이 없을 정도로 유명하지요. '나무아미타불'은 '아미타 부처님께 의지합니다'라는 뜻입니다. 그런데 이 '나무아미타불'이라는 여섯 글자에는 신비한 힘이 있다고 해요. 우리 불교에서는 염불을 해서 큰 행복을 성취한 기적 같은 이야기들이 많이 전해집니다.

하루 염불하여 지옥을 면하다

우리 불교에는 '염라대왕은 염불을 비방하는 사람을 미워하고, 염불을 열심히 하는 사람을 존중한다.'라는 말이 있습니다. 이 말을 연상시키는 이야기가 있어서 소개해 볼까 합니다.

조선시대 세종 임금 시절, 함경북도에 '왕랑'이라는 사람이 있었습니다. 왕랑은 일찍이 송씨 성을 가진 여인과 결혼하였지만 얼마 되지 않아 부인이 죽는 바람에 10년 동안 홀아비로 살았지요.

그런데 어느 날 밤 왕랑이 잠을 자고 있는데 갑자기 바람이 세차게 부는 소리가 나더니 누군가가 "여보, 여보." 하고 부르는 소리가 들렸습니다.

이게 무슨 소리인가 하고 왕랑이 눈을 떠 보니 10년 전에 죽은 부인 송씨가 눈앞에 서 있는 것이었습니다. 깜짝 놀란 왕랑이 입을 닫지 못하고 있는 사이 송씨가 말했습니다.

"내일 저승사자가 당신을 데려가기 위해 찾아올 것입니다. 그러니 지금 이렇게 잠만 자고 있을 때가 아닙니다."

왕랑은 송씨에게 그게 무슨 소리냐고 물었지요.

"이웃에 사는 안씨가 매일 열심히 나무아미타불 염불하는 것을 당신도 알고 있을 것입니다. 제가 살아 있을 때 당신과 저는 안씨가 어리석다고 함께 비웃었지요. 또한 부처님을 믿지 않고 스님들을 미워했습니다. 그때 우리는 무거운 악업을 지었던 것이지요. 염라대왕은 지금까지 저를 심판하지 않고 기다렸습니다. 하지만 내일 당신이 저승사자 손에 끌려오면 그때 우리 둘을 함께 심판해서 지옥에 보내려 하고 있습니다."

왕랑은 그 말을 듣고 깜짝 놀랐습니다.

"그럼 어떻게 해야 한단 말이오?"

"제가 그동안 저승에서 보니 염라대왕은 염불하는 사람을 후하게 대우합니다. 당신은 지금이라도 종이에 '나무아미타불'이라고 쓰고 그 종이를 서쪽 벽에 붙이십시오. 그리고 그 앞에 향을 피우고 간절하게 '나무아미타불'을 외우십시오."

송씨가 그 말을 남기고 사라지자 왕랑은 곧장 큰 종이에 '나무아미타불'이라고 쓰고 서쪽 벽에 붙였습니다. 그러고는 먹지도, 자지도 않고 열심히 나무아미타불을 외웠습니다.

과연 이튿날, 밤이 깊어지자 바람이 휙 하고 불더니 시커먼 저승 사자 다섯이 방으로 들어왔습니다. 왕랑은 겁이 났지만 모른 척하고 계속 '나무아미타불'만 외우고 있었어요. 불법을 비방하는 자로 알았던 그가 염불하는 모습을 보고 놀란 저승사자들은 '나무아미타불'이 적힌 종이를 붙인 벽을 향해 절을 하고, 다음으로 왕랑에게 절을 했습니다.

"우리는 나리를 저승으로 데려가기 위해서 온 저승사자들입니다. 염라대왕님은 나리를 오랏줄에 묶어서 끌고 오라고 하셨습니다만 나리가 이렇게 열심히 염불을 하시니 저희가 함부로 대할 수가 없습니다. 그래도 염라대왕님 명령이 있으셨으니 일단 저희와 함께 저승에 가셔야 합니다. 귀하게 모실 테니 걱정하지 마시고 함께 가시지요."

저승사자들은 왕랑을 오랏줄에 묶지 않은 채로 저승으로 데려갔습니다. 기다리고 있던 염라대왕은 그런 왕랑의 모습을 보고 저승사자들에게 화를 냈습니다.

"불법을 무시한 악인을 왜 결박하지 않고 태연히 데려왔느냐!"

저승사자로부터 사정을 듣게 된 염라대왕은 그 이야기에 놀랐습니다. 왕랑이 염불을 한다는 것은 전혀 몰랐던 사실이었기 때문이지요. 염라대왕은 왕랑에게 말했습니다.

"원래 저는 선생이 저승에 오면 선생의 부인과 함께 심판하여 지옥에 보낼 생각이었습니다. 하지만 하루 동안이나마 열심히 염불을 하셨다고 하니 그것만으로도 선생의 업장이 많이 가벼워졌습니다. 선생과 부인을 지옥으로 보내지 않고 다시 지상으로 돌려보낼 테니 살아 있는 동안 더욱 열심히 염불하여 공덕을 쌓기 바랍니다."

이렇게 해서 왕랑은 본래 자신의 몸으로 되돌아오게 되었습니다. 송씨는 본래의 몸이 사라진 지 오래인 탓에 막 세상을 떠난 고을 원님의 스물한 살짜리 딸의 몸으로 들어가게 되었습니다.

그때 왕랑의 친지들은 그의 장례를 치르려 하고 있었습니다. 그런데 갑자기 왕랑이 살아나는 바람에 다들 크게 놀랐지요.

고을 원님 역시 죽은 딸의 장례를 치르려고 하고 있었습니다. 그런데 갑자기 딸이 되살아나니 온 가족이 말할 수 없이 기뻐했습니다. 다만 고을 원님은 되살아난 딸이 어딘가 달라졌다는 것을 알게 되었고, 딸은 영문을 알 수 없어 하는 부모님에게 자초지종을 설명했다고 합니다. 그리고 자신은 본래 왕랑의 처이니 왕랑에게 시집가게 해 달라고 말합니다.

고을 원님 부부는 고민에 빠졌습니다. 하지만 죽었던 딸이 되살아난 것만으로도 더 이상 바랄 것이 없었습니다. 결국 딸이 왕랑에게 시집가는 것을 허락했지요.

왕랑과 고을 원님의 딸은 결혼을 한 후 이웃집 안씨를 찾아갔습니다. 그들은 안씨에게 저승에서 경험한 이야기를 전하면서 예전에 비방했던 것에 대해 사과했습니다. 그리고 이제 염불 공덕이 뛰어난 것을 알게 되었으니 앞으로는 자신들도 열심히 염불을 하겠다고 했지요. 그 후로 두 사람은 항상 염불을 하며 착한 일을 많이 하고 살았다고 합니다.

축생계로 끌려가다가 염불을 한 백정

불교에서는 오계(五戒)를 지키라고 합니다. 오계를 지키지 않으면 그각각에 대해서 과보가 있다고 하지요.

첫 번째인 '살생을 하지 말라'는 계율을 어기면 내생에 병이 많거나 단명하는 과보를 얻게 됩니다.

두 번째인 '도둑질하지 말라'는 계율을 어기면 내생에 가난하게사는 과보를 얻게 됩니다.

세 번째인 '사음하지 말라'는 계율을 어기면 내생에 가정이 화목하지 못한 과보를 얻게 됩니다.

네 번째인 '거짓말하지 말라'는 계율을 어기면 내생에 사람들에게 따돌림당하고 사람 복이 없는 과보를 얻게 됩니다.

마지막 다섯 번째인 '술 마시지 말라'는 계율을 어기면 내생에 머리가 우둔한 과보를 얻게 됩니다.

이 다섯 가지 계율 가운데 어겼을 때 가장 무거운 과보를 받게 되는 것은 '살생하지 말라'는 첫 번째 계율입니다. 그러니 짐승을 죽이는 것을 업으로 삼는 백정은 좋지 않은 직업이라고 보았지요.

옛날에 한 백정이 있었습니다. 그런데 이 사람의 부인은 독실한 불자였다고 해요. 이 부인은 짐승을 죽이는 것이 직업인 남편이 훗날 지옥에 떨어지지 않을까 걱정을 많이 했습니다. 그래서 이 부인은 자기 남편인 백정에게 나무아미타불 염불을 많이 하라고 사정을 했습니다. 염불을 많이 하면 그나마 업장을 녹일 수 있기 때문에 그랬던 것이지요.

백정은 부인의 말대로 염불을 하려고 노력했습니다. 하지만 자꾸 잊어버리기 일쑤였지요. 그래서 아내는 한 가지 묘책을 마련했습니다. 문에 방울을 하나 달아 놓고는 문을 여닫을 때 방울 소리가 들리면 그때마다 잊지 말고 염불을 하라고 말이지요. 그 이후로 백정은 방울 소리가 들릴 때마다 잊지 않고 '나무아미타불'을 외웠습니다.

시간이 흘러 백정이 죽자 그는 저승에 가 염라대왕 앞으로 나아갔습니다. 염라대왕은 백정으로 살며 생전 죽였던 짐승의 수만큼 돼지로 태어나는 벌을 내렸습니다. 그리하여 저승세계의 나찰들에게 남편을 축생계로 끌고 가라고 명했습니다.

나찰들은 가지고 있던 칼과 창을 휘두르면서 남편에게 어서 축생계로 가자고 재촉했습니다. 그런데 나찰들이 칼과 창을 휘두르던 순간 칼과 창에 있던 고리들이 부딪히면서 "쨍그랑", "딸랑" 하는 소리를 냈습니다. 그러자 그 소리를 들은 남편은 생전에 하던 바와 같이 반사적으로 말했습니다.

"나무아미타불."

그 순간 백정의 몸에서 눈부신 빛이 뿜어져 나왔습니다. 그 빛을 보고 화들짝 놀란 염라대왕과 저승사자, 나찰은 그에게 머리를 조아리며 절을 했습니다.

백정은 살아생전에 하던 것처럼 계속해서 나무아미타불 염불을 했지요. 그러자 이번에는 저승의 하늘이 쪼개지면서 서쪽 하늘에서 연꽃이 내려왔다고 합니다. 결국 그는 하늘에서 내려온 연꽃을 타고 아미타 부처님께서 계시는 극락세계로 왕생하였다고 해요.

살생의 업장이 두꺼운 백정이라 하더라도 염불을 하면 이렇게 큰 공덕이 있습니다. 그러니 신심 깊은 불자가 아침부터 저녁까지 부지런히 염불한다면 그 공덕은 참으로 크고 위대하겠지요. 염불이야말로 공덕을 짓는 가장 쉬운 방법이라는 것을 명심하시기 바랍니다.

생사해탈로 이끄는
염불 기도의 공덕

세상에는 무서운 것이 참 많습니다. 어떤 분은 귀신이 무섭다고 하시고, 어떤 분은 사람이 제일 무섭다고 하십니다. 저는 고소공포증이 있어서 높은 곳에 올라가면 무섭고 울렁거리지요.

그런데 많은 분들이 공통적으로 무서워하는 게 하나 있습니다. 바로 '죽음'입니다. 나아가 죽음 이후의 세상, 사후세계에 대한 두려움 때문에 종교에 의지하는 분들도 많으시지요.

불교의 모든 수행은 죽음 앞에서 결정된다고 합니다. 살아생전 아무리 법문을 잘했어도, 아무리 절을 많이 했어도, 아무리 명상을 많이 하고, 기도를 많이 했어도 죽음이 코앞에 다다랐을 때 그 수행한 바를 써먹을 수 없다면 그건 진정한 수행을 한 것이 아닙니다.

내가 정말 수행을 잘했는지 잘 못했는지는 누가 판단해 줄 수 없습니다. 죽음에 직면하게 되는 바로 그때, 내가 한 수행이 진정한 빛을

발하는 법입니다.

생의 마지막 순간, 두려움에 휩싸여 괴롭게 가시는 분들도 있고, '잘 놀다 간다.' 하시면서 편안하게 가시는 분도 계십니다. 여러분은 어떤 분처럼 죽음을 맞이하고 싶으신가요? 아마 뒤의 분처럼 떠나고 싶다는 것이 공통된 생각일 것입니다.

생사해탈의 경지

불교 수행의 핵심은 '생사해탈(生死解脫)'입니다. 삶과 죽음에서 자유로워지는 것, 삶과 죽음에서 자유자재한 것, 이것을 생사해탈이라고 합니다. 부처님께서는 출가하실 때 삶과 죽음의 윤회에서 벗어나기를 원하셨습니다. 그리고 35살에 깨달음을 얻으시고 생사의 굴레에서 벗어났다고 선언하셨습니다.

그런데 '나는 삶과 죽음에서 벗어났다. 나는 죽음의 손아귀에서 완전히 자유를 얻었다'고 말씀하신 부처님도 80살에 돌아가셨습니다. 그렇다면 부처님께서 우리에게 거짓말을 한 걸까요? 아니요. 그렇다면 불교가 지금까지 이어져 오지 못했을 겁니다.

부처님께서는 여든 살의 나이에 쿠시나가라라는 도시의 어느 숲에서 오른쪽 옆구리를 땅에 대고 누운 채 편안히 미소 지으시면서 이 세상을 떠나셨습니다.

그러자 부처님의 제자들이 신도들의 도움을 받아서 성대한 장례식을 치렀습니다. 장례식을 마치고 나면 다비식, 즉 화장을 하지요. 그래서 관에 부처님의 몸을 묶어 놓고 장작에 불을 지폈습니다.

그런데 불이 꺼져요. 그래서 다시 불을 지펴도 꺼지고요. 제자들은 뭔가 이유가 있는 듯하니 잠시 기다려 보기로 했습니다. 그때 부처님의 수제자 중 한 분으로 '두타제일'이라 불렸던 가섭 스님이 도착합니다. 스님은 먼 곳에 계시다가 부처님이 돌아가셨다는 소식을 듣고 몇 날 며칠 동안 급하게 걸어서 쿠시나가라로 온 참이었지요.

'아, 다행히 아직 화장을 하지 않았으니 부처님의 모습을 볼 수 있겠구나.'

하지만 이미 관에 꽁꽁 묶여 있는 부처님을 뵐 수는 없었습니다. 스님은 합장한 채로 "아, 부처님. 어찌 이리도 빨리 가신단 말입니까." 하며 안타까워했습니다. 그런데 그때 갑자기 관 밖으로 부처님의 두 발이 쑥 나왔다고 하지요.

가섭 스님은 관 밖으로 나온 부처님의 두 발을 보고 마음에 크게 깨닫는 바가 있었습니다. 스님은 슬픔을 거두고 미소를 지으면서 부처님 발아래 마지막 인사를 올렸지요. 그 뒤 나무에 불을 붙이자 비로소 불이 일어나면서 부처님의 다비식이 아름답게 회향되었다고 합니다.

부처님께서는 육신의 몸을 버리고 진리의 세계로 돌아가셨습니다. 하지만 부처님께서 돌아가신 것은 우리 중생들이 죽는 것과는 달라요. 이게 중요합니다. 참선(參禪)을 하는 선종에서는 관 밖으로 부처님의 두 발이 쑥 나온 이 도리를 '곽시쌍부(槨示雙趺)'라고 합니다. '관 밖으로 두 발을 보여주셨다'는 것이지요. 여기에 깨달음의 도리가 숨겨져 있다고 합니다.

그런데 우리는 그 도리에 대해 잘 이해하지 못합니다. 여기에는 깨달음의 엄청난 경지가 숨겨져 있기 때문이지요. 듣고는 '에이, 알겠어요.' 하면 문제 있는 거예요.(웃음) 다만 우리 중생들 수준에서는 '아, 부처님은 가셔도 가신 게 아니고 돌아가셔도 돌아가신 게 아니구나.' 할 뿐이지요.

부처님께서는 당신의 두 발을 내보임으로써 부처님의 진리의 몸이 영원토록 우리 중생들과 함께하신다는 것을 가르쳐 주고자 하셨던 것입니다.

신발 한 짝만 들고 돌아간 달마 대사

여러분들이 잘 아시는 달마 대사 이야기를 하나 해 드리려고 합니다.

원래 달마 대사는 1,500년 전에 인도에 있던 향지국이라는 나라의 왕자였습니다. 그런데 '아, 모든 것이 덧없구나. 위없는 영원한 깨달음을 얻어야겠다.' 하고 출가를 합니다. 그 후 열심히 수행해서 완전한 깨달음을 얻지요. 그래서 달마 대사를 '제2의 부처님'이라 부르기도 합니다.

깨달음을 얻은 후 달마 대사는 '나의 법은 저 동쪽 땅과 인연이 있으니 그곳으로 가서 법을 전해야 되겠다.' 하고 동쪽 땅, 중국으로 와 법을 펼칩니다. 그런데 달마 대사의 법이 너무나 급진적이고 심오해서 많은 불자들이 그 진실한 뜻을 잘 이해하지 못했대요. 그래서 알게 모르게 고생을 많이 하셨다고 합니다. 하지만 달마 대사 이후로 훌륭한 제자들이 나오면서 오늘날 우리가 '선종(禪宗)'이라 말하는 큰 종파가 형성되게 됩니다.

훗날 달마 대사는 세상을 떠나게 되었을 때 제자들에게 이렇게 부탁했습니다.

"내가 죽거든 나를 화장하지 말고 관에 묻어다오. 그리고 내가 신던 신발을 관 안에 넣어다오."

신발을 굳이 관에 넣어 달라고 하신 것을 보면, 엄청 좋은 신발이 있는가 봐요. (웃음) 어쨌든 제자는 신발을 관에 넣은 다음 웅이산에서 스승의 장례식을 치릅니다.

이후 3년이 지납니다.

달마 대사가 세상을 떠나기 훨씬 전 중국 사신으로 인도에 파견된 '송운'이라는 사람이 고향으로 돌아가고 있었습니다. 총령(蔥嶺), 그러니까 지금의 파미르 고원을 넘던 송운은 그곳에서 웬 뚱뚱하고 털이 엄청나게 많은 스님이 터벅터벅 걸어오는 모습을 보았습니다.

송운이 보니 그 모습이 참 괴이하더래요. 어깨에 걸친 막대기 끝엔 신발 한 짝이 걸려 있었다고 합니다. 더욱이 맨발로 터벅터벅 걸어오는 모습이 저게 중인가, 거지인가 싶었겠죠. 그런데 자세히 보니까 그 사람이 달마 대사였다고 해요. 그동안 인도에 가 있느라 달마 대사가 세상을 떠난 줄 몰랐던 송운이 깜짝 놀라서 말했습니다.

"아이고, 대사님. 여긴 어쩐 일이십니까?"

"중국 땅과의 인연이 다하여 고향인 인도로 돌아가는 길이오."

"그러시군요. 저도 고향인 중국으로 가는 길입니다."

그렇게 반가운 마음에 이런저런 이야기를 하다가 둘은 나중을 기약하고 헤어졌어요.

송운은 중국에 돌아온 뒤 황제를 만나 인도에서 겪은 일을 보고하고, 돌아오는 길에 달마 대사를 만났다는 이야기를 전했습니다. 황제는 황당했겠지요.

"달마 대사는 3년 전에 이미 돌아가셨는데 무슨 소리냐?"

"아닙니다, 폐하. 제가 분명 총령에서 달마 대사를 만났습니다."

이 말을 들은 황제는 화가 났습니다. 송운이 거짓말을 한다고 생각했던 거지요. 과거에는 황제 앞에서 말 한 마디 잘못해도 일족이 몰살당한다는 이야기가 있잖아요? 송운은 그 자리에서 무릎을 꿇고 말했습니다.

"폐하, 제가 어느 안전이라고 그런 거짓말을 하겠습니까? 저의 이 억울함을 풀어 주십시오."

그래서 황제는 웅이산에 묻은 달마의 관을 꺼내 확인해 보기로 했습니다. 황제는 사람들을 데리고 웅이산으로 행차하여 달마의 무덤을 판 다음 관 뚜껑을 열어 보았습니다. 그런데 관 안에 달마 대사의 시체는 온데간데없고 신발 한 짝만 남아 있더래요.

아까 총령을 넘어오던 달마 대사의 막대기에 무엇이 걸려 있었다고 했나요? 맞습니다, 신발 한 짝이지요.

여러분, 선종은 이 신발 한 짝에도 어떤 깨달음의 경지가 숨겨져 있다고 봅니다. 왜 달마 대사는 굳이 신발 한 짝을 들고 갔을까? 이 도리를 아는가? 여러분은 아시겠습니까? 그런데 지금 알면 안 됩니다. 우리 중생이 가닿지 못한 엄청난 경지가 숨겨져 있다고 하니까요.

부처님께서 관 밖으로 두 발을 쑥 내밀고, 죽었던 달마 대사가 신발 한 짝만 들고 홀연히 고향으로 돌아간 것은 삶과 죽음에 자유자재한 경지를 표현합니다. 이것이 생사를 해탈한 깨달은 분들의 모습이었다고 하지요. 그래서 스님들이 쓰는 의식문에는 다음과 같은 유명한 구절이 있습니다.

> 신령스러운 근원은 맑고 고요하여
> 과거도 없고, 현재도 없으며
> 미묘한 본체는 둥글고 밝으니
> 그 어디에 삶과 죽음이 있겠는가.
> 부처님께서는 관 밖으로 두 발을 가섭에게 보이셨고,
> 달마 대사는 신 한 짝 들고 총령 고개를 넘으셨도다.

우리 불교에는 열심히 수행해서 깨달음을 얻었던 분들, 그래서 삶과 죽음에 자유로웠던 분들이 많습니다. 부처님과 달마 대사는 그런 분들 중에서도 대표적인 분들이라 할 수 있지요. 그러면 여러분들은 이렇게 물을 거예요.

"스님. 그런 건 부처님이나 달마 대사같이 위대한 분들이나 가능하지, 머리 긴 재가신자들한테 가능하겠습니까?"

과연 그럴까요?

온 가족이 출가한 이유

해인사 지족암에 '일타'라는 법명을 가진 큰스님이 계셨습니다. 스님은 제가 출가했던 1999년에 71세의 나이로 세상을 떠나셨지요.

일타 스님과 관련해 그야말로 희유한 이야기가 있습니다. 스님의 친가와 외가에서 모두 41분이 단체로 출가했던 일입니다. 스님도 14살의 어린 나이에 부모님 손을 잡고 출가했습니다. 그렇다면 스님의 가족은 왜 단체로 출가했을까요? 바로 스님의 외증조모이신 평등월 보살님의 기적 같은 덕화에 감화된 결과라고 해요.

평등월 보살님은 젊은 나이에 부유한 광산 김씨 집안으로 시집가 아들 셋을 낳고 부족함 없이 살았대요. 그런데 보살님 나이 예순이 되었을 때 남편이 보증을 잘못 서는 바람에 집안의 재산을 다 날리게 됩니다.

그때가 일제강점기였는데, 남편 되시는 분은 화를 참지 못해 시름시름 앓다가 세상을 떠나셨대요. 집안이 거덜 나고, 남편까지 세상을 떠나자 평등월 보살님은 어쩔 줄 몰랐습니다. 평생 귀하게 살아 온 데다가 자식들까지 있잖아요? 하지만 보살님은 결심했어요.

'시대가 변했는데 양반이라고 일 안 하다가는 다 굶어 죽는다. 그러니 일을 하자!'

그래서 평등월 보살님은 그나마 남은 재산으로 일본에서 솜틀 기계를 사 왔다고 합니다. 옛날에는 물레로 솜을 만들었지요? 그런 시대에 요즘 소위 말하는 '해외직구'로 사들인 솜틀 기계이니 당시로서는

214

얼마나 최신식이었겠습니까? 이 기계를 가지고 아들 삼 형제는 저마다 8시간씩, 24시간 쉬지 않고 솜을 뽑았다고 합니다. 그렇게 솜을 빠르게, 많이 뽑아서 다른 데보다 싸게 팔다 보니 보살님 가족은 곧 큰 솜 공장을 갖게 되었고, 거기서 번 돈으로 논 100마지기를 사서 공주에서 제일 큰 부자가 되었다고 해요.

신기한 건 보통 집안에 돈이 많으면 형제들끼리 싸우잖아요? 그런데 보살님의 아들 형제는 사업을 같이하면서도 지혜롭게 처신했다고 합니다. 수입을 네 등분해서 형제 셋이 각각 한 등분씩 나눠 갖고, 나머지는 첫째가 어머니를 모시면 첫째가, 둘째가 어머니를 모시면 둘째가, 셋째가 어머니를 모시면 셋째가 가져갔다고 해요. 그랬더니 며느리들이 서로 어머니를 모시려고 했답니다. 이런 것을 보면 자식 잘 두는 것도 복이에요. 그렇게 공주에서 제일가는 부자가 됐지, 아들들 효심 지극하지, 며느리들 지극정성이지, 평등월 보살님은 신이 났습니다.

그렇게 시간이 흘러 보살님도 일흔 줄에 접어든 어느 날 한 비구니 스님이 탁발을 나오셨대요. 평등월 보살님은 불심도 있고, 또 부자잖아요? 보살님이 싱글벙글 웃으며 쌀을 부어 주니까 비구니 스님이 말했다고 합니다.

"우리 보살님은 세상 사는 재미가 좋은가 봐요."

"안 좋을 리가 있겠어요? 아이고, 내 얼굴에 써 있나 보네. 이걸 어쩌나."

그러면서 보살님은 스님에게 자기 자랑을 했답니다. 우리 아들들이 어떻고, 며느리들이 어떻고, 우리 집 재산이 어떻고, 손주가 어떻고 하면서 시간 가는 줄 모르게 이야기를 했지요. 그런데 가만히 듣던 비구니 스님이 웃으면서 이렇게 말했습니다.

"그리 행복하게 사시니 좋으시겠어요. 그런데 사는 거에 보살님처럼 집착하면 죽어서 업이 됩니다."

평등월 보살님이 살던 충청도에서는 '업'이라는 말을 '구렁이'로 이해했대요. 그럼 '다음 생에 업 받는다'는 말이 '다음 생에 구렁이로 태어난다'는 의미가 되는 거지요. 충청도 할머니인 평등월 보살님은 스님의 말을 '구렁이가 된다'로 받아들였을 겁니다.

그러니까 보살님이 깜짝 놀라서 "스님, 저는 다음 생에 다시 사람으로 태어나든지, 극락세계에 태어나고 싶어요. 구렁이가 되기는 싫어요. 어쩌면 좋아요?"라고 말했습니다.

"그럼 방법을 가르쳐 드리겠습니다. 따르시겠습니까?"

이때 사기꾼 같았으면 집문서 가져와라, 부적 하나 그려줄 테니 얼마 내라, 이랬을 거예요. 그래서 스승도 잘 만나야 한다는 거죠. 평등월 보살님은 자식복도 있고, 재물복도 있지만, 스승도 잘 만났어요. 비구니 스님은 평등월 보살님에게 딱 세 가지만 지키라고 했답니다.

"첫째, 큰일이 아니면 집 밖으로 나오지 마십시오. 둘째, 입으로 항상 '나무아미타불, 나무아미타불' 염불하십시오. 셋째, 마음속으로 항상 '제가 극락세계에 태어나게 해 주십시오.'라고 기원하십시오. 이 세 가지만 지키면 됩니다."

우리 불교에서 말하기를 세 가지로 업을 짓는다고 했습니다. 몸으로 업을 짓고, 입으로 업을 짓고, 생각으로 업을 짓는 거지요. 스님이 당부한 첫째, 밖으로 나가지 말라는 것은 몸을 단속하라는 이야기예요. 둘째, 계속 나무아미타불 염불하라는 것은 입을 단속하라는 이야기이죠. 마지막으로 항상 '극락세계 태어나게 해 주십시오.'라고 기원하라는 것은 생각을 단속하라는 겁니다. 그러니까 몸과 말과 생각을 단속하면서 오로지 '나무아미타불'만 염불하라는 뜻이에요.

그때부터 보살님은 집 밖에 나가지 않고 방에서 '나무아미타불, 나무아미타불' 염불만 하셨대요. 그러니까 아들들이 꽃놀이 가자고 해도 "난 싫다. 난 염불하련다." 그러면서 마음이 다 쉬어 버린 거지요.

사실 그러기도 쉽지 않습니다. 제가 불자분들에게 "기도 열심히 하고 있어요?" 하면, 흔히 "아, 스님. 드라마 보느라고…. 요것만 보고 할게요."라는 대답이 돌아와요. 나중에 다시 "어제 드라마 보시고 기도 열심히 하셨어요?" 그러면, "아, 글쎄 옆집 할머니가 자꾸 찜질방 가자고 해서…. 찜질방 다녀와서 기도할게요." 그러다 찜질방 갔다 오신 다음에 다시 "보살님, 기도하셨어요?" 하면 또 뭐라고 하겠어요? "애들이 와서 밥 먹는다고 해서 같이 밥 먹느라…" 그러니까 기도할 새가 없어요. 그런데 평등월 보살님은 다 놓아 버리고 방에서 그저 나무아미타불 염불만 하신 겁니다.

염불 기도로 신통력이 생기다

그렇게 몇 년이 지나니 희한한 일이 일어났습니다. 아무 말도 없이 염불만 하던 평등월 보살님이 어느 날 며느리에게 "애야, 오늘은 밥을 5

인분 더 해 놓아라."라고 이야기했습니다. 며느리는 그날 누가 온다는 이야기를 듣지 못했지만 시어머니 말씀이니 밥 5인분을 미리 더 해 놓았죠. 그런데 예정에 없이 손님 다섯 명이 갑자기 오더랍니다.

또 어느 날은 형제들을 불러서 "공장에 불기운이 있으니 물 좀 잔뜩 갖다 놓고 불조심하거라." 그러시더래요. 형제는 의아했겠지요.

"아휴, 어머니. 저희들이 다 알아서 하는데 왜 그러세요?"

하지만 보살님은 여전히 말합니다.

"아니야. 불기운이 느껴져."

어머니가 자꾸 그러시니까 그날은 형제가 모두 공장을 지켰대요. "어머니가 나이 드시더니 왜 저러시나 모르겠네." 하고 투덜거리면서 말이지요. 그런데 과연 그날 공장에서 불이 났다고 합니다. 보살님의 당부대로 미리 물을 준비해 놓은 덕에 다행히 불은 끌 수 있었지만, 형제는 보살님의 예지력에 놀랐습니다.

평등월 보살님은 손주들 혼기가 차니 이런 이야기도 했다고 합니다. 보살님이 말씀하시길 '저기 윗마을 사는 아무개라는 아이가 있는데, 그 아이하고 인연이니 거기에 결혼시켜라.'라고요.

"어머니, 그 마을 가 본 적도 없는데 어떻게 아세요?"

"가 보면 안다."

그래서 보살님이 이야기한 그 마을에 가 보니 보살님이 말한 아이가 그 집에 있더랍니다.

이런 일들이 소문나니까 생불(生佛)이 출현했다고 난리가 났대요. 하지만 자식들은 뭔가 좀 불안했나 봐요. 그래서 자식들은 보살님을 모시고 마곡사에 계시는 '태허'라는 법명의 스님을 뵙고 자초지종을 설명드립니다. 어머니가 아미타불 염불을 하시는데 이러저러한 일이 일어나고 있다고 말이지요. 자초지종을 전해 들은 스님은 보살님을 보면서 이야기했어요.

"보살님, 기도 정말 열심히 하셨습니다. 훌륭하셔요. 그런데 우리 부처님 법에 기도하거나 공부하는 중간에 보이는 것들은 모두 수행에 방해가 되는 마장(魔障)이라고 했습니다. 그걸 버려야 더 깊은 경지에 가지요. 눈에 보이는 대로 입으로 다 내뱉으면 무당하고 뭐가 다릅니까? 무당이 되실 겁니까, 수행자가 되실 겁니까?"

보살님은 정말 스승복이 있으십니다. 스님 말씀을 받아들인 평등월 보살님은 그때부터 입을 딱 다물고 오로지 기도만 했다고 합니다. '우리 궁합 좀 봐 주세요', '우리 아이 좀 봐 주세요', '저희 장사할 건데 잘될지 봐 주세요' 하고 찾아오는 사람이 있으면 항상 이렇게 이야기하시고 돌려보냈다고 합니다.

"나 신통력 다 달아났으니 묻지 마시오. 기도하면 일이 다 잘 풀리니 기도만 열심히 하시오."

그렇게 보살님은 20년 가까이 계속 나무아미타불 기도를 하시다가 88세의 나이로 세상을 떠나셨습니다.

방광의 기적

그런데 보살님의 장례식에 큰일이 일어납니다. 장례를 치르던 어느 날 밤, 마을 사람 수십 명이 물동이를 들고 헐레벌떡 장례식장으로 오는 일이 벌어진 거였지요. 이유인즉 여기 장례 치르는 집에 불이 나서 왔다는 거였습니다.

"무슨 불이 났다는 거요?"

"집이 번쩍번쩍 하니 불이 난 걸 봤다니까요."

알고 보니 그것은 빛이 뿜어져 나오는 방광(放光)이었습니다. 낮에는 햇빛 때문에 잘 보이지 않았지만, 밤이 되니 그 집에서 빛이 뿜어져 나오는 것이 보였겠지요. 그래서 사람들은 불이 난 줄 알고 물동이를 가져온 것이었고요.

평등월 보살님이 돌아가시고 방광했다는 소문이 전국으로 퍼지니 각지에서 사람이 몰려드는 바람에 장례를 7일간 치렀다고 해요.

장례를 마친 후에도 가족들은 여전히 충격에서 벗어나지 못했다고 합니다. 우리 어머니, 할머니께서 평생 염불을 하시고 이런 기적을 보여 주셨다고 생각했겠지요. 돌아가신 분의 관에서 빛이 뿜어져 나오는 것을 본 보살님의 가족들은 그동안 가졌던 신념을 바꾸게 됩니다. 그러고는 41분이 단체로 출가를 하게 되죠.

평등월 보살님같이 평범하셨던 분도 자신의 몸과 입과 생각을 단속하고 지극한 마음으로 염불을 하여 기적을 보여 주셨습니다. 우리도 할 수 있습니다. 그럼 어떻게 살아야 할까요?

먼저 함부로 밖에 다니면 안 되겠지요. 중요한 일이 있으면 모르겠지만, 술집 가서 술 마시고, 클럽 가서 춤추고 하는 것은 좋지 않을 겁니다. 또 흔히 노는 입에 염불한다고 하지만 사실 우리는 노는 입에 무엇을 제일 많이 합니까? 남 욕이요. 생각으로는 어떻습니까? 돈 생각, 여자 생각, 남자 생각, 다들 그런 생각만 하잖아요? 모든 걸 내려놓고 오로지 염불에 집중하면 기적이 일어납니다.

이런 이야기를 해 드리면 많은 분들이 "스님, 솔직히 믿기지 않습니다." 그럽니다. 그런데 여러분, 공주 최고 부자 집안에서 41명이 단체로 출가할 정도면 이 기적이 허튼 이야기였겠습니까? 일타 스님같이 훌륭하신 스님이 자기 외증조모의 일을 가지고 거짓말했을 리도 없습니다. 기적같이 희유한 일은 우리 중생의 알음알이로는 헤아릴 길이 없습니다.

염불을 자꾸 해 보세요. 사실 드라마 볼 때 우리가 거기에만 집중하지는 않아요. 보통 50분 동안 드라마에만 집중하면 머리가 깨질 듯이 아파요. 그래서 드라마도 요즘 말로 멍때리면서 보지요. 그러다가 충격적인 장면 하나 나오면 "헉!" 했다가 그 장면 지나가면 또다시 멍때리기 마련입니다.

그렇다면 '관세음보살, 관세음보살' 하다가 가끔 한 번씩 "헉!" 해 주고, 다시 '관세음보살, 관세음보살', 그렇게 염불을 해 보면 어떨까요?

어느 노보살님은 이렇게 드라마를 보면서도 염불하신다고 하더군요. 그러면서 그분 말씀이, "스님, 기도하면서 제게 변화가 생겼습니다." 하세요. 그래서 제가 어떤 변화를 겪으셨냐고 여쭤봤지요.

"전에는 드라마 보면서 바람피우는 놈 나오면 '저 새끼, 나쁜 새끼. 저놈의 새끼, 나쁜 새끼' 막 욕을 했는데, 이제는 '관세음보살, 관세음보살' 염불하면서 '이게 다 네 업이다.'라고 생각합니다."

또 어떤 분은 이런 말씀을 하셨어요.

"우리 영감이 맨날 술 먹고 들어와서 씻지도 않고 옆에 누워요. 술 냄새 풍기면서 자는 걸 보면 '왜 안 죽냐. 왜 안 죽냐. 죽어라, 좀 죽어라. 말년이라도 나 좀 편히 살자.' 이랬는데, 이제는 '관세음보살, 관세음보살. 내 업이다. 내 업이다.' 이렇게 생각해요. 스님, 저 많이 발전했죠?"

그래서 제가 스님보다 마음을 더 잘 쓰신다고 칭찬해드린 적이 있습니다.

여러분, 노는 입에 염불하세요. 한 번이라도 더 염불하면 그만큼 공덕이 쌓이게 됩니다.

곱고 편하게 가는 법

앞서 영험담을 소개해드린 통도사 구하 큰스님께선 세수로 아흔이 넘어 입적하셨습니다. 당시 입적하신 스님을 직접 뵌 분의 말에 의하면 그 모습이 절대 죽은 사람 같지 않았다고 하시더군요. 아기같이 앳된 미소를 살짝 지은 아주 편안한 얼굴을 하고 누워 계시더랍니다. 그분은 스님의 그런 모습을 보고 '아, 수행을 많이 하신 스님들은 가실 때도 이렇게 맑고 편안하게 가시는구나.' 하고 생각하셨답니다.

'웰다잉(well-dying)'이라는 말이 있습니다. 살 때도 잘 살아야 하지만 죽을 때도 잘 죽어야 한다는 것은 너무도 당연한 이야기이지요. 그렇다면 어떻게 해야 잘 죽을 수 있을까요? 살아생전 기도를 많이 하는 것이 바로 그 방법입니다.

옛날 중국에 '감산'이라는 법명을 가진 큰스님이 계셨습니다.

스님은 어릴 적 옆집 할머니가 하루 종일 뭔가를 입으로 중얼거리는 걸 본 적이 있으셨답니다. 어린 감산 스님이 뭘 그렇게 중얼거리시냐고 물어보니까 그 할머니는 염불한다고 대답하시더랍니다. 스님은 염불하면 무엇이 좋으냐고 다시 물어봤다고 해요.

사연인즉 할머니의 남편분이 염불을 하면 죽을 때 곱게 간다고 하면서 생전 그렇게 염불을 많이 하셨다고 합니다. 그러고나서 돌아가실 때 보니 정말로 편안하게 가시더라는 것이었지요. 할머니는 그 모습을 보고 크게 깨달은 바가 있어 자신도 열심히 염불을 하고 있다고 하시더랍니다. 어린 감산 스님에게 이 이야기를 들려준 이웃집 할머니 역시 몇 년 후에 곱고 편안하게 세상을 떠나셨다고 해요.

아미타 부처님의 친구

순천 송광사에 방장스님으로 계셨던 보성 큰스님께서 경험하신 이야기를 들려드리고자 합니다.

스님은 평소 불자들에게 항상 기도 많이 하라고 가르치셨다고 해요. 스님 가까이에 계시는 불자 중엔 나이 지긋한 보살님이 한 분 계셨는데 그분께 이렇게 말씀하셨다고 합니다.

"기도하고 있나?"

"예, 기도하고 있습니다."

"열심히 하나?"

"예, 열심히 합니다."

그러니까 이제 그분 며느리한테 물어보셨대요.

"네 시어머니 기도 어떻게 하냐?"

"많이 드시면 소화도 안 되고 졸리다 하셔서 하루에 한 끼만 어머니 방에 넣어 드리면 딱 그것만 드시고는 방에서 나오지도 않으시고 염불만 하세요, 스님."

"참 잘한다, 잘해."

어느 날은 그 노보살님이 큰스님께 인사하러 오셨대요.

"할매. 할매는 방에서 기도만 하니까 친구도 없지?"

스님께서 약간 좀 장난기가 있으셔요. 그러니까 보살님이 이렇게 얘기하십니다.

"저 친구 많습니다."

"할매, 친구 있나? 누군데?"

"아미타 친구요."

"그래, 그렇게 하면 된다."

이렇게 '아미타 친구요.' 하고 딱 나올 정도면 대단하신 거예요. 공부 많이 하신 거지요.

이 노보살님은 평소 입버릇처럼 '나는 추한 꼴 안 보이고 갈란다.' 하고 말씀하셨다고 합니다. 그렇게 아주 건강하게 지내시다가 98세에 세상을 떠나셨어요. 노보살님이 돌아가실 때쯤에는 아드님도 나이가 많았을 겁니다. 이 아드님은 아침마다 어머니께 인사를 올렸다고 해요. 그런데 어느 날은 아무 대답도 들리지 않았다고 합니다.

"어머니, 어머니."

인기척이 없어서 문을 열어 보니까 노보살님이 화장실에 앉아 계시더래요.

'아이고, 용변 보시나?'

그런데 고개를 푹 숙이고 계셔서 이상하다고 생각했다 합니다.

여러분, 사람이 죽으면 몸의 구멍에서 더러운 게 빠져나온다는 이야기 들어보셨나요? 이 노보살님은 항상 자기는 추한 꼴, 더러운 꼴 안 보이고 갈 거라고 말씀하셨다고 했지요? 그 바람대로 보살님은 변소에 앉아서 용변 다 깨끗하게 보시고 앉은 채로 돌아가셨대요.

염불의 힘이 이와 같습니다. 정말 간절한 마음으로 기도하고, 복을 짓고, 선업을 짓는다면 여러분들도 삶과 죽음에 있어서 진정한 자유인이 될 수 있을 것입니다.

염불을 열심히 하면 사는 동안 마음이 편안합니다. 제가 스스로 이런 이야기하면 부끄럽지만 신도분들이 저를 보고 '스님은 얼굴이 편안하고 환해서 좋아요.' 그럽니다. 비결이 뭐겠어요? 간단합니다. 항상 기도하는 것이지요.

출가를 한 입장이지만, 저도 살다 보면 짜증이 날 때가 있어요. 한여름엔 더워서 너무 짜증이 나죠. 그런데 누구한테 화풀이할 수 없는 일이에요. 덥다고 짜증내야 좋을 게 없습니다. 그럴 때, 덥고 짜증날 때는 그 짜증나는 마음에 '나무아미타불, 나무아미타불' 염불해 보세요. 화나는 그 자리에 염불하면 신기하게도 마음이 편안해집니다.

그럼 죽음이 닥쳤을 땐 어떨까요? 평등월 보살님의 방광과 같은 기적까진 아니더라도, 감산 스님이 만난 할머니처럼, 아미타 부처님을 친구로 두셨다는 보살님처럼 염불하고, 기도함으로써 삶을 평온하게 마무리할 수 있습니다.

많은 어르신들 소원이 죽을 때 자기 자식들에게 걱정 안 끼치고 편하게 죽는 것이라고 말씀하십니다. 우리 스님들은 처도, 자식도 없이 이 몸뚱이 하나뿐인데, 그래서인지 이런 생각을 할 때가 많습니다.

'오로지 부처님을 의지하고 열심히 기도 염불하는 게 수행자로서 이 세상을 잘 떠날 수 있는 좋은 방법이겠구나.'

관세음보살님의
신비로운 가피

불교는 깨달음의 종교, 지혜의 종교라 하였습니다. 하지만 신심 깊은 불자라 하더라도 눈앞에 힘들고 괴로운 일에 부딪히게 되면 열반(涅槃)이나 해탈(解脫)을 구하기보다는 그런 상황에서 벗어나고 싶다는 생각을 하기 마련이지요.

저 역시 이런저런 어려움에 처해 있는 불자분들에게 기도를 적극적으로 권하고 있습니다. 깨달음을 얻기 위해서는 참선이나 위빠사나 같은 수행이 좋지만, 일상 속의 고난을 헤쳐 나가기 위해서는 불보살님의 신비한 가피력에 의지하는 기도 수행이 좋다고 할 수 있습니다.

저 역시 승려로서 20여 년 가까이 살아오면서 여러 가지 어려운 일들을 겪었습니다. 그럴 때는 관세음보살님이나 아미타 부처님을 간절히 염하는 기도를 하면서 지혜롭게 고비를 넘기곤 했습니다.

오래전에 한 스님이 계셨습니다. 젊었을 적부터 포교를 위해 열심히 활동하셨던 스님은 당시 힘을 너무 많이 썼던 탓인지 60대가 되자 극심한 만성 피로에 시달리게 되셨다고 합니다. 그리하여 한의원에서 진료를 받아 보았지만 소용이 없었던 탓에 결국 큰 병원에 가 검진을 받은 스님은 간경화 말기라는 진단을 받으셨다고 해요.

병원에서는 최선을 다해 치료해 보자고 했지만 스님은 이것도 모두 당신이 과거에 지은 업에 대한 과보일 것이니 기도를 해서 그 업장을 녹여 보자는 생각을 하셨다고 합니다. 그래서 스님은 관세음보살 기도를 지극한 마음으로 열심히 하셨다고 해요.

몇 달 후 건강이 눈에 띄게 악화되어, 하루는 통증이 심한 나머지 오늘 밤을 넘기지 못하겠다는 생각까지 하셨다고 합니다. 하지만 스님은 생각을 곧 고쳐먹었다고 해요.

'나는 중생으로서 태어나고 죽기를 수없이 반복하며 윤회해 왔다. 그 긴 세월 동안 건강했던 때도 많았을 것이고, 병고에 시달렸던 때도 많았을 것이다. 아프니, 안 아프니 하는 것도 다 내 마음 자리가 만든 모양에 불과할 뿐인데 내 마음이 만든 모양에 내가 흔들려서야 되겠는가?'

정말 수행을 많이 하신 스님 같지요? 결국 스님은 고통을 참고 평소처럼 법당에 혼자 앉아 간절한 다음으로 기도를 했다고 합니다.

그런데 그때 어디선가 여자 목소리가 들리더래요. 이게 무슨 소리인가 하고 둘러보는데 하얀 옷을 입을 한 보살님이 법당으로 들어오더니 스님에게 와서 이렇게 이야기하더랍니다.

"스님이 요새 많이 편찮으시다고 들었습니다."

"예, 요새 몸이 안 좋군요."

그런데 이 보살님이 스님 배를 만져 보더래요. 그러고는 품에서 청심환같이 동그란 환약을 꺼내더니 이 약을 드시라고 하더랍니다. 스님은 한 치 의심 없이 홀린 듯 그 약을 받아먹었다고 합니다. 그러자 이 보살님은 "다음에 또 들르겠습니다." 하곤 법당 밖으로 나간 뒤 사라졌대요.

스님은 그 순간 갑자기 들이친 찬바람에 몸이 으스스한 것을 느끼면서 문득 정신을 차리게 되었답니다. 법당에서 기도하다 잠깐 꿈을 꿨던 것이지요.

'이상한 꿈도 다 있군.'

그런데 머리가 맑은 것이 왠지 몸이 좋아진 것 같은 기분이 들더랍니다. 그때 불상 뒤에 있는 탱화가 눈에 들어왔대요. 하얀 옷을 입은 관세음보살, 즉 백의관음이 그려져 있었는데 그 얼굴이 꿈에서 봤던 보살님 얼굴과 같았다고 합니다. 관세음보살님이 꿈에 스님을 찾아와서 약을 주셨던 것이지요. 그날 이후로 스님의 병은 차츰 회복되었다고 합니다.

관세음보살님은 우리나라 사람들에게 가장 익숙한 보살님입니다. 하지만 간절한 마음으로 부른다면 그분이 관세음보살님이건, 지장보살이건, 아미타 부처님이건 그 효험은 같습니다. 지극한 마음으로 모든 걸 다 놓아 버리고 열심히 불보살님의 명호를 부르면서 염불하십시오. 그리하여 기적 같은 일을 경험했다는 가피담은 우리 불교에서 흔하게 전해집니다.

'불사가 무사히 마무리되도록 해 주소서'

사오십 년쯤 전에 '보현심'이라는 법명을 가진 보살님이 계셨습니다. 이분은 나이가 마흔다섯이 되었을 때 어떻게 하면 부처님의 은혜를 갚을 수 있을까 생각을 하게 되셨다고 합니다. 그래서 더 많은 사람들이 부처님과 인연을 맺을 수 있도록 작게나마 절을 하나 짓자는 마음을 일으키셨다고 해요.

그렇게 경기도의 어느 마을에 작은 법당을 하나 세운 뒤 본격적으로 불사(佛事)를 시작하려고 할 무렵이었습니다. 보살님이 주변 지인의 권유로 받아 보았던 암 검진에서 자궁암 진단을 받으셨다고 해요.

자궁암은 지금도 치료하기 어려운 병이니 몇십 년 전에는 치료하기가 더욱 어려웠겠지요. 이때부터 보살님은 전국의 사찰을 돌면서 열심히 기도를 올렸다고 합니다. 그런데 이때 보살님이 했던 기도는 병을 낫게 해 달라는 기도가 아니라 불사가 무사히 마무리되어 인연 있는 불자들이 큰 복을 얻게 해 달라는 기도였다고 합니다. 참 대단한 분이시지요?

이렇게 전국의 사찰을 돌면서 열심히 기도하기를 6개월 동안 이어 왔다고 합니다. 그러다가 병원에서 연락이 왔대요.

"계속 치료를 미루시면 더 위험할 수 있습니다."

보살님은 병원을 찾아 다시 검사를 받았다고 합니다. 그런데 신기하게도 암이 깨끗하게 사라졌다고 하더래요. 깜짝 놀란 의사가 그동안 무슨 일이 있었느냐고 묻자, 보살님은 6개월 동안 부처님께 기도드린 것밖에 없다고 대답하셨답니다.

보살님의 암은 그 후로도 재발하지 않았다고 해요. 물론 보살님이 열심히 기도한 대로 불사 역시 잘 마무리되었고요. 이러한 이야기 또한 간절한 기도를 통한 가피의 힘이 얼마나 큰 것인지를 잘 보여 주는 사례입니다.

죽음의 문턱에서 관세음보살을 염하다

이번에도 몇십 년 전의 이야기로군요. 오래전에 어느 젊은 보살님이 있었습니다. 이 보살님은 원래 다른 종교를 믿는 가정에서 성장하여 고등학교를 졸업한 후 중매로 결혼을 하셨다고 합니다.

어느 날 시어머니 되시는 분이 보살님을 불러서 이렇게 말씀하셨대요.

"애야, 내가 너한테 할 말이 있으니 유언이라고 생각하고 잘 들거라. 너도 알다시피 우리 집안은 대대손손 불교 집안이다. 그러니 너도 불자가 되도록 해라."

그때부터 보살님은 불교가 무엇인지 하나도 모른 채 동서들을 따라 열심히 절에 다녔다고 합니다. 시어머니가 불자가 되라고 해서 순순히 개종한 것을 보면 참 착한 분이셨던 것 같아요. (웃음) 절에 갈 때마다 이 새댁은 스님들이 절하면 자기도 절하고, 스님들이 염불하면 자기도 염불하는 시늉을 했다고 합니다. 하지만 그렇게 몇 년 동안 절에 다녀도 불교가 무엇인지는 전혀 마음에 와닿지 않았고, 스스로도 껍데기 불자 같은 느낌만 들더랍니다.

당시 보살님의 고등학교 동창 가운데는 남편과 일찍 사별하고 불교 공부에 몰두하던 친구가 있었대요. 이 친구분은 보살님이 결혼한 후 절에 다닌다는 소문을 들었던 것인지 하루는 집으로 찾아와 아무 말 없이 불교 책 두 권을 선물하고는 휙 가 버리더랍니다. 어찌된 영문인지는 모르겠지만 이분은 친구가 주고 간 책이니 별생각 없이 읽어 봤다고 해요. 그런데 의외로 너무 재미있던 거죠. 그때부터 보살님은 서점에서 이런저런 불교 책을 사 꾸준히 경전 공부를 하셨답니다. 기도하고 염불하기도 물론 계속하셨고요.

그 후 몇 년이 지난 어느 날, 보살님은 차를 타고 가다가 큰 교통사고를 당하셨다고 합니다. 머리에서 피가 철철 쏟아져 나오는 바람에 온몸이 다 피에 젖었다고 해요. 그때 보살님은 '내가 부처님 공부를 그렇게 열심히 했는데 결국은 이렇게 길에서 죽어 귀신이 되는구나.' 하는 생각이 들더랍니다. 그러면서 남편 얼굴, 자식 얼굴이 주마등처럼 떠오르는데, 그때 갑자기 모든 집착을 놓아 버리라는 『금강경』의 한 구절이 떠오르더래요.

의식은 점차 흐려져 가고 있었지만 보살님은 남편과 자식, 삶과 죽음에 대한 생각을 다 놓아 버리고 오직 '관세음보살'만 불렀다고 합니다.

그렇게 얼마나 시간이 흘렀을까요? 다시 의식을 찾은 것은 4시간에 걸친 대수술이 끝난 다음이었다고 합니다. 보살님이 무사히 깨어난 것을 본 의사는 그 상태에서 목숨을 건진 건 정말 기적 같은 일이라고 하더랍니다.

알고 보니 사고가 나던 순간 깨진 유리 조각들이 머리에 많이 박혔지만, 용케도 뇌막은 손상되지 않았기 때문에 목숨을 건질 수 있었다는 것이었지요.

누워 있던 보살님은 의사의 설명을 들으면서 가슴이 울컥하더랍니다. '가족에 대한 집착과 삶에 대한 집착을 다 놓아 버리고 오직 관세음보살만 불렀기에 이런 가피를 입었구나.' 하는 생각 때문이었습니다.

상기병을 치료한 기도 가피

저와 친분이 깊은 한 비구니 스님께서는 10대 후반에 출가하셔서 처음에는 강원에서 경전 공부를 하시고, 다음에는 선방에 가셔서 참선 공부를 하셨다고 합니다.

한번은 스님이 너무 무리하게 참선을 밀어붙이시다가 극심한 상기병(上氣病)에 걸리셨다고 해요. 본래 우리 몸에서 시원한 기운은 머리 쪽으로 올라가야 하고, 뜨거운 기운은 발 쪽으로 내려가야 한다고 합니다. '수승화강(水昇火降)'이나 '두한족열(頭寒足熱)'이라는 말도 이러한 이상적인 상태를 뜻하는 것이지요. 그런데 기가 위로 솟구쳐 올라 머리 쪽은 뜨거워지고, 발 쪽은 차가워지는 병을 상기병이라고 합니다.

그때가 스님이 20대 후반, 한창 젊었을 때였다고 해요. 당시 스님은 상기병 증상이 너무 심해서 꼭 죽을 것 같더랍니다. 그래서 부처님께 이렇게 기도했다고 합니다.

'저를 살리시려거든 상기병을 낫게 해 주시어 참선 공부를 계속하게 해 주십시오. 만약 그렇게 해 주시지 않으시려거든 차라리 저를 그냥 죽여 주십시오.'

평소 뵈어 온 스님은 참 연약해 보이셨는데, 그 기상만은 참 매섭고 서릿발 같았던 것이지요.

이때부터 스님은 관세음보살 염불을 주로 하시면서 하루도 빠짐없이 3천 배를 같이 하셨다고 합니다. 그렇게 약 2년 정도 되었을 때는 몸과 마음이 너무 힘들어지셨대요. 아무래도 약한 몸으로 쉬지 않고 기도를 밀어붙이니 조금 쉬고 싶다는 생각이 드셨답니다. 그래서 다른 비구니 스님 두 분과 함께 비어 있던 작은 암자에 들어가셨대요.

그러던 어느 날, 같이 지내던 스님 중 한 분이 외출을 나가셨답니다. 한 분이 자리를 비우고 나니 남은 비구니 스님은 깊은 산속 암자에서 둘이서만 밤을 보내기가 무서웠다고 하셨어요. 그래서 어떻게 하면 좋을지 궁리를 하다가 암자에 자주 찾아오시는 보살님 한 분에게 그날 밤을 같이 보내자고 부탁하기로 했답니다.

마을로 내려간 두 스님은 보살님 댁을 찾아가 상황을 설명하고 오늘 밤 암자에서 같이 주무시면 안 되겠느냐고 이야기했다고 합니다.

그때 통 하나가 스님 눈에 띄었습니다. 통 안에는 민물고기 다섯 마리가 입을 뻐끔거리고 있었대요.

"보살님, 이 물고기들은 어쩌시려고요?"

스님이 묻자 보살님은 잡아먹을 거라고 대답했습니다. 그 말을 들은 스님은 문득 불쌍한 마음이 들어 보살님께 돈 얼마를 드리고 물고기들을 사서 방생했다고 해요. 그런 뒤 보살님과 함께 암자로 돌아왔답니다.

밤이 되자 셋이 한 방에 같이 누웠는데 갑자기 엄청난 폭우가 쏟아지기 시작했어요. 그런데 하필 그때 스님의 몸 상태가 갑자기 안 좋아지더래요. 숨쉬기가 어려워지면서 온몸에 마비가 오더니 정신까지 흐릿해지더랍니다.

갑작스러운 사태에 다른 스님과 보살님이 깜짝 놀랐지요. 하지만 그 옛날 암자에 차가 있는 것도 아니어서 어떻게 손쓸 방법이 없더랍니다. 다만 그때 암자에는 이장님 댁과 연결된 전화기가 있었대요. 비구니 스님과 보살님은 이 전화로 이장님에게 전화를 걸어서 여기 스님이 지금 딱 죽게 생겼으니 사람 좀 보내달라고 통사정을 했답니다. 그런데 비가 억수 같이 쏟아지니 갈 방도가 없어 잦아들 때까지만 버텨 보라고 이야기하더랍니다. 그나마 믿었던 이장님도 도와주기 어렵다고 하니 비구니 스님과 보살님은 더욱 당황해서 어쩔 줄 몰랐죠.

'그래, 어차피 죽을 거라면 수행자답게 죽자.'

스님은 그 고통스러운 와중에도 이렇게 생각했답니다. 그러고는 온 힘을 다해 앉아서 가부좌를 틀었대요. 그렇게 스님은 점점 희미해져 가는 의식을 어렵사리 붙잡으면서 앉아 있으려고 했지만 새벽 2시 무렵이 되어서는 완전히 의식을 잃을 지경이 되었다고 합니다. 그때 스님 귀에 고함이 들렸습니다.

"살려야 돼! 혈을 뚫어야 돼! 기혈을 돌려야 해!"

이미 기운이 다 빠진 상태였던 스님은 눈도 제대로 뜨지 못한 채 그 소리를 들었답니다. 그러다가 어떤 남자의 손이 몸을 주무르고, 다음에는 머리를 주무르는 느낌이 들었대요.

'이장님이 사람을 보냈구나. 내 몸에 온 마비를 풀어 주려고 이러나 보다.'

눈을 감은 채로 머리를 더듬어 본 스님은 분명 남자의 손이 잡혔다고 합니다. 그래서 이게 꿈은 아닌가 보다 싶어 온 힘을 다해 눈을 떠 보니 머리는 짧고, 눈이 동글동글하며, 얼굴에는 시커먼 수염이 가득한 남자가 스님의 몸을 주무르고 있더랍니다. 또 바로 앞에는 하얀 옷을 입고 머리가 치렁치렁한 젊은 여자가 그윽하게 서서 스님을 바라보고 있더래요.

잠시 눈을 뜨긴 했지만 그것마저 힘에 부쳤던 스님은 다시 눈을 감았답니다. 그러고는 정신이 완전히 혼미해져서 더 이상 시간이 가는지도 알 수 없었고, 다만 스님의 몸을 주물러 주는 손길만 겨우 느꼈대요.

그러다가 문득 눈을 떠 보니 어느새 환한 아침이 되어 있었다고 합니다. 얼굴에 수염이 가득한 남자와 흰옷을 입은 젊은 여자는 보이지 않았고요. 그런데 몸이 이상하게 개운하더래요.

스님은 간밤에 안절부절 어쩔 줄을 몰라 했던 비구니 스님과 보살님에게 물어보았습니다.

"그 하얀 옷 입은 여자분이랑 얼굴에 수염 많이 난 남자분은 벌써 마을로 내려가신 건가요?"

"예? 누구 말씀하시는 거예요?"

"어젯밤에 마을에서 누가 오지 않았나요? 어떤 남자분이 '혈을 뚫어야 된다.', '기혈을 돌려야 된다.' 그러면서 분명히 저를 주물러 줬어요."

"아휴, 어젯밤에 비가 그렇게 왔는데 누가 여기까지 올 수 있겠어요? 아무도 안 왔어요, 스님."

스님은 그럴 리 없다고 생각했지만 다른 비구니 스님과 보살님이 아무도 오지 않았다고 확실하게 이야기하니 더 이상 할 말이 없더랍니다.

경황이 없던 와중에 새벽 예불을 올리지 못한 세 사람은 부처님께 아침 인사를 올리기로 했습니다. 그런데 법당에 들어간 스님은 불상 뒤에 있는 신중탱화를 보고 망치로 맞은 것처럼 놀랐다고 해요. 신중탱화는 불교를 보호하는 호법신장들을 그려 놓은 그림을 말하는데, 그 그림 안에 어젯밤 의식이 희미하던 가운데 스님이 보았던 남자의 모습이 있었기 때문이었지요. 그 남자가 호법신장이었다면 흰옷을 입은 젊은 여자는 분명 백의관음, 즉 스님이 수도 없이 염했던 관세음보살임이 분명했습니다. 스님은 그때 비로소 관세음보살님과 호법신장님이 당신을 살리기 위해 간밤에 찾아오셨다는 것을 깨달았다고 합니다.

스님께서는 이렇게 말씀하셨습니다. 가끔 책으로만 불교 공부한 불자들이 '관세음보살님이 정말 계시냐', '지장보살님이 정말 계시냐', '그분들에게 기도하면 정말 효과가 있냐' 하는 의심 섞인 질문을 할 때가 있는데 당신은 그런 질문이 아예 귀에 들어오지도 않는다고 말이지요. 스님 말씀에 따르면 불교를 책이 아닌 경험을 통해서 제대로 배운 사람이라면 불보살님의 가피에 대해 결코 의심할 수 없다고 합니다.

그날의 경험 덕분에 스님은 '모든 것이 다 내가 지은 업의 결과이구나. 내가 출가해서 불법을 닦을 수 있게 된 것은 나의 복이고, 참선 공부하다가 큰 병에 걸린 것은 내가 풀어야 할 업보이구나. 무엇보다 중요한 것은 나의 업장을 소멸시키기 위해 업장 참회 기도를 올리는 것이구나.'라는 깨달음을 얻으셨다고 합니다. 그래서 이전까지는 대개 '~하게 해 주십시오.' 하는 형식으로 기도를 올렸지만, 이후로는 그저 '과거 전생에서부터 지금까지, 알고 지었건 모르고 지었건, 제가 지은 모든 악업을 참회합니다.' 하고 기도를 올리게 되셨다고 해요.

스님은 그 마음을 그대로 지키면서 여전히 맑고 깨끗하게 살고 계십니다. 여러 불자님들도 불보살님이 항상 나와 함께하고 있다는 확고한 믿음을 가지신다면 이 스님같이 아름답게 살아가실 수 있을 것입니다.

관세음보살님의 가피로
생명을 부지하다

전쟁 속에서 기도의 힘으로 살아나다

관세음보살 염불 기도를 통해 전쟁과 같이 삶을 통째로 잃을 수 있는 절체절명의 순간에서도 기적적으로 목숨을 부지한 이들의 이야기가 있습니다.

예전에 탄성 스님이라는 큰스님이 계셨는데, 스님께서 직접 경험한 기도 영험담이 있어서 소개해드릴까 합니다.

탄성 스님께서 젊었을 적에 한국전쟁이 터졌다고 합니다. 당시 스님은 공산군에게 붙잡혀서 계룡산 쪽에 있던 어느 면사무소에 30여 명 정도의 사람과 5일간 갇히게 되었다고 해요. 간간이 들리는 총소리에 이러다가 총살을 당하는 것은 아닌가 싶어 무척 두려우셨답니다.

면사무소에 갇혀 있는 동안 스님은 하염없이 '관세음보살'을 불렀다고 합니다. 답답하고 괴로우니 관세음보살님에게 의지하고 싶은 마음이 드셨을 겁니다. 자나 깨나 관세음보살을 염하면서 며칠이 지난 어느 날, 그곳 담당자가 탄성 스님을 부르더니 절로 돌아가라고 하더랍니다. 그래서 이게 웬 떡이냐 하며 뒤도 안 돌아보고 절로 돌아오셨대요. 나중에 알고 봤더니 어느 스님께서 면사무소를 찾아가 저분은 어렸을 때부터 스님이었던지라 국군과는 아무 관계가 없으니 풀어달라고 사정한 덕에 풀려난 것이었습니다.

스님과 함께 갇혀 있던 30여 명은 탄성 스님이 풀려난 바로 다음날 공주로 끌려가서 총살당했다고 해요. 그 소식을 들은 탄성 스님은 온몸에 소름이 돋더랍니다. 그러면서 총살 직전에 자기가 풀려난 것은 갇혀 있던 5일 동안 열심히 관세음보살을 염했던 덕분이었나 보다 하는 생각을 하셨답니다.

어머니의 목숨 건 간절한 기도로 생명을 부지한 형제

탄성 스님이 갇혀 있던 면사무소에서 기적적으로 살아난 사람은 스님 외에 두 사람이 더 있었다고 합니다. 그중 한 사람은 대학생이었는데 면사무소에 잡혀 와 있는 동안 어머니께서 돌아가셨다는 소식이 전해졌답니다. 제아무리 공산군이라 하더라도 모친상을 당한 사람을 죽이기는 양심에 거슬렸나 봐요. 결국 이 학생을 풀어 줬다고 합니다.

허겁지겁 집으로 돌아온 학생은 어머니와 관련된 놀라운 이야기를 듣게 됩니다. 어머니가 계룡산 신원사에서 우리 아들 좀 살려달라고 하염없이 '관세음보살'을 염하시다가 숨을 거두셨다는 것이었지요. 사실 이 학생의 어머니가 살린 아들은 하나 더 있었다고 합니다.

이 학생에게는 형이 하나 있었는데 동생이 그랬던 것처럼 공산군에 붙잡혀 대전교도소에 갇히게 되었다고 해요. 그런데 죽을 날만 기다리고 있던 형의 어느 날 꿈에 어머니가 나타났습니다. 그때 말씀하시길, "내일 밖으로 나올 일이 있을 것이니 그때 뒤도 돌아보지 말고 달려서 도망쳐라." 하더랍니다.

과연 그 다음 날이 되니 공산군이 갇혀 있던 사람들을 밖으로 끌어내더래요. 그때 형은 꿈에서 어머니가 했던 말을 떠올렸답니다. 그래서 감시가 허술한 틈을 타 '에라, 모르겠다.' 하고 정신없이 뛰어 도망쳤다고 해요. 상황이 이러면 공산군이 총을 쏘면서 쫓아와야 하지 않겠어요? 그런데 이상하게도 그날은 아무도 신경을 안 쓰더랍니다. 그 덕에 가까스로 탈출한 형은 어머니가 있던 신원사로 왔지만 어머니는 이미 돌아가신 후였다고 해요. 돌아가셨다는 날을 짚어보니 꿈에 어머니가 나타났던 바로 그날이었다고 합니다.

생명을 피해 간 여섯 발의 총탄

탄성 스님이 갇혀 있던 면사무소에서 스님 외에 산 두 사람 가운데 한 사람은 계룡산 갑사에 계시던 어느 대처스님, 그러니까 결혼한 스님의 아들이었다고 합니다.

이분은 탄성 스님이 풀려난 다음 날 같이 잡혀 있던 사람들과 함께 공주로 끌려갔다고 합니다. 그곳에서 공산군은 30여 명을 줄줄이 세워 놓고 일제히 총을 쐈대요. 이분 역시 그때 총을 여섯 발 맞았다고 합니다. 그런데 죽지는 않고 단지 기절만 했대요. 시간이 지난 뒤 정신을 차려 보니 자기가 시체 더미 속에 있더랍니다.

'내가 죽은 것인가, 산 것인가?'

그분이 몸을 조금씩 움직여 보니 몸이 피범벅이긴 했지만 총탄이 모두 살갗만 스치는 바람에 아주 크게 다치지는 않았다고 해요. 이분은 죽은 척하고 있다가 밤에 몰래 빠져나와서 아버지가 계시는 갑사까지 걸어왔답니다.

도착해 보니 아버지인 스님이 법당에서 '관세음보살'을 염하고 계시더래요. 아들이 잡혀간 이후로 잠도 자지 않고 계속 염불을 하셨던 것이지요. 총을 여섯 발이나 맞았는데 그게 전부 스치기만 한 것은 아버지의 염불을 통해 전해진 관세음보살님의 가피였을 것입니다.

탄성 스님은 생전 관세음보살 법문을 하실 때 이 이야기를 자주 들려주셨다고 합니다. 기도가 얼마나 신비한 힘을 가지고 있는지 알려 주기 위해였던 것이지요. 여러분도 간절하게 기도하면 오묘한 불보살님의 가피가 우리를 구해 준다는 믿음을 가지시기 바랍니다.

"뒷방으로 가!"

한국전쟁 때 이야기 하나 더 해드리겠습니다. 당시 파주의 어느 절에 한 스님이 계셨대요. 파주라 하면 북한과 굉장히 가깝지요.

하루는 스님이 부탁을 받아서 가평에 있는 어느 절에 불공을 올리러 갔다고 합니다. 일을 마치고 다시 파주로 돌아가려 길을 가는데 보따리를 짊어진 수많은 사람들이 남쪽으로 가는 걸 목격하게 되죠. 이게 무슨 일인가 싶어서 사람들에게 물어보니 공산군이 북쪽에서 밀려오고 있어서 피난 가는 길이라고 하더래요.

스님은 파주로 돌아가기 어렵겠다 싶어 피난민들과 함께 서울로 내려왔답니다. 도착한 스님은 안국동에 있는 선학원으로 갔대요. 그 당시 선학원에는 춘성 스님이라는 아주 유명한 큰스님이 계셨어요.

다음 날 스님은 상황이 어떤지 알고 싶어서 인왕산에 올라가 주변을 살펴보았답니다. 그때 스님은 놀라운 광경을 목격하게 됩니다. 한강 다리가 폭파되면서 피난민들이 죽게 된 상황이었지요.

깜짝 놀란 스님은 부랴부랴 선학원으로 돌아왔답니다. 그러고는 스님들에게 서울도 안전하지 못하니 빨리 다른 데로 도망가자고 했답니다. 그래서 춘성 스님을 비롯해 선학원의 다른 스님들과 같이 경기도 광주에 있는 어느 비구니 절로 피난을 갔다고 합니다. 다만 거기서도 총 쏘는 소리, 폭탄 터지는 소리가 다 들리더래요. 아무것도 할 수 있는 일이 없던 스님들은 모여서 그저 관세음보살 기도를 했다고 합니다.

그러던 어느 늦은 밤, 스님은 자기 방에서 계속 관세음보살 염불을 하고 있었다고 합니다. 그런데 갑자기 방 안이 쩌렁쩌렁할 정도로 큰 소리가 울리더랍니다.

"뒷방으로 가!"

깜짝 놀라서 이게 무슨 소린가 하고 주위를 둘러봤지만 방에는 스님 외에 아무도 없었대요.

어리둥절하긴 했지만 찜찜한 마음에 뒷방으로 갔답니다. 그곳에는 춘성 스님이 앉아서 참선을 하고 계시더랍니다. 그런데 그때 밖에서 탕탕 총소리가 마구 나더래요. 스님은 몸을 낮추고 엎드리면서 춘성 스님께도 빨리 엎드리시라고 말씀드렸답니다. 그런데 춘성 스님은 요지부동 꼼짝을 안 하시더래요. 조마조마한 마음으로 엎드려 있는데 이번에는 절에 총을 쏘는지 그 소리가 아주 가깝게 들리더랍니다. 절에까지 총을 쏠 줄 누가 알았겠습니까? 참선만 하고 계시던 춘성 스님도 그제야 몸을 낮추시더래요.

그런데 그 절에 배짱 좋은 비구니 스님 한 분이 계셨다고 합니다. 엎드려서 바깥 상황에 귀를 기울이고 있는데 비구니 스님이 밖에 나가서 호통치는 소리가 들리더래요.

"절에서 조용히 공부하는 스님들한테 왜 총질을 합니까!"

그러자 총소리가 멈추면서 공산군 대장 같은 사람 목소리가 들리더랍니다. 이 절에 있는 사람들은 다 나와 보라는 것이었지요. 스님들이 그 말대로 모두 밖으로 나오니까 공산군이 절을 샅샅이 뒤지더랍니다.

"이 절에 국군이 숨어 있지는 않겠지요?"

스님들은 여기엔 공부하는 스님들만 있지, 군인은 없다고 하니 공산군이 알았다고 하면서 다 돌아갔다고 합니다.

그런데 다시 자기가 있던 곳으로 돌아온 스님은 방에 들어서자마자 깜짝 놀랐대요. 방문엔 구멍이 숭숭 뚫려 있고, 벽엔 탄흔이 가득한데, 아까 공산군이 휘두른 총이 스님이 머무르던 방을 향했던 것이지요. 특히 스님이 누워 있던 자리를 다 뚫고 지나갔더랍니다.

만약 스님이 뒷방으로 가라는 소리를 듣고 가지 않았더라면 어떤 일이 벌어졌을까요? 상상만 해도 끔찍합니다. 아마 그 느닷없는 소리는 관세음보살님의 가피였을 것입니다.

포로수용소에서 입은 관세음보살의 가피

서울 잠실에는 '불광사'라는 큰 절이 있습니다. 이 절을 창건하신 분은 일생을 오로지 불법 홍포와 포교를 위해 힘쓰신 큰스님, 광덕 스님이십니다. 지금부터는 스님께서 직접 들으셨다는 이야기를 하나 해드리겠습니다.

광덕 스님께서 서울 포교 활동을 하고 계실 때 군인 출신의 불자들이 찾아왔답니다. 그때 어느 한 분이 한국전쟁 당시 자신이 겪은 일을 이야기한 적 있다고 해요.

당시 국군 장교였던 이분은 어느 날 공산군과의 전투 끝에 포로로 잡혀 수용소에 끌려간 적이 있다고 합니다. 이후 공산군은 자기를 몇 차례 심문하더니 아무 말 없이 창고 같은 곳에 가두어 두기만 하더랍니다.

이분은 오늘 죽을지, 내일 죽을지 알 수 없는 상황이니 마음이 불안했다고 해요. 두려운 나머지 지금은 '공황 장애'라고 부르는 상태까지 갈 지경이 되었는데, 어느 순간 '관세음보살', 이 상호가 문득 떠오르더랍니다.

힘들고 위험한 상황에 빠졌을 때 지극한 마음으로 관세음보살을 부르면 반드시 그 가피를 입을 수 있다는 부모님의 말씀을 어릴 적부터 들어왔기 때문이었지요.

달리 방법도 없고 하니 이분은 아침에 눈 떠서 저녁에 잠들 때까지 오직 '관세음보살'만 불렀다고 합니다. 상황이 절박한 만큼 얼마나 간절하게 염불했겠습니까? 그렇게 며칠이고 계속 염불을 하고 있는데 어느 날 공산군 장교가 오더니 이렇게 묻더랍니다.

"당신 불교 신자지?"

공산당이 종교를 싫어한다는 사실을 이미 알고 있던 이분은 얼른 대답을 하지 못하고 머뭇거렸다고 합니다. 그 모습을 본 공산군 장교는 자기는 다 알고 있다면서 뒤돌아갔다고 해요.

그런데 며칠 후 그 공산군 장교가 다시 찾아오더랍니다. 그래서 이런저런 이야기를 하게 되었는데 그 장교가 실은 자기 집안도 오래된 불자 집안이라고 하더래요. 그러면서 자기 가족들은 이미 다 월남했는데 자기가 보기에도 공산주의 체제는 영 아닌 것 같다면서 속마음을 털어놓더랍니다. 그 이야기 끝에 공산군 장교가 놀라운 이야기를 하더래요.

"내가 몰래 당신을 풀어 줄 테니 함께 월남하시겠소?"

물론 이 뜻밖의 제안을 받아들였지요.

약속한 날짜가 되자 그 장교가 공산군 군복을 가져오더랍니다. 그 옷으로 갈아입고 포로수용소에서 벗어나라는 것이었지요. 그렇게 해서 이분은 공산군 장교와 함께 무사히 탈출하여 남한으로 돌아왔다고 합니다.

만약 이분이 수용소에서 관세음보살 염불을 하지 않았다면 어땠을까요? 아마 그 공산군 장교의 눈에 띄지 못했을 겁니다. 그럼 살아나오지 못했을 수도 있었겠죠. 하지만 관세음보살을 간절히 부른 것이 인연이 되어 무사히 돌아올 수 있었습니다.

그런데 이분이 참 팔자가 드센 분이었나 봐요. 남한으로 무사히 돌아온 뒤 다시 전투에 투입되었는데 다시 포로가 되었다고 합니다. 두 번째로 포로가 되었을 때는 포로수용소로 끌려가는 차 안에서부터 계속 '관세음보살'을 불렀다고 해요. 그리고 그 기도의 가피로 다시금 기적같이 탈출할 수 있었다고 합니다.

이분은 광덕 스님에게 자신이 불교는 잘 모르지만 관세음보살님의 자비심, 그 영험함은 무조건 믿는다고 말했답니다. 절박한 상황에서 본인이 두 번이나 직접 경험한 일이 있으니 당연한 것이겠지요.

한탄강에서의 절박한 순간

이와 비슷한 이야기가 하나 더 있습니다. 우리나라가 남과 북으로 분

단되기 전에 지금은 북한에 해당하는 지역에서 살던 분이 계셨습니다. 그런데 그 지역에 점점 억압이 심해지자 남쪽으로 탈출해야겠다는 결심을 하게 되었답니다.

하지만 막상 계획을 실행하려고 하니 그게 쉽지가 않더래요. 이미 삼팔선이 그어졌고, 북한 사람들이 남한으로 탈출하는 것을 막기 위해 초소가 여기저기 설치되었기 때문이지요. 그래서 이분은 가지고 있던 재산을 다 처분해서 안내인 하나를 소개받았답니다. 그의 도움을 받아 무사히 삼팔선을 넘을 생각이었던 것이지요. 독실한 불자였던 이분은 탈출 계획을 세우면서 간절하게 '관세음보살'을 불렀다고 합니다.

마침내 월남을 위해 길을 떠나던 날, 이분은 밤에만 몰래 걸어서 남쪽으로 내려갔다고 해요. 그렇게 숨죽여 이동한 끝에 마침내 안내인을 만나기로 한 삼팔선 부근 한탄강 기슭에 도착했다고 합니다.

그분의 원래 계획은 배를 타고 한탄강을 건너는 것이었다고 합니다. 남쪽으로 가는 철길도 있었지만, 공산군 초소가 길을 지키고 있었기 때문에 넘어갈 수 없었다고 하죠.

이분은 한탄강 인근에 숨어 있다가 사흘이 지나서야 비로소 안내인을 만나게 되었다고 합니다. 그러고는 그날 새벽 3시에 배로 한탄강을 건너기로 했대요.

새벽이 오기만을 기다리던 그분의 마음은 어땠을까요? 실제로 두렵고 초조한 마음이 들었다고 합니다. 그래서 염불을 하기 시작했대요.

'관세음보살, 관세음보살, 관세음보살…'

그러다 몸이 고단한 탓에 깜빡 잠이 들었답니다.

이분은 평소 집에 모시던 조그마한 관세음보살상이 있었다고 해요. 그런데 그날 꿈에 그 불상과 똑같이 생긴 사람이 나오더니 딱 한 마디를 하더랍니다.

"그 안내인은 믿을 사람이 못 된다. 배를 타지 말고 철길로 강을 건너도록 해라."

깜짝 놀라 잠에서 깨 시계를 보니 새벽 2시, 강을 건너기로 약속한 시간까지 딱 한 시간밖에 남지 않은 상황이었습니다. 아마 엄청나게 갈등했을 거예요. 꿈에 나온 이의 말을 따라야 할지, 그냥 계획대로 해야 할지 판단하기가 어려웠겠지요. 꿈은 그저 꿈일 뿐이라고 생각해 버릴 수도 있었지만 꿈에 나온 이가 분명 자기가 모시고 있던 보살상과 똑같이 생겼기 때문에 무시하기 어렵더랍니다.

'내가 평소에 기도를 열심히 했으니 관세음보살님께서 내 꿈에 나타나신 거야. 죽게 되더라도 관세음보살님을 믿고 따라야지.'

깊은 고민 끝에 마음을 굳힌 이분은 과감하게 배를 포기하고 철길을 향해 갔답니다. 도착하니 그곳에 과연 초소가 있어 차마 걸어갈 용기는 없고, 살금살금 기어갔다고 해요. 그런데 마침 보초병이 없었던 건지 아무 반응이 없더랍니다. 결국 철길을 통해 한탄강을 넘어 무사히 월남할 수 있었다고 하죠.

그 후로 이분은 열심히 신행 생활을 하셨다고 합니다. 특히 자신의 이 생생한 경험을 관세음보살 가피담으로 여러 사람들에게 들려주셨다고 해요.

우리가 살아가면서 일어나는 모든 힘든 상황에 여러분은 어떻게 대

처하나요? 슬프기도, 서럽기도, 좌절하기도 할 겁니다. 이럴 때 삶의 절체절명의 순간 속에서도 한결같은 마음으로 '관세음보살'을 부른 분들의 이야기처럼 간절한 마음으로 불보살님을 부르고, 기도해 보십시오.

눈앞의 위기가 해결되냐, 해결되지 않느냐를 떠나서 기도는 불안함과 초조함을 사라지게 해 마음을 평온하게 해 줍니다. 무엇보다 간절한 기도에 불보살님이 감응하여 삶에 은은한 가피가 분명 있을 것입니다. 그런 사실을 굳게 믿으십시오.

지장보살님의
가피와 영험

우리나라에서는 여자 신도분들을 '보살'이라고 부르는 경우가 많습니다. 그런데 사실 보살이란 남자든 여자든 위로는 진리를 깨닫고, 아래로는 모든 중생을 제도하겠다는 서원을 세운 수행자를 말합니다.

불교에는 여러 보살님들이 계십니다. 자비를 상징하는 관세음보살님도 계시고, 지혜를 상징하는 문수보살님, 실천을 상징하는 보현보살님도 계시지요. 또 이분들과 함께 대표적인 보살님이 바로 지장보살님이십니다.

지장보살님은 지옥에 있는 모든 중생이 제도될 때까지 성불하지 않겠다는 커다란 원력을 세우신 분입니다. 지옥에 있는 중생들은 전생에 아주 악한 짓을 했던, 그래서 가장 구제하기 힘든 존재들이지요. 지장보살님은 바로 이런 중생들을 구제하겠다는 원력을 세우신 분입니다. 그래서 위대한 원력을 세우신 아주 높으신 분이라는 의미로 '대원

본존(大願本尊)'이라 부르기도 하지요.

우리나라와 중국, 일본에는 지장신앙이 널리 퍼져 있습니다. 관세음보살님께 기도해서 커다란 영험과 가피를 얻은 사례가 많이 전해지는 것처럼, 지장보살님께 기도해서 놀라운 일을 체험한 사례도 많이 전해지지요. 그래서 이번에는 지장보살님과 관련된 이야기들을 해드릴까 합니다.

지장재일에 찾아오는 거사님

제가 과거 어느 포교당에 머물렀을 때 그 포교당을 다니던 부부 불자님이 있었어요. 칠순 정도 되어 보였던 이 노부부는 모두 불심이 깊으셨습니다.

보통 절에 가서 신도들을 보면 대개 남자분보다 여자분이 더 많지요. 그런데 이 부부 가운데 거사님은 사업을 하느라 바쁜 와중에도 포교당을 부지런히 찾아오곤 했습니다. 특히 지장재일에 말이지요.

재일에 영가를 위한 재를 올릴 때는 과일이나 떡 같은 것을 올립니다. 그런데 그 과일값이나 떡값이 좀 비싼 편이지요. 그런데 이 거사님은 매달 혼자서 이 공양을 모두 올렸습니다. 아무리 사업하는 분이라지만 매달 몇십만 원 되는 돈을 들이면 부담스러웠을 텐데 말이지요. 그런 모습을 볼 때마다 '참 불심이 깊은 분이구나.' 하는 생각을 하곤 했습니다.

어느 날 그분과 대화를 나누게 되었습니다. 그때 그분은 당신의 불심이 깊어지게 된 계기에 대해서 이야기해 주시더군요.

그 거사님은 오래전에 큰 병에 걸린 적이 있다고 합니다. 병원에서도 어떻게 할 수 없을 정도로 위험한 상태였다지요. 어쩔 수 없이 그분은 병원 치료를 포기하고 종교에 의지하기로 했답니다. 그리고 지금은 돌아가신 어느 어른스님을 만났대요. 그때 스님이 말씀하시기를 그 병은 전생의 업보로 생긴 것이니, 그 업장을 소멸시키면 병이 나을 것이라고 했답니다.

"그럼 업장은 어떻게 소멸해야 합니까?"

거사님의 질문에 큰스님께서는 지장기도를 추천해 주셨대요. 어차피 다른 길도 없고 하니 그날 이후로 거사님은 열심히 지장기도를 했다고 합니다. 그러더니 기적같이 몸이 나아 버렸대요.

다시 건강해진 거사님은 원력을 하나 세웠다고 합니다. 불보살님께 은혜 갚는 마음으로 남은 삶을 살아가겠다고 말이지요. 불심 깊은 불제자로 신앙 생활을 하는 것도 그 원력 때문이라는 것이 거사님의 이야기였습니다.

선운사로 돌아온 지장보살상

전북 고창에 가면 선운사라는 큰 절이 있습니다. 이곳의 대표적인 성보로 우리나라 보물로도 지정된 금동지장보살좌상에는 신비한 일화가 깃들어 있지요.

　일제강점기였던 1936년, 이 지장보살상은 일본으로 밀반출되어 아주 비싼 값에 팔렸다고 합니다. 그런데 불상을 구입한 한 일본인이 지장보살상을 집에 모셔 놓고 잠을 자는데 그때 꾼 꿈이 참 묘했다고 해요. 이야기인즉, 꿈에 그 불상과 똑같이 생긴 지장보살님이 나타나셔서 이렇게 이야기하시더랍니다.

　"내 고향은 저 전라도 고창에 있는 도솔산이다. 그러니 나를 어서 보내다오."

　그 사람은 처음엔 '아, 내가 너무 귀한 보물을 얻어서 이런 꿈도 꾸는구나.' 정도로 생각했대요. 그런데 그 후로 며칠에 한 번씩 계속 그 지장보살님이 나타나셔서 "보내다오, 보내다오." 하시더랍니다. 이 일본 사람은 비싼 돈을 주고 손에 넣은 귀한 불상을 포기하기 싫었겠죠. 그래서 그 반복되는 꿈을 무시했대요. 하지만 그 뒤 이상하게도 가세가 점점 기울고, 전에 없던 병도 생겼다고 합니다. 그래서 결국 다른 일본인에게 불상을 팔고 말았지요.

　문제는 새로 불상을 구입한 일본인도 똑같은 꿈을 꾸게 된 것입니다. 이 사람도 물론 처음에는 그 꿈을 무시했어요. 하지만 그 전과 마찬가지로 이 사람 역시 점점 가세가 기울고, 건강도 나빠졌다고 합니다. 결국 불상은 다른 사람에게 팔립니다.

　세 번째에는 괜찮았을까요? 아니요, 마찬가지였습니다. 그러니 새로 불상을 얻은 사람도 귀한 불상이 생겼다는 흐뭇한 마음이 얼마 가지 못했어요. 그런데 이 사람은 이전 사람들과는 조금 달랐나 봅니다. 이 불상이 어디서 온 것인지 여기저기 수소문해 본 것이지요. 그러고는 이 불상이 우리나라 전라도 고창 선운사에서 도난당한 것이라는 사실을 알게 되었답니다. 결국 불상은 이 사람 덕으로 1938년 11월에 무사히 선운사로 돌아왔다고 합니다.

이 이야기는 당시에 큰 화제가 되었다고 해요. 금동지장보살좌상은 지금 선운사성보박물관에 봉안되어 있는데, 선운사를 방문하시는 분들은 지장보살상을 친견하는 귀한 시간을 가지셨으면 좋겠습니다.

지장보살님께서 놓아 준 침

이렇게 신비한 이야기가 전해지는 선운사의 산내암자인 도솔암은 또한 지장기도로 유명한 곳입니다. 이곳에서 지장보살님께 간절히 기도해 건강을 회복한 보살님의 일화를 들려드리고자 합니다.

이 보살님은 당시 40대 후반의 여느 주부들처럼 남편 챙기랴, 아이들 키우랴 매일 같이 바쁜 나날을 보내셨다고 합니다.

그런데 어느 날 가슴에 무언가 딱딱한 것이 잡혀서 병원에 가 봤더니 유방암 진단을 받았다고 해요. 게다가 이미 다른 곳에 전이까지 된 상태였다고 합니다. 그러니 의사도 별수가 없어서 그저 노력해 보겠다는 말밖에 안 하더랍니다.

청천벽력 같은 이야기를 들은 보살님은 정신이 멍해지더래요. 갑자기 죽을병에 걸렸다니 얼마나 상심했겠습니까? 그런데 이분은 불심이 깊어서 그런지 문득 이런 생각을 했대요. 이것도 내 업보 때문일 것이니 남아 있는 시간 동안 기도나 열심히 드리다가 편안하게 임종을 맞이하자고 말이지요.

그래서 보살님은 선운사 도솔암을 찾아 지장보살님 앞에서 기도를 시작했다고 합니다. 그런데 기도를 하다 보면 과거에 잘못했던 것, 서러웠던 것, 답답했던 것 등등 오만 가지 생각이 다 떠오르는 법이지요. 이 보살님도 그랬다고 합니다. 내가 왜 이런 고통을 당해야 하나 하는 생각에 눈물, 콧물 다 빼면서 기도했대요. 그러면서도 '부처님, 제가 지은 업장을 참회합니다. 죽을 때 죽더라도 편안히 죽게 해 주십시오.' 하고 간절하게 기도를 했답니다.

보살님은 처음 100일 기도를 하겠다는 마음으로 도솔암에 갔다고 합니다. 그런데 기도를 시작한 지 23일째 되던 날에 몸이 완전히 탈진해 버린 겁니다.

법당에 쓰러져 비몽사몽간에 있는데, 눈앞에 신기한 일이 벌어졌습니다. 불단 위에 앉아 계시던 지장보살님이 일어나서 내려오시는 모습이 보이는 겁니다. 그러고는 이렇게 말씀하시더래요.

"저승사자가 코앞에 와 있는데 이렇게 잠만 자면 어떻게 하느냐?"

지장보살님은 품에서 대침을 꺼내시더니 보살님 등에 세 번을 꽂으시더랍니다. 이분은 지장보살님의 커다란 침을 보니 조금 겁이 나긴 했지만 침이 꽂히고 빠질 때마다 등줄기와 가슴이 시원해지는 것을 느꼈다고 해요. 그러고는 마지막 세 번째로 침이 꽂혔다가 빠지는 순간 눈을 번쩍 떴다고 합니다.

일어나 어안이 벙벙해져 있는데, 이상한 건 꿈에 침을 맞을 때와 같은 시원함이 느껴졌다는 점이었습니다.

'별 희한한 꿈이 다 있네.'

아무튼 보살님은 기도를 계속해서 100일을 채웠다고 해요.

도솔암에서 돌아온 보살님은 이후 다시 병원을 찾았다고 합니다. 그런데 놀라운 결과가 나왔대요. 의사가 진찰해 보더니 암이 사라졌다는 겁니다.

도솔암에 전해지는 이런 기적 같은 이야기와 같이 인생의 절벽 앞에서 기사회생했다는 이야기가 우리 불교에서는 굉장히 많이 전해진다는 걸 여러분들에게 다시금 말씀드리고 싶습니다.

어떻게 보면 허무맹랑하게 느껴지는 이런 이야기를 한 귀로 듣고 한 귀로 흘리시면 안 됩니다. 여러분이 직접 이런 실천해 보는 게 중요합니다. 관세음보살님을 불러도 좋고, 지장보살님을 불러도 좋고, 〈광명진언〉을 해도 좋습니다. 어떤 것이든 오직 간절한 마음으로 열심히 기도하면 우리 삶을 가로막는 장애물들이 조금씩 떨어져 나가는 것을 느낄 수 있을 것입니다. 어떤 식으로든 열심히 기도하셔서 업장을 소멸하시기 바랍니다.

요시코, 귀신을 천도하다

『지장경』은 지장보살님의 여러 가지 능력에 대해 이야기합니다. 지옥에 떨어진 중생을 천도하는 것도, 살아 있는 사람을 괴롭히는 악귀들을 제도하는 것도 모두 지장보살님의 능력이지요.

이번에는 일본에서 유명한 이야기를 하나 해 보겠습니다. 관음신앙이 발달한 우리나라와 달리 지장신앙이 더욱 발달한 일본에는 지장보살님과 관련된 이야기가 많이 전해집니다.

지금으로부터 300여 년 전에 요시코라는 젊은 아가씨가 있었다고 합니다. 이 아가씨가 어느 집안으로 시집을 갔는데, 결혼을 하고 나니 시부모님이 며느리를 불러서 이런 이야기를 하더래요.

"애야, 네가 이제 우리 집안 사람이 되었으니 하나 알려 줄 것이 있다."

무슨 이야기일까요? 요시코는 귀를 쫑긋 세우고 들어보았습니다.

"사실 우리 집안은 무서운 저주에 걸려 있단다. 우리 집안에 시집온 며느리들 몇은 서른을 못 넘기고 요절해 버리지. 오래전에 한 여자가 우리 집안 남자에게 원한을 품고 죽었는데, 그 이후로 이렇게 되어 버렸구나."

그러면서 시어머니 하시는 말씀이 사실 자기도 두 번째 부인인데 첫 번째 부인은 아니나 다를까 서른을 못 넘기고 죽었다는 겁니다. 그런데 요시코는 당시 스물한 살이었대요. 서른 살에 죽어야 한다면 요시코가 살 날은 9년밖에 남지 않았던 것이지요. 제가 만약 그 집안 남자였다면 애꿎은 부인이 요절하는 일이 없도록 아예 결혼을 안 했을 것 같아요. (웃음)

아무튼 가슴이 철렁한 요시코는 친정에 가서 어머니에게 이 이야기를 했습니다. 그러니까 어머니가 이렇게 말하더래요.

"네게는 두 가지 길이 있다. 하나는 앞으로 남은 시간 동안 너 먹고 싶은 것, 하고 싶은 것, 실컷 누리다가 서른 살에 죽는 거다. 어차피 10년도 못 살 테니 시댁 식구들도 너한테 뭐라 하지는 않을 거다. 다른 하나는 앞으로 자나 깨나 지장보살을 염하는 거다. 꿈에서도 염불할 정도로 간절하게 한다면 분명 지장보살님께서 이 저주를 풀어 주실 거다."

시댁으로 돌아간 요시코는 열심히 염불했습니다. 아침에 일어나면 제일 먼저 지장보살을 염했습니다. 설거지하면서도, 빨래하면서도, 청소하면서도 쉬지 않고 지장보살을 염했습니다. 그렇게 염불로 9년을 보내고 나니 요시코는 서른이 되었죠. 예정된 죽음의 시간이 다가온 것입니다.

그해 어느 날 요시코는 꿈을 꿉니다. 그 꿈속에서 요시코는 머리를 풀어헤치고 피눈물을 흘리는 여자 귀신을 만났습니다.

"나는 과거 이 집안 남자들에게 원한을 품고 죽은 여자의 원혼이다. 지금까지 나는 이 집안에 복수하기 위해 이 집 며느리들이 서른을 넘기기 전에 모두 요절하게 만들었다. 올해는 네가 서른이 되었으니 마땅히 요절하게 해야 할 것이다. 하지만 네가 지난 9년 동안 지극하게 염불한 가피로 내가 가지고 있던 원한이 다 녹아 버렸다. 이제는 나도 해묵은 원한을 버리고 좋은 곳으로 갈까 한다. 그러니 네가 나를 좀 천도해다오."

귀신은 그 방법을 알려 주었습니다. 『지장경』 안에 있는 〈츰부다라니〉라는 주문을 목판에 새겨 10만 장을 찍은 후, 그것을 음식과 함께 강에 널리 뿌리며 지장보살을 염하라는 것이었습니다.

　꿈에서 깬 요시코는 남편에게 꿈 이야기를 했습니다. 이 범상치 않은 이야기에 남편도 함께 그리 해 보자 하고는 귀신이 시킨 대로 〈츰부다라니〉 10만 장과 음식을 준비한 다음 강에 가서 배를 타고 지장보살을 염하며 준비해 간 것을 널리 뿌렸습니다.

　그렇게 의식을 마치고 고단한 몸으로 돌아온 그날 밤, 요시코는 또다시 신비한 꿈을 꾸었습니다. 남편과 자신이 낮에 갔던 강의 모습이 펼쳐지더니 허공에서 어떤 키 큰 스님이 그 위로 내려오더랍니다. 그 스님은 긴 밧줄 같은 것을 강물 속으로 던져 넣고는 요령을 흔들며 염불을 했대요. 이윽고 스님이 줄을 슬슬 당기기 시작하는데, 오만 가지 귀신들이 그 줄을 붙잡고 덕지덕지 올라오더랍니다. 목 잘린 귀신, 팔 잘린 귀신, 다리 잘린 귀신, 아기를 안은 귀신 등등 온갖 귀신이 다 있더래요. 이윽고 스님은 요령을 흔들고 염불을 하면서 줄에 매달린 그 수많은 귀신들을 데리고 하늘의 빛 속으로 사라졌다고 합니다. 요시코의 집안을 괴롭히던 여자 귀신뿐만 아니라 그 강과 인연이 있는 모든 귀신들이 요시코 덕분에 모두 천도되었던 것이지요.

　그 후 요시코는 지장보살님의 은혜를 갚기 위해 자신의 집을 절로 바꾸고 이름을 '지장사'라 했다고 합니다. 그 지장사는 지금도 일본에 있는데, 요시코가 10만 장의 〈츰부다라니〉를 찍을 때 사용했던 목판이 아직 남아 있다고 해요. 그래서 사연 많은 불자들이 지장보살님의 영험과 가피를 얻고자 이곳을 찾아 열심히 기도하고 있다고 합니다.

츰부츰부 츰츰부 아가서츰부 바결랍츰부 암벌랍츰부
비러츰부 발절랍츰부 아루가츰부 담뷔츰부 살더뭐츰
부 살더일허머츰부 비바루가찰뷔츰부 우버삼머츰부
내여나츰부 발랄여삼무지랄나츰부 찰나츰부 비실바
리여츰부 서달더랄바츰부 비어자수재 맘히리 담미섬
미 잡결랍시 잡결랍믜 스리치리 시리결랄뷔 버러 발날
디 히리벌날비 뷜랄저 러니달니 혈날달니 뷔러저저 저
저 히리미리 이결타 탑기탑규루 탈리탈리 미리 뭐대더
대 구리미리 앙규즈 더비 얼리 기리 뷔러기리 규차섬믜
리 징기둔기 둔규리 후루후루 후루규루 술두미리 미리
디 미리대 뷘자더 허러히리 후루후루루

세상엔 참 희한한 일들이 많이 일어납니다. 그런 이야기들만큼 여러
가지 사연을 안고 인생을 힘들게 사시는 분들이 많을 겁니다. 하지만
걱정하거나 두려워하지 마시고 지장보살님을 간절히 부르십시오. 어
떤 악독한 귀신도, 혹독한 인생의 고난도 감히 여러분들을 해하지 못
할 것입니다.

참회와
업장 소멸

살다 보면 힘든 일도 생기는 법이지만, 문제는 그런 일들이 연속해서 생길 때도 있다는 겁니다. 가뜩이나 힘든데 옆에서 자꾸 죽어라, 죽어라 그러면 정말 힘들지요.

이렇게 힘든 일이 자꾸 생기는 건 그 사람의 업장이 그만큼 두껍기 때문입니다. 업장이란 업의 장애물, 즉 우리의 행복을 방해하는 장애물이라 말씀드렸습니다. 그래서 불교에서는 옛날부터 '업장 소멸'이라는 말을 많이 사용했지요.

"스님, 일도 잘 안 풀리고 괴로워요."

"업장을 소멸하셔야 합니다."

"스님, 수행에 집중이 잘 안 돼요."

"업장을 소멸하면 수행이 잘 됩니다."

이렇게 모든 고통은 다 업장으로 귀결됩니다.

업이라는 것은 결국 자기가 지은 것이요, 자기가 지은 업은 자기가 받습니다. 그래서 '자업자득(自業自得)'이라고 하지요.

전생에 복을 많이 짓고 선업을 많이 지었으면 업장이 가볍습니다. 업장이 가벼우니까 힘들고 괴로운 일들은 줄고, 좋은 일들이 자꾸 생기지요. 반대로 전생에 악업을 많이 지었다면 업장이 두껍습니다.

어떤 사람은 이렇게 이야기합니다.

"내가 남편을 잘못 만나서⋯. 남편만 아니면⋯."

하지만 남편을 선택한 사람은 누군가요? 바로 나 자신입니다. 그때는 뭐가 씌어서 그 사람을 선택했다고 하는데, 왜 하필 그때 뭐에 씌인 걸까요? 그것도 그 사람을 만날 수밖에 없었던 업의 결과인 것입니다. 내 복대로 그 사람을 만난 것이지요.

그러니 내가 지은 업 혹은 업장은 내가 소멸시켜야 합니다. 그것이 바로 불교의 가장 기본적인 가치관이지요.

업장을 소멸시키는 법

업장을 소멸시키는 것을 불교에서는 '참회법'이라고 부릅니다. 참회는 산스크리트 '크샤마(ksama)'에서 따온 말이라고 해요. 이 말은 '용서를 빌다, 뉘우치다, 참다'를 의미합니다. 용서를 빌고, 뉘우치고, 참는 것, 그것이 바로 크샤마인 것이지요. 이 말을 중국에서 '참회'라고 번역한 것입니다.

참회의 가장 기본적인 정신은 '내가 잘못했습니다'입니다. '과거 전생부터 지금까지 내가 지은 모든 업을 참회합니다', '알았건 몰랐건, 말로든 몸으로든, 내가 타인에게 저지른 그 모든 잘못에 대해 용서를 빕니다' 하는 것이 참회의 방법입니다.

참회는 업장을 녹인다

옛날 인도에 어느 왕이 있었습니다. 이 왕은 다른 나라를 정복하는 전쟁을 벌였습니다. 그래서 수많은 사람을 죽였지만 결국 전쟁에 승리해 엄청나게 넓은 땅의 주인이 되지요. 그런데 전쟁이 끝나자 왕은 두려움에 사로잡히게 됩니다. 그동안 자기가 지은 살생의 업보가 무거운 만큼 죽어서 분명 지옥에 갈 것이었기 때문이지요.

그 후 그는 자신의 업장을 소멸시키기 위해 열심히 복을 지었습니다. 스님들에게 공양을 올리고, 계율을 지키고, 힘들고 괴로운 사람들을 돕는 등 온갖 착한 일을 했대요.

그런 왕을 보고 신하들이 뒤에서 비웃었습니다.

"이제 와서 그렇게 한다고 해도 지옥에 떨어지는 것을 피할 수 있겠는가?"

어느 날 왕은 신하들 사이에서 도는 이런 이야기를 듣고 말았습니다. 그래서 신하들을 불러 모았지요. 신하들이 다 모이자 왕은 가마솥에 물을 끓이게 했습니다.

솥에 부은 물이 펄펄 끓기 시작하자 왕은 자신이 끼고 있던 황금 반지를 그 안에 집어넣었습니다. 그리고 신하들에게 펄펄 끓는 물 속에 들어간 반지를 꺼내 오라고 시켰습니다. 신하들은 자신들이 하던 이야기를 왕이 들었다고 생각하여 겁에 질렸습니다. 왕이 말했습니다.

"저 가마솥에서 반지를 꺼내 오려면 어떻게 해야 하겠느냐?"

신하들이 대답했습니다.

"왕이시여. 먼저 가마솥 아래에 있는 장작불을 끄고, 솥 안에 찬물을 부어 끓는 물을 식힌 뒤에야 반지를 꺼낼 수 있습니다."

신하들의 대답을 들은 왕이 이야기했습니다.

"나 역시도 그렇게 생각한다. 내가 지금까지 지은 악업은 저 펄펄 끓는 가마솥과 같다. 가마솥을 식히기 위해 불을 끄고 찬물을 붓는 것처럼, 나 역시 내가 지은 악업을 식히기 위해 진심으로 참회하고 끊임없이 선업을 짓고 있는 것이다."

선업도 그렇지만 악업 역시 내가 받을 수밖에 없습니다. 그 업이 크든 작든 무시할 수 없지요. 이런 악업을 소멸시킬 수 있는 방법의 하나가 참회법입니다.

참회를 하라고 하면 이렇게 이야기하는 분도 있습니다.

"스님, 아무리 생각해도 저는 지금까지 살아오면서 잘못한 게 없는 것 같습니다. 그런데 불교에선 왜 자꾸 참회하라고 합니까?"

저는 이렇게 답했습니다.

"지금까지 살아오면서 잘못한 게 하나도 없다는 그 마음을 참회하십시오. 성인(聖人)이 아닌 이상 어떻게 잘못을 저지르지 않을 수 있겠습니까?"

인간은 불완전한 존재입니다. 성인이 아닌 이상 악업을 저지르지 않고 살 수는 없지요. 그래서 나온 이야기가 '알고 지었건 모르고 지었던 내가 지은 업을 참회합니다.'라는 것입니다.

최고 성인의 경지에 이르신 관세음보살이나 보현보살, 문수보살 같은 위대한 분들도 참회하신다고 합니다. 그분들은 악업을 지을 일 자체가 없는데 왜 참회하는 것일까요? 그것은 자신이 저지른 악업에 대해 참회하는 것이 아니라 다른 중생들의 잘못에 대해 참회하기 위해서라고 합니다. 이것이 바로 불교의 정신이지요.

구렁이로 환생한 황후

우리 불교에는 참회를 위한 여러 가지 방법이 있습니다. 그중 대표적인 것이 『자비도량참법』을 읽으며 기도하는 것입니다.

『자비도량참법』은 두꺼운 책입니다. 처음부터 끝까지 읽으려면 10시간이 넘게 걸리지요. 그래서 사찰에서는 내용을 나눠서 읽습니다. 이를테면 하루에 한 시간 반씩, 일주일 동안 읽는 식이지요.

그런데 『자비도량참법』은 어떻게 만들어졌을까요?

중국 양나라의 황제인 양 무제라고 들어보셨나요? 이 양 무제는 불심이 매우 깊은 사람이었습니다.

양 무제에게는 치씨라는 황후가 있었는데, 너무 일찍 유명을 달리합니다. 무제는 너무 슬픈 나머지 일이 손에 잡히지 않았고, 잠을 이루

기도 힘들었다고 해요.

그러던 어느 날 침전에 있던 양 무제는 큰 구렁이가 기어 올라오는 것을 보게 됩니다. 그 순간 양 무제는 그 큰 구렁이를 꾸짖었고, 구렁이는 사람의 말로 이야기했습니다.

"폐하, 저는 황후였던 치씨입니다. 황후로 있을 때 저는 항상 폐하의 후궁들을 질투하고 미워했습니다. 그 업 때문에 지금 이렇게 구렁이로 태어났습니다. 폐하, 부디 저를 제도해 주십시오."

불교에서는 윤회론을 말하지요. 우리가 흔히 하는 이야기로 밥 먹고 잠만 자면 다음 생에 '소'로 태어난다고 합니다. 마음에 독을 품고 화를 잘 내면 다음 생에 '독사'로 태어난다고도 하고요. 또 잠이 많은 사람들은 바위 아래 같이 어둡고 습한 곳에 붙어사는 '벌레'로 태어난다고 말하기도 합니다. 그러니 자기가 지은 업대로 태어난다는 것이지요. 저는 요즘 우스갯소리로 이런 말을 합니다. 맨날 불 꺼놓고 컴퓨터나 스마트폰 화면만 들여다보는 사람은 불나방이 된다고요. (웃음)

이렇게 내가 지은 업의 파장에 의해서 다음 생이 결정됩니다. 착한 일을 많이 해서 선업을 많이 쌓으면 그 선한 에너지에 의해 천상에 태어납니다. 반대로 끔찍한 악행을 많이 저질러서 악업을 많이 쌓으면 그 악한 에너지에 의해서 지옥에 떨어집니다. 어리석은 마음으로 살아가면 그때는 어리석은 축생으로 태어나게 됩니다. 이것이 불교 윤회론의 기초입니다. 부처님께서도 당신이 수많은 과거 전생에 걸쳐 여러 짐승으로 거듭 태어났다고 말씀하시지 않으셨습니까?

구렁이로 다시 태어난 치씨의 간곡한 부탁을 들은 양 무제는 자신의 스승이었던 지공 스님에게 겪은 이야기를 전합니다.

"치씨가 지은 무거운 악업을 참회해야 합니다. 참회법을 따로 만드셔서 죽은 치씨를 위해 기도하고 천도를 올리면 반드시 영험이 있을 것입니다."

양 무제는 지공 스님의 말에 따라 당시의 여러 고승대덕을 모아서 치씨를 천도시킬 수 있는 참회법을 만들어달라고 부탁했습니다. 스님들은 결국 불교의 여러 전적들을 두루 살펴보고 내용을 발췌하여 10권의 책으로 만들었습니다. 그것이 『자비도량참법』입니다.

이후 많은 스님들은 황후 치씨의 업장을 없애기 위해 『자비도량참법』을 염송하고 기도를 올렸습니다. 그러자 황후 치씨가 무제의 앞에 다시 나타나서 말했다고 합니다.

"폐하, 감사합니다. 폐하께서 경전을 독송하여 저의 죄업을 참회해 주신 공덕으로 제가 구렁이의 몸을 벗고 좋은 곳으로 떠나게 되었습니다."

이 일을 계기로 『자비도량참법』의 영험함이 널리 알려졌다고 합니다. 오늘날 우리나라 불자들도 『자비도량참법』을 가지고 7일 기도, 10일 기도 하면서 참회하고 있습니다.

말하는 혹을 단 스님

『자비도량참법』만큼 유행하지는 않았지만, 『자비수참』이라는 얇은 책도 있습니다.

중국 당나라 때 '지현'이라는 법명을 가진 젊은 스님이 계셨다고 합니다. 스님은 평소 자비심으로 사람들을 대하면서 선업을 많이 짓던 분이었지요. 그래서 스님에게 아픈 수행자를 간병하는 소임을 맡겼다고 합니다. 그 후 지현 스님은 아픈 스님들을 지극정성으로 보살폈다고 해요.

그런데 어느 날은 피부가 다 썩어 가는 노스님이 찾아왔다고 합니다. 이 스님은 성질이 나빠서 지현 스님을 때리고, 욕하고, 침을 뱉기 일쑤었다고 합니다. 썩어 가는 남의 피부를 대하는 것만 해도 힘든 마당에 그런 성격까지 감당해야 하니 얼마나 힘들었겠어요? 그래도 지현 스님은 "제가 잘못했습니다. 제가 잘못했습니다." 하면서 열심히 모셨다고 합니다. 다행히 몇 달에 걸친 간병 덕분에 노스님의 병은 완전히 나았다고 하지요. 스님은 지현 스님을 불러서 말했습니다.

"자네가 자비심이 깊다고 소문이 자자하길래 그동안 자네를 시험해 보았네. 앞으로 자네 나이가 마흔이 되면 이 나라의 황제가 자네를 국사(國師)로 부를 것이야."

깜짝 놀란 지현 스님이 말했습니다.

"저같이 부족한 사람이 국사가 되면 안 됩니다. 저는 권력도, 명예도 필요 없습니다."

"아니, 자네는 분명 마흔에 국사가 될 것이네. 다만 그때도 항상 겸손하게 살아야 하네. 그러지 않으면 자네에게 큰 화가 닥칠 것이야."

노스님은 덧붙였습니다.

"혹 국사가 된 뒤에 안 좋은 일을 겪게 되면 잊지 말고 꼭 나를 찾아오게. 저기 다롱산(大容山, 대용산) 깊숙이 들어가면 하늘을 찌를 듯한 소나무 두 그루가 있는데, 내가 그곳에서 기다리고 있겠네."

노스님과 헤어진 후 지현 스님은 계속 열심히 수행했습니다. 아니나 다를까, 스님의 나이가 마흔이 되자 과연 당나라 황제가 칙서를 보냈습니다. 스님의 선행이 천하에 알려져 있으니 마땅히 궁궐로 와서 나라의 스승이 되어달라는 것이었지요. 스님은 마다했지만 계속되는 요청에 결국 응하게 되었습니다. 그리고 '오달'이라는 새 법명도 받았지요.

문제는 국사가 되어 궁에 들어가 항상 황제와 같이 지내다 보니 스님의 마음이 점점 교만해진 겁니다. 그렇게 몇 년을 살고 있는데 넓적다리가 자꾸 아프더래요. '왜 이렇게 아프지?' 하고 봤더니 조그마한 혹이 올라와 있었습니다. 그런데 시간이 지날수록 그 혹이 점점 더 커지더래요. 나중에는 그 혹이 주먹만큼 커졌는데, 이상하게도 그 혹에 사람의 얼굴처럼 눈, 코, 입의 형태가 있더랍니다. 스님은 혹 때문에 고통스러웠지만 국사로서의 체면을 생각해서 아무렇지도 않은 척하고 다녔다고 해요. 그런데 하루는 그 혹이 말을 하더랍니다.

"오달아, 오달아. 너만 먹니? 나도 다오."

말을 하는 혹 때문에 스님은 깜짝 놀랐습니다. 혹이 이제 말까지 하는 지경이 되었으니 스님은 소름이 쫙 끼쳤어요. 그런데 이걸 누구한테 말할 수 있겠습니까? 명색이 한 나라의 국사, 나라의 스승인데, 넓적다리에 혹이 났다는 것도 그렇고, 그놈이 깐족거리는 말까지 하면서 괴롭힌다고 어디에도 말할 수가 없었습니다. 스님은 시름에 빠졌어요.

그때 수십 년 전에 만났던 노스님이 생각났습니다. 국사가 된 다음 교만해지면 화가 닥칠 것이니 그때는 자기를 찾아오라고 했던 그 스님이요. 그래서 오달 스님은 노스님이 말했던 다롱산으로 가서 큰 소나무 두 그루가 있는 곳을 찾아갔습니다. 그런데 그 노스님이 정말 정자에 앉아서 기다리고 있더라는 겁니다.

"그대가 오늘 올 줄 알았다."

스님은 노스님에게 그동안 있었던 일을 이야기했습니다.

"이미 다 알고 있으니 설명할 필요 없다. 저 아래 계곡에 있는 물 속으로 들어가서 몸을 씻거라. 그럼 혹이 없어질 것이다."

오달 스님은 노스님 말씀대로 계곡으로 내려가 물에 들어가려고 옷을 벗고 있는데 혹이 또 말을 시킵니다.

"잠깐, 잠깐만! 씻기 전에 우리 사이에 무슨 인연이 있는지 이야기나 들어보시오."

사실 스님도 그 사연이 궁금하긴 했어요.

"나는 옛날 한나라 때 재상이었습니다. 그런데 당신이 나를 무고하는 바람에 나와 우리 집안이 모두 억울하게 몰살당했지요. 그렇게 한을 품은 나는 귀신이 되어서라도 당신에게 반드시 복수하겠다고 다짐했습니다. 그런데 이번 생에 보니 당신이 출가해서 열심히 수행하고 선업을 쌓는 바람에 복수할 기회가 오지 않았어요. 하지만 당신이 나이 마흔에 국사가 되어 마음이 교만해지고 수행을 게을리하게 되면서 당신을 지켜 주던 착한 신들이 모두 떠나 버렸답니다. 나는 그 틈을 노려 당신의 넓적다리에 혹으로 자라나 당신을 괴롭히고 장차 말려 죽이려고 했습니다. 하지만 당신이 젊은 시절 열심히 복을 지은 덕분에 저 노스님이 도와주니 결국 나는 뜻을 이루지 못하게 되었군요. 나도 이제 모든 원망을 내려놓고 떠날 터이니 부디 열심히 수행하기 바랍니다. 그런데 저 노스님이 누군지 아십니까? 바로 빈두로 존자이십니다."

빈두로 존자는 석가모니 부처님의 제자이십니다. 석가모니 부처님이 세상을 떠나실 때 다음 생에 미륵 부처님이 출현할 때까지 이 세상에 남아서 중생을 제도하라고 명을 받은 신통이 뛰어난 제자 분이지요. 불교 전설에 따르면 빈두로 존자는 지금도 이 세상을 다니시면서 불심이 깊고 선행을 많이 짓는 사람들을 보이지 않게 도와준다고 합니다.

스님은 혹이 하는 이야기를 다 듣고 물속에 들어가 온몸을 깨끗이 씻었다고 합니다. 그랬더니 그 혹이 점점 줄어들다가 결국 사라졌다고 해요.

이 경험을 통해 오달 스님은 전생의 업이 참으로 무섭다는 것을 깨달았습니다. 그러고는 궁궐로 들어가 명예와 권력을 다 내려놓고 평생 중생들을 위해서 참회하는 마음으로 살았다고 합니다. 그렇게 당신이 매일매일 참회하는 마음으로 수행하기 위해서 만든 참회 기도에 대한 책이 바로 『자비수참』입니다.

『자비수참』의 '수' 자는 '물 수(水)' 자입니다. 지현 스님의 혹이 계곡물에 깨끗이 씻겨 나갔던 것처럼, 우리 중생들이 지은 더러운 업장들도 그렇게 깨끗하게 씻겨 나가라는 의미가 담겨 있지요.

참회기도 끝에 사라진 위암

전생의 업이라는 게 이렇게 무섭습니다. 내가 지었던 전생의 업은 반드시 내가 받을 수밖에 없으니까요. 그것을 지혜롭게 풀어내는 것이 불자들이 해야 하는 수행의 첫걸음입니다.

지금 들려드릴 이야기는 앞서 말씀드린 『자비도량참법』 수행으로 병을 이긴 한 비구니 스님의 이야기입니다.

스님은 오래전 충남 서산의 어느 작은 암자에 사셨습니다. 스님 나이가 당시 칠순이셨대요. 어느 날 스님이 속이 안 좋아서 병원에 갔더니 위암을 진단했다고 합니다. 그렇게 투병 생활을 시작했는데 몸이 점점 더 안 좋아지더래요. 그 스님이 키가 160센티미터 조금 넘으셨는데 체중이 35킬로그램까지 줄었다고 하니까요.

그때 같이 수행하던 스님이 찾아와 이런저런 이야기를 나누던 중 이렇게 말했다고 합니다.

"스님이 이렇게 몸이 아픈 것도 다 전생에 지은 업 때문 아니겠습니까. 이번 생은 그냥 마음을 다 비우고 전생의 업이라도 닦는 게 좋을 것 같으니 참회기도를 하시면 어떨까요?"

그러면서 『자비도량참법』을 권했다고 합니다.

스님도 그 말이 맞다고 생각했대요.

'내가 말년에 큰 병에 걸려서 고생하는 것은 다 내가 지은 과거의 업 때문이다. 내가 지금 풀지 않으면 다음 생에 또 가져가야 하지 않겠나. 이번 생에 내가 이 업장을 소멸하고 가겠다. 죽을 때 죽더라도 기도

하고 죽자.'

그래서 『자비도량참법』 기도를 하루종일 하셨다고 해요. 물론 쉽지 않았습니다. 아픈 몸으로 기도를 하니 입술이 떨리더래요. 하지만 '죽을 때 죽더라도 편안한 마음으로 업장 소멸시키고 죽자.'라는 마음으로 기도를 계속했다고 합니다.

그런데 이상하게도 입맛이 점점 좋아지더랍니다. 그래서 식사를 잘하다 보니 몸에 점점 힘이 나고, 살도 붙었다 하지요. 그렇게 35킬로그램까지 줄었던 체중이 나중에는 50킬로그램을 넘겼다고 합니다.

스님이 점점 기력을 되찾으니 제자들이 보기에 이상했을 겁니다. 그래서 제자들은 스님을 모시고 병원에 가서 정밀검사를 받았다고 합니다. 그런데 병원에 가서 의사가 보더니 이렇게 말하더래요.

"암이 사라졌습니다, 스님."

암으로 나타났던 스님의 업장이 마음 비우고 기도하니까 소멸된 것이지요.

살다 살다 별일이 다 있지요? (웃음) 그 뒤로 스님은 찾아오는 다른 스님이나 신도들에게 항상 자신의 가피담을 들려주면서 힘들고 괴로운 일이 있으면 항상 참회 기도를 하라고 당부했다고 합니다.

뇌성마비 소녀가 매일 했던 천 배

우리가 참회할 때 기본 마음은 '잘못했습니다'라고 했습니다. 알고 지었건 모르고 지었건 내가 지은 죄업을 참회한다는 거지요. 한편 참회의 가장 기본적인 자세는 바로 '절'입니다. 그래서 절 수행에 있어 가장 일반적으로 하는 108배에 함께 참회기도를 할 수 있게 만들어진 게 있어요. 바로 「108 참회문」입니다.

여러분, '오체투지'라고 들어보셨지요? 머리와 양쪽 팔꿈치, 양쪽 무릎이 땅바닥에 닿는 것을 오체투지라고 부릅니다. 즉 절의 다른 표현이지요.

오래전 여기에서 제목을 따온 『오체투지』라는 책이 나왔습니다. 한경혜라는 분이 본인의 실제 체험을 이야기한 책인데 그 내용이 아주 감동적이었습니다.

이분은 어린 나이에 뇌성마비 진단을 받았다고 합니다. 일곱 살이 되었을 때는 온몸이 굳어서 생명이 위급한 지경까지 갔대요. 그런데 이분 어머니가 독실한 불자라서 혹시나 하는 심정에 그 당시 우리나라 최고의 큰스님이셨던 해인사 백련암의 성철 스님을 찾아갔다고 합니다.

성철 스님이 이 일곱 살짜리 소녀를 보시더니 말씀하시더래요.

"하루에 천 배씩 해라. 그러면 너는 산다."

밥도 잘 못 먹고, 몸도 제대로 못 움직이는 뇌성마비 소녀에게 하루에 천 배를 하라니요? 불가능해 보입니다.

하지만 소녀는 성철 스님 말씀대로 하루도 쉬지 않고 매일 천 배씩 했다고 합니다. 얼마나 힘들었겠습니까? 그런데 매일 천 배를 하다 보니 진짜 몸이 좋아지더래요. 굳어 가던 몸이 조금씩 풀렸던 것이지요.

소녀는 절 수행에 대해 자신감이 생겼을 겁니다. 그래서 20대 초반이 되었을 때는 하루에 만 배씩 100일 기도를 했대요. 만 배를 하려면 18시간에서 20시간 정도 걸리니까 하루 24시간 가운데 밥 먹는 시간과 눈 붙이는 시간 잠깐을 빼고는 계속 절만 한 것이지요. 하루에 만 배씩 100일 동안 하는 기도를 이분은 세 차례나 했다고 합니다.

그래서 어떻게 되었을까요? 결국 병이 나았다고 합니다. 그리고 지금은 촉망받는 화가로 활발하게 활동하고 있다고 해요.

이렇게 참회에는 공덕의 힘이 있습니다. 지금까지 살아오면서 알게 모르게 내가 지었던 그 업장을 소멸시키기 위해 오늘부터 하루 20분만 투자해 108배를 해 보시기 바랍니다. 한 배, 한 배 정성스럽게 절을 하면서 '제가 지은 모든 죄업을 참회합니다. 제 업장이 소멸하게 해 주십시오.'라고 간절하게 기도해 보시기 바랍니다. 이렇게 여러분의 업장을 꾸준히 소멸시켜 나가면 밝고 행복한 미래가 찾아올 것입니다.

절 수행의
기적

참회의 가장 기본적인 자세가 절이라고 했습니다. 그래서인지 불교에서는 우리가 어떤 힘든 일에 시달려 의지하고 싶은 마음이 들 때 마음을 편하게 하는 기도법으로 또한 절이 좋다고 말합니다.

　여기에서는 절 수행이 도저히 불가능할 것만 같던 분들이 의지 하나로 간절하게 절 수행을 하여 불보살님의 가피를 받게 된 이야기를 해드리고자 합니다.

아픈 허리로 절 수행을 하신 보살님

제가 있던 서울의 어느 절에 '대도월'이란 법명의 보살님께서 찾아주셨습니다. 차를 한 잔 하는 동안 보살님께서 아주 재미있는 이야기를 해 주셨지요.

보살님은 심한 허리 협착증에 시달리셨다고 합니다. 그 고통이 어느 정도였느냐 하면 천천히 길을 걸어도 5분밖에 걷지 못하고 주저앉아야 했을 정도였다고 해요. 그런 보살님은 108배를 3년 동안 매일 하루도 빼지 않고 했답니다. 허리도 안 좋은 분이 그렇게까지 절을 한다는 것은 정말 대단한 일이지요.

그렇게 3년 동안 정성스럽게 절을 했더니 허리 협착증이 저절로 나아 버렸다고 합니다. 수술을 받은 적도, 이러저러한 주사를 맞은 적도 없었는데 말이죠. 차를 마시면서 말씀하시는 목소리가 아주 우렁차고 쌩쌩해 보였으니 고통을 완전히 극복하신 듯했습니다.

그런데 108배 수행을 3년 동안 매일 하면서 사라진 것은 허리 협착증만이 아니었다고 합니다. 보살님에겐 골다공증도 있었는데, 20년 동안이나 계속 약을 드셨다고 해요. 하지만 108배 수행을 하고 나서 검사해 보니 병원에서 약을 그만 끊어도 되겠다고 하더랍니다. 그 이후로 지금까지 계속 약을 안 드시고 계신대요.

절을 다른 말로 '오체투지'라 부른다고 말씀드렸습니다. '몸의 다섯 부위를 바닥에 댄다'는 뜻입니다. 몸 다섯 곳이란 어디를 말하는 겁니까? 첫째가 이마, 그다음 양쪽 팔꿈치, 그리고 양쪽 무릎, 그래서 이 다섯 군데를 바닥에 댄다 해서 오체투지라고 부릅니다.

옛날부터 우리가 부처님을 생각하면서 오체투지, 절을 열심히 정성스럽게 하면 무한한 공덕과 가피를 받을 수 있다고 했습니다. 그런데 단순히 종교적이고 신앙적인 의미를 벗어나 오체투지라는 자세 자체가 건강을 북돋아 준다고 해요. 건강한 몸과 마음을 지탱해 주는 데 탁월한 효과가 있다는 겁니다.

어느새 나아 버린 우울증

과거 〈0.2평의 기적〉이라는 제목의 다큐멘터리가 방송된 적이 있었습니다. 오체투지의 과학적인 건강 효과에 대해 약 1시간 가까이 다루었지요. 당시 그 프로그램이 상당한 화제를 모아서 잠깐이지만 '108배 붐'이 일었어요.

제가 아는 분 중에 심한 우울증에 걸리셨던 분이 있습니다. 우울증은 무심코 지나치면 안 되는 위험한 병이지요. 먹고 살기 편해서 걸리는 병이 우울증이라고 하면서 우습게 보기도 하는데 그러면 안 됩니다.

이분도 어느 스님에게 매일 꾸준히 108배를 해 보라는 말을 들었답니다. 이미 많은 사람들이 108배로 효과를 보았다는 것이 스님의 이야기였지요.

그래서 집에서 108배를 시작했는데 처음에는 힘이 들어서 108배를 다 채우지 못했다고 합니다. 하지만 희한한 것이 절을 하면 마음이 편안해지는 느낌이 들더래요.

한의학에는 '수승화강'이라는 말이 있습니다. 차가운 것[水]은 위로 올라가고, 뜨거운 것[火]은 밑으로 내려가야 건강을 유지할 수 있다는 뜻이지요. 이 수승화강을 실현시키는 가장 좋은 운동법이 바로 절 수행이라고 합니다. 절을 하면서 마음이 편안해졌다는 말씀도 이와 관련이 있지 않을까 싶어요.

이분은 하루 108배를 꾸준히 하면서 점점 다리에 힘이 붙더랍니다. 그러다 보니 하루 이삼백 배를 하게 되었고, 급기야는 3천 배까지 하게 되었대요. 이제 이분은 우울증 약을 거의 먹지 않고도 잘 지내고 계신다고 합니다.

불교는 실천의 종교이고, 수행의 종교입니다. 기도를 하면 부처님이 정말 나를 도와주시는 것인지, 부처님이나 보살님을 향해 절을 하면, 또는 염불을 하면 정말 가피를 받는 것인지, 그리고 그 원리는 도대체 무엇인지를 우리 중생이 모두 헤아리기는 어렵습니다. 중요한 것은 이런 실천이나 수행엔 반드시 어떤 효과가 따라온다는 사실입니다.

우리가 전기의 원리에 대해 잘 모른다고 하더라도 전기 스위치를 켜면 전등에 분명히 전기가 들어옵니다. 마찬가지로 실천과 수행이 어떤 효과를 가져오는 원리를 잘 모르는 사람이라고 하더라도 그 사람이 기도하고, 절을 올리고, 염불을 하면 반드시 효과가 따라옵니다. 한마디로 말해 우리는 어떤 원리를 모르더라도 그 원리에 기반한 효과는 분명 체험할 수 있습니다.

암을 이긴 절 수행의 가피

서울 화계사 신도인 한 거사님이 계셨습니다. 이분은 9년 동안 100만 배를 하셨다고 해요. 매일 108배, 매주 주말에 3천 배하기를 9년 동안 꾸준히 하신 겁니다. 거사님도 절 수행을 하면서 여러 좋은 효과를 보셨다고 해요.

한번은 거사님의 부인 되시는 분이 유방암에 걸리셨다고 합니다. 그런데 암이 간까지 전이가 되어 버렸대요. 진찰을 한 의사도 상당히 위험한 상태라고 말했답니다.

우리 중생들은 무언가 벽에 부딪힌 것 같고, 절벽 위에 선 것 같은 느낌이 들 때면 누군가에게 의지하고 싶은 마음이 간절히 들기 마련입니다. 이 거사님 역시 부인의 고통스러운 투병 생활을 함께하면서 더욱 정성스럽게 부처님께 절을 올렸다고 해요.

그런데 한번은 절을 마치고 집에 와서 잠을 자는데 꿈에 부인의 유방이 보이더래요. 그런데 그 유방에 있는 덩어리가 점점 작아지더니 조그마한 점으로 변하더랍니다. 꿈을 깨고 나서 참 희한한 꿈이다 싶었답니다. 그 후로 무슨 일이 생겼을까요? 꿈에서 본대로, 과연 부인의 암 덩어리가 점점 작아지더니 더 이상 악화되지 않고 멈춰 있게 되었다고 합니다. 신기한 일이지요. 이런 것이 다 실제로 일어난 일입니다.

갑상선 암 덩어리가 사라지다

예전에 어느 불교계 신문에서 읽었던 이야기 하나를 소개해드리겠습니다.

아이 넷을 둔 어느 주부님이 있었다고 합니다. 그런데 이분 남편이 사업을 크게 하다가 망해 버렸대요. 그 바람에 남편은 방황하게 되었고, 집안의 경제 사정도 너무 어려워졌다고 합니다. 결국 이 주부님이 극도의 스트레스를 받은 나머지 몸이 안 좋아졌대요.

어느 날은 컨디션이 너무 안 좋다 싶어서 병원에 갔답니다. 나중에 결과를 받아 보니 악성 갑상선암이었다고 해요. 0.1센티미터짜리 셋, 0.3센티미터짜리 하나, 0.7센티미터짜리 하나, 이렇게 해서 모두 다섯 개의 암 덩어리가 있더랍니다. 의사는 다소 위험한 상태이니 최대한 빨리 수술을 하자고 했답니다.

의사의 말대로 수술을 하기로 마음먹은 보살님은 평소에 모시던 어느 스님과 이야기를 하게 되었답니다. 자초지종을 모두 들은 스님은 병에 걸린 것은 마음의 병이 있기 때문이니, 일단 마음의 병이라는 근본 원인부터 해결해야 하지 않겠느냐고 하시더랍니다. 그러고는 그날부터 절을 해 보라고 하셨답니다. 이 보살님도 스님 말씀이 옳다 싶어서 그날부터 부지런히 절을 하셨답니다.

그런데 여러분 잘 아시겠지만 갑상선이 안 좋으면 몸이 금세 피곤해진다고 해요. 이분도 한 배 한 배 절하는 것이 너무 힘들고 괴로웠다고 하지요. 그런데 절을 하면 할수록 이상하게도 몸 컨디션이 나아지고 기운도 나더랍니다. 이 맛에 기분이 좋아진 주부님은 더욱 꾸준히 절을 하셨다고 해요.

이렇게 4개월을 보내고 이 보살님은 다시 병원에 갔답니다. 그런데 다시 검사를 해 보니 0.1센티미터짜리 암 덩어리 세 개가 모두 사라져 버렸더래요. 놀라운 일이지요? 이런 결과를 본 보살님은 잠시 잠깐 게을러지더랍니다. 암 덩어리가 세 개가 이미 사라졌으니 이러다가 그냥 낫게 되는 것 아닐까 하는 생각이 들었던 것이지요.

그때 절을 권하셨던 스님께서 이럴 때 더 열심히 해야지 여기서 멈칫하면 오히려 더 안 좋은 상황이 올 수도 있다고 하시면서, 수행을 더 열심히 밀어붙이라고 하시더랍니다. 그래서 다시 마음을 잡고 다시 4개월 동안 절을 하셨다고 해요.

그리고 다시 병원에 가 보니 이번에는 0.3센티미터짜리 암 덩어리한 개가 사라졌고, 마지막으로 남은 0.7센티미터짜리 암 덩어리도 0.6센티미터로 크기가 줄어들었더랍니다. 그러니까 원래 있던 암 덩어리다섯 개 중에서 네 개가 소멸된 것이었지요.

그 후로 이 보살님은 굉장히 건강해지셨다고 합니다. 또한 어수선하고 불화가 가득했던 집안 역시 화목한 분위기를 되찾게 되었대요. 보살님이 말하길 이것이야말로 절을 해서 얻은 가장 큰 소득인 것 같다고 하시더군요.

이처럼 절을 해서 병 치료에 효과를 본 일화들이 있습니다. 이런 이야기를 들으시면서 108배를 생활화해야겠다는 마음을 일으켜 보기 바랍니다.

다들 공감하시겠지만 건강이란 한 번 잃고 나면 회복하기 어렵습니다. '나는 건강하니까 아무 걱정할 것 없다'고 자만하지 마시고 집에서 깨끗한 담요 하나 깔아 놓은 다음 매일 절을 해 보세요. 그렇게 꾸준하게 수행하신다면 건강한 분들은 더 건강해질 것이고, 평소 몸이 안 좋은 분들도 분명 효과를 볼 것입니다.

절 수행에 관한 질문들

간혹 이런 질문을 하시는 분들이 계십니다.

"스님, 저도 나름대로 108배를 매일 했는데 딱히 효과를 보지 못한 것 같아요."

이런 분들에게 저는 108배를 얼마 동안 하셨냐고 여쭈어 봅니다. 그러면 "한 2주 한 것 같아요." 하는 답이 돌아오곤 해요.

그런데 2주 정도 절을 한 것 가지고 효과가 있네, 없네 하면 안 됩니다. 아까 말씀드렸던 대도월 보살님은 허리 협착증을 견디며 3년 동안 하루도 빼지 않고 절을 하셨다고 했지요? 그분처럼 시간을 들여서 꾸준히 하는 것이 중요합니다. 108배를 하는 데에는 많은 노력이 필요하지 않습니다. 빨리하면 15분, 천천히 하면 30분 정도에 할 수 있는 것이 108배니까요. 아침이든 저녁이든 하루 20분만 투자해서 꾸준히 108배를 해 보실 것을 권해드립니다. 그렇게 몇 개월 정도 해 보시면 몸과 마음이 건강해지는 것을 분명 느끼실 것입니다.

이런 질문을 하시는 분도 계십니다.

"스님, 제가 절을 좀 열심히 한 적이 있습니다. 그런데 건강해지기는커녕 오히려 무릎 연골을 다쳤습니다."

절을 하다가 부작용을 경험하시는 분들은 대개 절을 급하게 하는 경향을 가지신 분들입니다. 몸이 준비되지 않은 상태에서 억지로, 그것도 급하게 절을 하면 관절에 무리가 옵니다. 그러니 오늘 안에 꼭 천 배를 채워야지, 혹은 3천 배를 채워야지 하는 마음으로 절을 하면 안 됩니다.

숫자에 집착하지 말고 천천히, 그리고 꾸준히 하는 것이 중요합니다. 절을 하다 보면 허벅다리에 근육이 붙게 되고, 무릎과 골반에 뭉쳐 있던 기혈이 차츰 풀리게 됩니다. 그렇게 되면 절은 자연스럽게 빨리 됩니다. 그러면 또 이렇게 물어보시겠지요?

"스님, 그럼 절을 어떻게 해야 하는 것인가요?"

간단합니다. 가까운 절에 가서서 스님들께 여쭤 보시면 됩니다. 사람이 찾아와서 절 좀 가르쳐달라고 하는데 가르쳐 주지 않을 스님은 아마 없을 것입니다. 혹시라도 스님이 바빠서 힘들다고 하면 일단 법당에 가서 앉아 계십시오. 거기 가 보시면 왔다갔다 하시는 불자님들이 계십니다. 그분들 중에서 가장 인상 좋아 보이는 불자님을 찾아 한번 살짝 이야기해 보세요. 절하는 법 좀 가르쳐 달라고요. 그러면 우리 마음 좋은 불자님께서 잘 가르쳐 주실 것입니다.

물론 부끄러워서 말하지 못하는 분들도 계실 겁니다. 그런 분들을 위한 방법도 있습니다. 인터넷이나 유튜브에 "오체투지", "108배", "절하는 법"이라고 검색해 보시면 절하는 법을 단계별로 하나하나 설명해 주는 동영상들이 여럿 나옵니다. 얼마나 좋은 세상입니까? 그러니 절하는 법을 배우지 못해서 못 할 일은 이제 없을 것입니다. (웃음)

어떤 분은 또 이렇게 말씀하십니다.

"스님, 바빠서 시간이 없고, 몸도 너무 피곤합니다. 절하는 20분, 30분 동안에 차라리 잠이나 더 자는 게 나을 것 같아요."

이런 분들일수록 절을 더 하셔야 합니다. 실험 결과에 의하면 피곤한 사람이 절을 하면 몸에 있던 피로 물질인 젖산이 소모되면서 잠을 더 깊이 잘 수 있다고 합니다.

실제로 108배를 꾸준히 하시는 스님들 이야기에 따르면 이삼십 분 더 잤을 때보다 아무리 피곤해도 108배를 하고 잤을 때 다음날 컨디션이 훨씬 낫다고 합니다. 다소 피곤하더라도 108배를 하는 편이 장기적으로 볼 때 몸에 더 좋다는 것이지요. 그러니 피곤해서 절 못 하겠다는 것도 실은 변명이라고 할 수 있습니다.

꿈에서 쏟아진 하얀 벌레

여러분들이 잘 아시는 현대의 고승, 성철 스님께서는 출가하시기 전 결혼 생활을 하셨고, 딸도 두었습니다. 스님이 출가하시고 나자 딸은 아버지도 보지 못한 채 어머니와 할머니 품에서 자라났지요. 이 딸 역시 자라서 출가를 했는데, 이분이 가야산 해인사의 금강굴에 계시는 불필 스님이십니다.

스님께서 회고록을 쓰신 것이 있는데 굉장히 재미있어요. 이번에는 이 회고록에 나와 있는 이야기 하나를 소개해드릴까 합니다.

불필 스님께서 젊은 나이에 출가해 수행하시다가 한 번은 고향에 가신 적이 있었답니다. 집안 식구들에게 인사를 드리고 난 다음 과거에 친하게 지냈던 한 친구 생각이 나서 어떻게 지내는지 식구들에게 물어보았답니다. 그랬더니 어떤 큰 병에 걸렸다고 하더래요.

스님은 걱정이 되어서 그 친구를 찾아갔다고 합니다. 친구를 만나보니 얼굴이 허연 달덩이 같고, 눈썹은 다 빠져서 하나도 없더래요. 그래서 친구에게 이렇게 몸이 안 좋은 것은 전생의 업보 때문일 수 있으니 하루에 천 배씩 해서 100일 동안 기도를 해 보면 어떻겠냐고 했답니다. 병에 걸린 친구는 스님이 그렇게 이야기하시니까 자기도 한번 해 보겠다고 하더래요.

그래서 스님은 그 친구를 데리고 지리산 도솔암으로 들어갔답니다. 친구는 도솔암에서 공양주로 일하면서 남는 시간에 하루 천 배씩 절을 했대요. 좋지 않은 몸으로 스님들 공양 다 챙기고, 설거지까지 하면서 하루 천 배씩 한다는 게 쉬운 일이 아니었겠지요. 그래도 그분은 스님의 말씀을 믿고 묵묵히 일도 하고, 절도 하셨다고 합니다.

그러던 어느 날이었습니다. 처음 목표했던 100일을 채우기까지 21일이 남은 날이었다고 해요. 이때 불필 스님은 친구에게 그동안 꾸준히 하루 천 배를 하여 다리에 힘이 붙었을 것이니 남은 21일 동안은 매일 3천 배를 해 보라고 했답니다. 이번에도 친구는 스님 말씀대로 나머지 21일 동안 매일 3천 배를 하면서 100일 기도를 끝냈다고 합니다.

이후 불필 스님은 친구에게 혹시 무슨 꿈 꾼 것 없냐고 물어보았답니다. 물론 불교에서는 꿈에 너무 집착하지 말라고 가르치지만, 간절한 기도 후에 꿈에서 어떤 영험한 징조를 보았다는 이야기가 불자들 사이에서 많이 전해집니다.

"실은 기도를 마치고 꿈을 하나 꿨습니다. 제가 법당에서 기도를 하고 있는데 웬 기골이 장대한 남자가 나타나더니 물컵을 주며 마시라고 하더군요. 하지만 외간 남자가 주는 거라 받지 않았어요. 그런데 그때 법당 밖에 하얀 옷을 입은 여자가 서 있었는데, 이 여자가 법당으로 쑥 들어오더니 '마셔라, 어서 마셔. 이거 마셔야 좋다.' 이러는 거예요. 저는 그래도 '나중에 마실게요.'라고 말했는데 그러다가 꿈에서 깼답니다."

그러자 불필 스님이 안타까워하며 이렇게 말씀하셨답니다.

"아이고, 그 물컵으로 물 주던 기골이 장대한 남자분이 바로 약사여래이십니다. 그리고 법당 밖에 있다가 안으로 들어와서 물 마시라고 하던 하얀 옷 입은 여인은 관세음보살님이시고요."

약사여래는 병고에 시달리는 중생에게 약을 주기 위해 손에 약병을 들고 계신다고 하지요. 또 관세음보살님은 항상 하얀색 옷을 입는다고 해서 '백의관음'이라고도 합니다. 전생의 업장이 너무 두꺼우면 불보살님이 가피를 내려줘도 스스로 받지를 못한다고 하는데 불필 스님의 친구가 그랬던 것 같아요.

스님은 친구분에게 다시금 매일 3천 배씩 100일 기도할 것을 당부했고, 그분은 응석사라는 절에 가서 스님의 말씀을 따랐습니다. 그리고 기도를 마친 그분에게 스님은 다시금 뭐 좋은 꿈 꾸지 않았느냐 물었다고 합니다.

"제 몸에서 하얀 벌레가 우수수 쏟아져 나가는 꿈을 꿨습니다."

몸에서 대소변이나 벌레 같은 것들이 쏟아져 나가는 꿈을 불교에서는 '업장이 소멸되었다'는 의미로 이해합니다. 따라서 친구가 꾼 꿈은 그 친구의 업장이 많이 소멸되었다는 것을 뜻하는 것이지요. 과연 친구는 3천 배 100일 기도를 마친 후 병이 호전되다 결국 다 나았고, 이후에는 좋은 남자를 만나 미국에서 잘 살았다고 합니다.

만약 그 친구분이 불필 스님을 만나지 못했고, 그래서 절도, 기도도 하지 않은 채로 그냥 살았다면 그분의 인생은 어떻게 되었을까요? 속단할 수는 없지만 저는 그분이 기도를 통해 업장을 소멸시킨 공덕으로 병도 낫고, 행복하게 살게 되었다고 생각합니다.

여러분도 건강해지고 싶다면, 또 운명을 바꾸고 싶다면 우선 직접 수행을 해 보시기 바랍니다. 그리고 그 모든 수행은 108배에서 시작된다는 것을 기억하시면 좋겠습니다.

부처님께 절하여 얻은
삶의 힘

3천 배 수행은 시간도 많이 걸리고, 육체적으로 힘든 수행법이기는 합니다만 절 수행 가운데 대표적인 것 중 하나입니다.

우리나라에 3천 배 수행이 유행하게 된 것은 해인사에 계셨던 성철 큰스님 때부터라고 할 수 있습니다. 이전에는 3천 배를 하는 절 수행이 널리 보급되어 있지 않았다고 해요.

큰스님은 자기를 만나러 오는 신도들에게 먼저 3천 배를 해야 만나 준다고 하셨답니다. '나 보기 전에 먼저 부처님께 3천 배를 올리면서 인사부터 해라. 그렇게 부처님께 진솔한 마음으로 절을 올리고 나면 굳이 나를 볼 필요가 없게 될 것이다.'라는 뜻이었지요.

그런데 3천 배를 하게 된 불자들이 특이한 경험을 하게 됩니다. 마음속에 맺혀 있던 여러 가지 근심 걱정들이 저절로 풀려 버린 것이지요. 3천 배 수행은 이로 인해 자연스럽게 알려지게 되었고, 오늘날에

290

는 일반적인 수행법으로 자리 잡게 되었습니다.

엄마의 상처를 보고 철이 든 아들

옛날에 한 보살님이 계셨다고 합니다. 이 보살님은 남편과 일찍 사별한 후 시골에서 농사를 지으며 딸 둘과 아들 하나를 혼자 키우셨지요.

그런데 옛날 분들은 아들이 잘되어야 집안이 잘된다고 생각하시는 경우가 많았잖아요? 이 보살님도 두 딸보다는 아들 하나만 바라보면서 열심히 일하셨다고 합니다.

다행히 보살님의 정성이 헛되지 않아서 아들은 당당히 법대에 입학했답니다. 그런데 아들이 대학에 입학했을 무렵은 운동권 학생들이 많던 시대였다고 해요. 과거 운동권 학생들 중에는 정말로 조국과 민족을 위해 용감하게 싸웠던 학생들이 있었던 반면, 민주화 운동은 핑계일 뿐, 그저 불평불만만 늘어놓으면서 말썽을 부리는 학생들도 없지 않았습니다. 안타깝게도 보살님의 아들은 대학에 들어가 무늬만 운동권인 불량 학생들과 어울리게 되었다고 해요. 그래서 세상에 대한 혐오에 사로잡혀 그저 술 마시고 난리 치면서 살더랍니다. 보다 못한 보살님이 제발 정신 좀 차리라고 신신당부를 해도 이 아들은 무식한 엄마하고는 이야기하고 싶지 않다면서 더 난리를 치곤 했대요.

그래서 보살님은 성철 스님을 찾아가서 괴로움을 토로했답니다. 그때 스님은 그런 자식을 만난 것도 본인의 업보이니 무엇보다도 그 업보를 먼저 풀어야 한다고 하시면서 일주일 동안 매일 3천 배를 하라고 하셨대요.

보살님은 스님이 시키신 대로 일주일 동안 우직하게 매일 3천 배를 했습니다. 한 번만 하는 것도 힘든 3천 배를 일주일 동안 매일 했으니 얼마나 힘들었겠습니까? 기도 수행을 마친 보살님은 거의 빈사 상태로 집에 와서는 아무것도 못하고 그냥 뻗어 버렸다고 해요.

아들은 그날 저녁에도 술을 마시고 들어왔답니다. 그런데 아들이 보니 어머니가 헝클어진 모습으로 쓰러져 자고 있더래요. 뭔가 이상해서 어머니를 살펴보니 무릎은 피부가 다 까져 있고, 손발엔 물집이 잡혀 터지는 등 말이 아니더랍니다. 보살님은 자신의 몸이 그 지경이 되는 고통을 견디면서 오직 아들이 정신 차리기만을 바라며 간절하게 기도하셨던 것이지요.

어머니의 이런 안쓰러운 모습을 본 아들은 무슨 영문인지는 모르겠지만 갑자기 이상한 기분이 들면서 눈물이 펑펑 나오더랍니다. 보살님이 눈을 떠 보니 아들이 자기 옆에서 울고 있는 모습이 보이는 거예요. 아들은 눈을 뜬 어머니에게 몸이 왜 이러냐며 물었답니다. 보살님은 이러저러해서 일주일 동안 3천 배를 했다는 이야기를 하면서, 너 하나만 잘된다면 이 엄마가 힘든 것은 아무것도 아니라고 했답니다. 이렇게 해서 둘이 부둥켜안고 한동안 울었다지요. 그러고는 아들은 어머니에게 큰절을 올리면서 이제는 자기가 정신 차리겠다고 하더래요.

그날 이후로 아들은 나쁜 선후배들과의 관계를 싹 끊어 버리고 도서관에서 열심히 공부만 하더니 결국에는 사법고시에 합격했다고 합니다.

　이런 이야기를 해 드리면 나도 일주일 동안 3천 배를 했는데 우리 자식은 전혀 변화가 없다고 하시는 분들이 있어요.

　누누이 말씀드리지만 이런 경우는 그분들의 업장이 두껍기 때문에 그런 것이니 계속 꾸준하게 절을 하면서 그 업장을 녹이는 수밖에 없습니다.

　절을 많이 하신 분들은 한결같이 이렇게 말씀하십니다. 절이라는 게 처음에는 별로 효과가 없는 것 같아도 부처님만 믿고 계속 꾸준하게 하면 어떤 식으로든 분명히 효과가 있다고 말이지요. 자식이 웬수라고 한탄만 하실 것이 아니라 오늘부터라도 당장 절 수행을 시작해 보시기 바랍니다.

신심 깊은 불자로 거듭난 깍쟁이 보살님

해인사 일타 큰스님의 법문에 나오는 이야기 하나를 소개해드리고자 합니다.

　스님을 따르는 신도 가운데 남편 되시는 분이 부장판사인 보살님이 계셨다고 해요. 그런데 이 보살님은 불심도 얕고, 무척 깍쟁이 같았다고 합니다.

　그런 보살님이 하루는 풀이 죽어서 스님에게 상담을 요청하더랍니다. 무슨 일 있느냐고 물어보니 집안에 사단이 났다고 하더래요.

보살님에게는 남동생이 하나 있었다고 합니다. 친정 집안에서 유일한 아들이다 보니 누이들이 어떻게든 밀어주려고 했던 모양이에요. 하루는 이 남동생이 사업을 하겠다면서 돈을 좀 빌려 달라고 하더랍니다. 그래서 보살님은 자기가 갖고 있던 종잣돈에 다른 사람들에게 빌린 돈까지 합쳐서 목돈을 만들어 주었대요. 다만 보살님은 남편에게는 말하지 않고 몰래 이 일을 진행했다고 합니다. 남편이 좋은 사람이긴 했지만 돈에는 아주 엄격했기 때문에 그랬다고 해요. 그런데 이게 어떻게 되었을까요? 맞습니다. 동생이 사기를 당하는 바람에 그 돈을 순식간에 다 날려 버렸던 거지요.

이제 보살님은 동생의 사업 자금을 마련해 주기 위해 빌렸던 돈을 자기가 고스란히 갚아야 하는 신세가 되었습니다. 그렇게 자기가 갚아야 할 돈이 5백만 원이었다고 해요. 지금 같으면 5백만 원이 그렇게 큰돈이 아닐 수 있지만, 옛날에 그 정도면 큰돈이었습니다. 보살님은 깊은 고민에 빠졌지요. 남편이 이 사실을 알게 되면 큰일 날 것이기 때문에 보살님은 남편 몰래 그 돈을 갚아야 했습니다. 하지만 보살님에게는 방법이 없었어요.

하소연을 들은 일타 스님은 사흘 동안 매일 3천 배를 올려 보라고 보살님에게 이야기하셨대요. 달리 방법이 없었던 보살님은 스님 말씀대로 아침부터 저녁까지 절을 하기 시작했답니다.

당시는 한여름이라 무척 더웠다고 합니다. 그냥 절만 하는 것도 힘든데 그 무더위 속에서 수행하려면 더욱 힘들었겠지요. 그전까지는 108배도 해 본 적이 없던 보살님이었지만 이때는 이를 악물고 하루에

3천 배를 했다고 합니다.

　　그렇게 첫째 날 수행을 마치고 다리를 덜덜 떨면서 집에 돌아오니 그냥 뻗어 버리더랍니다. 퇴근해서 귀가한 남편이 보살님의 상태를 보고 어디 아프냐고 물어봤지만 보살님은 아무 말도 하지 못했다고 해요. 그날 밤에 자려고 누워 있는데 몸이 너무 아픈 나머지 신음이 절로 나오더랍니다. 그런 보살님을 본 남편은 어찌된 영문인지는 모르겠지만 일단 보살님이 걱정되어서 밤새 자지도 않고 보살님의 어깨와 팔과 다리를 주물러 주었답니다.

　　그 다음 날은 절을 하기가 더 힘들었다고 해요. 원래 여러 날에 걸쳐서 절 수행을 하면 첫 번째 날보다 둘째 날이 더 힘든 법이지요. 전날보다 훨씬 더 힘들고 고통스러웠지만 이날도 보살님은 독한 마음으로 3천 배를 채웠다고 합니다. 집으로 돌아간 보살님은 너무 몸이 아픈 나머지 그날 밤도 잠자리에서 신음 소리를 낼 수밖에 없었어요. 남편은 남편대로 또 밤을 새워서 보살님의 어깨와 팔과 다리를 주물러 주었고요.

　　마지막 세 번째 날은 정말 힘들었겠지요? 그래도 이 보살님은 눈물을 뚝뚝 흘리면서 끝내 3천 배를 채웠다고 합니다. 그렇게 절을 다 마치고 집에 와서 쓰러져 있는데 전화가 오더래요. 보살님이 다 죽어 가는 목소리로 전화를 받아 보니 남편이 일하는 법원의 직원이었답니다.

　　"사모님, 부장판사님이 쓰러지셨어요!"

　　설상가상이라더니 이게 무슨 날벼락인가 생각하면서 보살님은 급히 병원으로 갔다고 합니다. 다행히 담당 의사가 큰 병이 있는 것은 아니고 그냥 과로해서 그런 것이니 며칠 입원해서 푹 쉬면 괜찮아질 것이라고 하더래요. 부장판사로서 낮에 바쁘게 일하는 것만 해도 힘든데 그 며칠 동안 보살님을 주물러 주느라 밤에 잠을 잘 자지 못했던 것이 화근이었지요.

보살님의 남편인 부장판사님이 쓰러졌다는 소식이 퍼지자 사방에서 여러 사람들이 문병을 오더랍니다. 그러고는 병원비에 보태라면서 저마다 봉투를 두고 가더래요. 그렇게 사흘 정도 입원해 있던 남편과 함께 집으로 돌아온 보살님은 사람들이 두고 간 봉투에 든 돈을 세보았답니다. 그랬더니 놀랍게도 그 액수가 딱 5백만 원이더래요. 그 돈을 보면서 보살님은 이것은 분명히 부처님께서 도와주신 것이라는 확신이 들더랍니다.

보살님은 그동안 있었던 일을 남편에게 다 털어놓고 용서를 구했다고 합니다. 그런데 불같이 화를 낼 줄 알았던 남편이 의외로 선선하게 받아들이더래요. 그러고는 부처님의 가피로 예상치도 않게 돈이 생긴 것 같으니 그 돈으로 빚을 갚으라고 하더랍니다.

이 경험 이후로 깍쟁이 같던 보살님은 불심이 깊은 불자로 거듭났다고 해요.

이 이야기를 들려드리다 보니 저의 비슷한 경험이 생각납니다. 예전에 제가 서울에서 포교당을 운영한 적이 있습니다. 공간을 빌려서 하는 것이니 매달 월세를 내야 했지요. 그런데 처음 시작한 포교당이라 신도도 별로 없는 마당에 매달 월세를 내는 일이 너무 힘들었어요. 그 고통이 얼마나 컸던지 그때 저는 '죽었다 깨어나도 월세 내는 포교당은 하지 말아야겠다.'라는 생각까지 했답니다. (웃음) 하지만 저 역시 별수가 없으니 그저 부처님께 기도만 드렸어요. 그런데 언젠가부터 딱 월세 낼 만큼의 돈이 매달 들어오기 시작했습니다. 조금만 더, 조금만 더 들어오면 숨통이 트일 것 같다는 생각을 하긴 했지만 그렇게 되지는 않고 딱 월세만큼만 들어오더군요. 어찌나 신기했던지 그때 저는 혹시 부처님께서 가계부를 쓰시는 것은 아닐까 하는 생각까지 했답니다. (웃음)

총장님 부부가 뚫어 준 하수구

이와 비슷한 어느 보살님의 이야기가 또 있습니다. 보살님의 남편 되시는 분은 사업가였다고 해요. 그런데 하던 일이 망해 버리는 바람에 집안이 무척 어려워졌다고 합니다. 게다가 엎친 데 덮친 격으로 다른 안 좋은 일까지 세 가지나 겹쳐서 일어났대요.

첫째는 전세금을 날린 일이었습니다. 사업이 망한 후 있는 돈, 없는 돈 다 긁어모아서 전세금 만들어 전셋집에 들어갔는데, 하필 그 집이 경매에 넘어가는 바람에 전세금을 돌려받지 못하게 되었대요.

둘째는 양도소득세를 내게 된 일이었습니다. 남편의 사업이 기울어 갈 때 급하게 자금을 마련하기 위해 조그만 땅을 팔았던 적이 있다고 해요. 그러다가 결국 사업은 망해 버렸는데 땅을 팔았으니 양도소득세가 나와 2천만 원을 내라는 통지서가 날아오더랍니다. 하지만 당장 그 돈을 낼 형편이 못 되어서 전전긍긍하기만 했다고 해요. 그러더니 결국 보살님이 다니고 있던 회사의 월급이 압류되어 버리더랍니다.

셋째는 친정집마저 넘어갈 위기에 몰린 일이었습니다. 공사한 것에 대해 하자가 생기면 시공자가 책임을 지는 '하자보증'이라는 것이 있다고 해요. 그런데 건축사업을 하던 남편이 이 보살님의 친정집을 담보로 하자보증을 하는 바람에 친정집까지 날아갈 지경이 되었다고 합니다.

이 당시 보살님은 심적으로 너무 힘이 들어서 밤에 잠들 때마다 아침에 눈을 안 뜨면 좋겠다는 생각까지 했다고 합니다. 하지만 자식들이 눈에 밟혀서 어떻게든 살아야만 했지요.

그러다가 보살님은 일타 스님의 책인 『생활 속의 기도법』을 우연히 읽게 되셨답니다. 기도하는 법에 대해서 설명하는 이 책은 우리 불교계에서 손꼽히는 스테디셀러이지요. 이 책을 읽고 기도에 관심을 갖게 된 보살님은 사흘 동안 매일 3천 배를 해 보기로 결심하셨답니다. 그래서 다리가 찢어지는 듯한 고통을 참고 사흘 동안 3천 배 수행을 하셨대요. 하지만 당장은 아무 일도 일어나지 않더랍니다. 그렇게 며칠이 그냥 지나가면서 슬슬 실망감이 들려고 하던 차에 보살님은 꿈을 꾸게 되었대요.

꿈속에서 점잖아 보이는 남자분과 여자분이 보살님을 찾아왔더랍니다. 누구시냐고 물어보니 자신들은 동국대 총장 부부라고 하더래요. 그러면서 이 두 분이 말씀하시기를 지금 하수구가 막혀서 집이 떠내려갈 지경인데 무얼 하고 있냐고 하더랍니다. 그 말을 들은 보살님이 집을 살펴보니 정말로 집이 물로 가득 차 있더래요. 깜짝 놀란 보살님이 어쩔 줄 몰라 하고 있으니 이분들이 나서서 집 앞쪽의 하수구 하나와 집 뒤쪽의 하수구 하나를 뚫어 주더랍니다. 이렇게 두 군데의 하수구가 뚫리자 집안에 가득하던 물이 그쪽으로 시원하게 싹 빠져나가더래요.

꿈에서 깨어난 보살님은 이런 생각이 들었답니다. 꿈에서 하수구 두 군데를 뚫어서 물이 빠져나갔으니 보살님 집안을 괴롭히는 여러 문제 가운데 두 개는 해결되겠구나 하는 것이었지요.

과연 그 꿈을 꾼 이후로 앞에서 말했던 세 가지 문제 가운데 두 가지가 아주 원만하게 해결되었다고 합니다. 나머지 문제 하나도 은행과 이야기가 잘 되어서 어느 정도 진전이 있었다고 해요. 이 일을 통해 보살님은 부처님의 가피와 기도의 영험함에 대한 확신을 갖게 되었다고 합니다.

우리의 삶이란 전생에 지은 복을 까먹으면서 살아가는 여정입니다. 만약 전생에 선업을 짓지 않아 복을 저축해 두지 않았다면 이번 생에는 까먹을 복은 없습니다. 따라서 현생에 행복하게 살기 위해서는 전생에 저축해 둔 복이 꼭 필요합니다.

또 현생에 선업을 짓지 않아 복을 저축하지 않으면 내생에는 까먹을 복이 없게 됩니다. 따라서 내생에 행복하게 살기 위해서는 현생에 복을 꾸준히 저축해 나가야 합니다.

원하는 일을 원만하게 이루면서 살아가기 위해선 반드시 복이 있어야 한다고 말씀드렸습니다. 그래서 복이 많을수록 원하는 것을 빨리 얻게 되는 반면 복이 없다면 원하는 것을 얻을 수가 없습니다.

그런 경험 있으신가요? 열심히 노력하지 않았는데도 쉽게 얻어지는 경우요. 그렇게 눈앞의 일이 잘 풀릴 때도 있고, 간절하게 그 어느 때보다도 노력했지만 일이 전혀 풀리지 않을 때도 있습니다.

흔히 자기계발서를 보면 노력하면 무엇이든 된다고 하는데, 불교에서는 노력만으론 안 되는 게 있다고 해요. 그게 바로 운 때문입니다. 운의 많고 적음은 바로 이 복에서 온다고 합니다. 나의 복 그릇에 복이 많으면 운이 좋은 거고, 복이 없다면 운이 안 풀리는 거죠. 그러니까 이 복을 짓는다는 게 굉장히 중요합니다.

복이 중요한 이유는 또 있습니다.

불교의 궁극적인 목표는 잘 먹고 잘사는 게 아니에요. 우리가 보통 남편 사업 잘되게 해 주세요, 자식들 합격하게 해 주세요, 사위 또는 며느리 잘 들어오게 해 주세요, 이런 소원을 빌지만 그게 다 한바탕 꿈이라고 이야기하죠. 불교의 궁극적인 목표는 바로 '깨달음'입니다.

그런데 깨달음을 얻기 위해서 가장 필요한 게 복이라고 합니다. 복이 있어야 잘 먹고 잘살지만, 또 복이 있어야 깨달음을 향해 갈 수 있는 수행력도 생기게 됩니다. 그래서 우리가 흔히 수행복이 있어야 한다는 표현을 많이 쓰지요. 그만큼 복이 중요합니다.

전생의 업장을 소멸시키는 가장 좋은 방법은 절하고, 염불하고, 부처님 경전 독송하고, 사경하는 기도입니다. 복을 짓는 가장 좋은 방법은 내가 가진 것을 조금이라도 남에게 베푸는 것과 내 마음을 잘 쓰는 것입니다. 그러니 업장을 소멸시킨 깨끗한 마음자리 위에서 열심히 복을 지으면서 살아가야 합니다. 그렇게 할 때 현생의 행복을 누릴 수 있고, 나아가 내생의 행복을 기약할 수 있습니다.

〈신묘장구대다라니〉의
가피 영험

제가 불자분들에게 묻지도 따지지도 말고 무조건 외우라고 말씀드리는 것이 세 가지가 있습니다.

첫째, 「예불문」입니다. 「예불문」은 말 그대로 아침저녁으로 부처님께 예불드릴 때 독송하는 글이지요. 부처님과 부처님의 가르침, 그리고 스님들을 찬탄하는 내용으로 되어 있습니다.

둘째는 『반야심경』입니다. 『반야심경』은 약 270자 정도밖에 안 되는 아주 짧은 경전입니다. 하지만 팔만대장경에 수록된 어마어마하게 방대한 가르침의 핵심이 잘 압축되어 있지요. 그래서 우리나라 사찰에서는 법회나 행사 때마다 항상 기본적으로 『반야심경』을 독송합니다.

셋째, 『천수경』입니다. 『천수경』은 팔만대장경에 수록된 수많은 대승경전에서 가장 좋은 내용들만 뽑아 묶어 놓은 경전입니다. 우리 불자들이 어떻게 마음을 닦아야 하는지를 설명하지요.

그런데 많은 분들이 『천수경』을 초보 불자나 외우는 경전이라고 생각하며 가볍게 여기곤 합니다. 하지만 불교 공부를 오래 하고 난 뒤 다시금 『천수경』을 살펴보면 그동안 배운 모든 내용들이 그 안에 모두 있다는 것을 알게 됩니다.

이 세 가지를 외우라고 하면 초보 불자님들은 그걸 어떻게 다 외우냐고 하십니다. 하지만 너무 걱정하실 필요 없습니다. 자꾸 읽다 보면 다 외우게 되어 있으니까요. 다만 그나마 좀 문제가 되는 것이 『천수경』입니다. 「예불문」과 『반야심경』은 짧지만 『천수경』은 길이가 좀 길거든요.

그래서 저는 『천수경』이 길어서 도저히 외워지지 않는다고 하는 불자님들에게 그 안에 수록되어 있는 〈신묘장구대다라니〉라도 외우시라고 말씀드립니다. 〈신묘장구대다라니〉의 '신묘장구(神妙章句)'는 '신묘한 힘을 갖춘 긴 구절'이라는 의미입니다. 다른 말로는 대자대비한 관세음보살님의 에너지가 담겨 있다는 의미에서 '대비주(大悲呪)'라고 부르기도 하지요. 『천수경』에 있다고 해서 '천수주', 혹은 '천수대비주'라고 부르기도 합니다.

> 나모 라다나 다라야야 나막알약 바로기제 새바라야 모지사다바야 마하사다바야 마하가로 니가야 옴 살바 바예수 다라나 가라야 다사명 나막 까리다바 이맘알야 바로기제 새바라 다바 니라간타 나막하리나야 마발다 이사미 살발타 사다남 수반아예염 살바보다남 바바마라

미수다감 다냐타 옴 아로계 아로가 마지로가 지가란제
혜혜하례 마하모지 사다바 사마라 사마라 하리나야 구
로구로 갈마 사다야 사다야 도로도로 미연제 마하미연
제 다라다라 다린 나례 새바라 자라자라 마라미마라 아
마라 몰제예혜혜 로계새바라 라아 미사미 나사야 나베
사미사미 나사야 모하자라 미사미 나사야 호로호로 마
라호로 하례 바나마나바 사라사라 시리시리 소로소로
못쟈못쟈 모다야 모다야 매다리야 니라간타 가마사 날
사남 바라하라나야 마낙 사바하 싯다야 사바하 마하싯
다야 사바하 싯다유예 새바라야 사바하 니라간타야 사
바하 바라하 목카싱하 목카야 사바하 바나마 하따야 사
바하 자가라 욕다야 사바하 상카섭나네 모다나야 사바
하 마하라 구타다라야 사바하 바마사간타 이사시체다
가릿나 이나야 사바하 먀가라 잘마니바 사나야 사바하
나모 라다나 다라야야 나막알야 바로기제 새바라야 사
바하

이 〈신묘장구대다라니〉에는 내 주변에 닥칠 수 있는 불행을 막고, 업
장을 녹일 수 있는 신묘한 힘이 있습니다. 실제로 불자 가운데는 〈신
묘장구대다라니〉를 열심히 독송하여 가피를 받으신 분이 많이 있습
니다.

〈신묘장구대다라니〉 기도로 얻은 불보살님의 가피

중국 진나라 때 홍만 스님이라는 분이 계셨습니다. 이분은 소아마비를 안고 태어나는 바람에 어릴 때부터 걷지를 못해서 집 안에서만 지내셨다고 해요.

하루는 탁발하러 온 어느 스님이 어린 홍만 스님을 봤다고 합니다. 아이가 장애를 가지고 있는 걸 알아본 스님은 그 부모님에게 이렇게 말했다고 해요.

"아이의 몸이 저렇게 불편한 것은 전생의 업장 때문입니다. 제가 아이에게 〈신묘장구대다라니〉를 가르쳐 줄 테니 자나 깨나 오직 그것만 외우게 하십시오. 그러면 업장이 소멸되는 가피를 받게 될 것입니다."

어린 홍만 스님은 친구들과 뛰어놀지도 못하고 집에서만 있어야 했으니 항상 심심했습니다. 그러던 차에 〈신묘장구대다라니〉를 외우게 되었으니 그 정도만 해도 무척 재미있었지요. 어린 홍만 스님은 스님이 시킨 대로 자나 깨나 〈신묘장구대다라니〉를 외웠습니다. 하도 많이 외우다 보니 나중에는 자기도 모르게 청산유수로 막 나오더래요.

그렇게 3년이 지났다고 합니다. 하루는 어린 홍만 스님이 〈신묘장구대다라니〉를 외우고 있는데 갑자기 어떤 스님이 방에 들어오더랍니다. 그런데 그 스님의 손에 웬 물병을 들려 있더래요. 스님은 어린 홍만 스님에게 그동안 참 고생이 많았다고 하면서 물병 안에 든 물을 마시라고 하더랍니다. 어린 홍만 스님은 얼떨결에 병을 받아 물을 마시고 있는데, 스님이 어린 홍만 스님의 다리를 살펴보다가 "여기 못이 박혀 있구나." 하더래요. 그래서 어린 홍만 스님이 무슨 말인가 싶어서 자기 다리를 봤는데 정말 못이 두 개가 박혀 있더랍니다. 스님은 즉시 홍만 스님의 다리에 박혀 있던 못 두 개를 빼 주었습니다. 그렇게 못이 빠지고 나니 다리가 시원하더래요. 순간 어린 홍만 스님이 눈을 떠 보니 그게 다 한바탕 꿈이었더랍니다.

'에이, 기분 좋았는데 꿈이었네.'

그런데 이게 어떻게 된 일입니까? 자기도 모르게 벌떡 일어나 있는 거예요. 그때 어린 홍만 스님은 깨달았습니다.

'아, 꿈속에서 스님이 빼 주신 것이 바로 내가 전생에 지었던 업장이구나. 그 업장이 소멸되어서 내 병이 이렇게 나은 것이구나.'

어린 홍만 스님은 너무도 기뻐서 절에 가 하염없이 눈물을 흘리며 부처님께 감사를 드렸다고 합니다. 그러고는 평생 부처님의 은혜를 갚겠다면서 출가를 하셨다고 해요.

홍만 스님은 출가한 이후에도 〈신묘장구대다라니〉 기도를 열심히 했고 나중에는 신통까지 갖게 되셨다고 합니다. 스님은 그 신통으로 수많은 아픈 사람들을 고쳐 주셨다고 하죠.

옛날 중국의 영험담 가운데는 홍만 스님의 경우처럼 어릴 적 불치의 병을 가지고 계시다가 〈신묘장구대다라니〉 기도를 통해 극복하신 이야기가 더러 전수되고 있습니다.

눈앞이 보이지 않던 아이 하나가 있었습니다. 그런데 독실한 불자였던 아이의 할머니가 〈신묘장구대다라니〉를 가르쳐 주면서 이렇게

306

말씀하셨다고 합니다.

"이 다라니에는 관세음보살님의 가피가 담겨 있단다. 그러니 이것을 열심히 외워 보거라."

아이는 그때부터 〈신묘장구대다라니〉를 하루 종일 열심히 외웠다고 해요. 앞을 보지 못하니 어차피 할 수 있는 일도 없었을 겁니다.

그렇게 한결같이 〈신묘장구대다라니〉를 외우면서 몇 년을 보낸 어느 날 아이가 꿈을 꾸게 됩니다. 하얀 옷을 입은 어느 부인이 나타나서는 자기 눈을 손수 물로 닦아 주는 꿈이었지요.

아이는 꿈에서 깨어나 순간 눈을 떴는데 그때부터 갑자기 앞이 보이더랍니다. 불보살님의 가피를 경험한 이 아이 역시 출가해서 큰스님이 되었다고 해요.

호법신장이 다리에 꽂은 칼끝

〈신묘장구대다라니〉 기도를 통해 가피를 얻은 신비한 이야기는 비단 중국에서만 전해지는 이야기가 아닙니다.

이번에는 우리나라 화엄 스님의 이야기를 들려드리고자 합니다. 지금은 입적하셨지만 수염을 기르신 모습이 마치 산신령 같았다고 하지요. 그런데 스님께서 출가하시게 된 사연이 재미있습니다.

스님께서는 1944년, 그러니까 태평양 전쟁이 한창이던 때에 학병으로 끌려가셨다고 합니다. 그런데 그만 전쟁터에서 폭탄이 터지는 바람에 크게 다치셨다고 해요. 다행히 치료를 받을 수 있어서 목숨은 건졌지만, 다리에 박힌 파편들을 다 제거하지 못하고, 결국 한쪽 다리가 거의 불구가 되어 고향에 돌아오셨다고 합니다. 그런데 설상가상으로 결혼을 약속했던 여자분이 화재로 돌아가셨다는 이야기를 듣곤 상심이 매우 크셨다고 해요.

몸뿐만 아니라 마음까지 크게 다친 스님은 부산 범어사에 있는 작은 암자에 들어가서 한동안 마음을 다스리며 지내셨다고 합니다. 그런데 하루는 지나가던 스님 한 분이 〈신묘장구대다라니〉를 외워 보라고 하시더랍니다. 그렇게 하면 다리의 병이 나을 수 있다면서 말이지요.

그때부터 스님은 혹시나 하는 마음으로 〈신묘장구대다라니〉를 열심히 외웠답니다. 그러면 이상하게도 마음이 편안해지는 경험을 한 스님은 마음이 번잡하고 가슴이 답답할 때마다 허리를 반듯하게 세우고 숨을 크게 들이쉰 채 〈신묘장구대다라니〉를 외우셨다고 해요.

이렇게 간절하게 다라니를 외우며 몇 달 정도를 보내고 난 어느 날의 일이었습니다. 그날도 스님은 법당에서 〈신묘장구대다라니〉를 외우고 있었는데 갑자기 의식이 좀 흐려지더래요. 그러더니 법당에 모셔진 신중탱화에서 신장이 갑자기 쑥 튀어나오더랍니다. 그러고는 스님을 바닥에 눕히고 불구가 된 스님의 한쪽 다리에 큰 칼을 확 꽂더래요. 안 그래도 아픈 다리에 칼까지 맞아 너무도 고통스러웠던 스님은 비명을 질렀다고 합니다.

정신을 차려 보니 그게 꿈이었다고 해요. 하지만 얼마나 진짜 같았던지 다리에 칼이 꽂히던 느낌이 생생하게 남아 있더랍니다. 스님은 그저 별 이상한 꿈을 다 꿨다고 생각했지만 문득 스님의 다리 옆에 떨어져 있는 뭔가가 보이더랍니다. 이게 뭔가 해서 살펴보았더니 자기 다리에 박혀 있었을 포탄 파편이더래요. 깜짝 놀라서 다리를 만져 보니까 과연 다리가 후련한 것이 전혀 아프지가 않더랍니다. 일어서서 법당을 이리저리 걸어 보았지만 절뚝거리지 않고 편하게 걸을 수 있더래요.

그때 스님은 이 세상에는 사람의 상식으로 통하지 않는 그런 세계가 있다는 것을 깨달으셨다고 합니다. 그러고는 그 세계에 몸을 던져야겠다는 생각에 결국 출가하셨다고 해요. 이후로 스님은 평생 열심히 포교 활동을 하시다가 돌아가셨습니다.

기름을 훔친 은행나무 목신

오래전에 돌아가신 노스님 중에 효성 스님이라는 분이 계셨습니다. 스님께서 13살 때, 그러니까 아주 오래전에 경험하셨던 일이 있는데 이 이야기가 또 재미있습니다.

스님은 어린 시절, 하동 쌍계사의 노전스님 제자로 들어가셨다고 합니다. 효성 스님이 모시던 노전스님은 대웅전을 담당하셨다고 해요.

옛날에는 절에 전등이 없었습니다. 그래서 등잔에 기름을 붓고 종이를 꼬아 만든 심지를 올려놓은 다음 거기에 불을 붙여서 등으로 사용했지요. 기름을 가득 붓고 불을 켜 놓으면 보통 3일 정도는 계속 불이 붙어 있었다고 합니다.

그런데 한번은 노전스님이 저녁에 기름을 가득 넣고 이튿날 아침에 법당에 와 봤더니 등불이 꺼져 있더랍니다. 이상하다 싶어서 등을 살펴봤더니 기름이 한 방울도 남아 있지 않더래요.

'어젯밤에 분명 기름을 넣었는데 무슨 일인고?'

노전스님은 의아해하며 다시 기름을 가득 넣고 등불을 켰습니다. 그런데 무슨 이유에서인지 그 다음 날 아침에 와 보니 또 등불이 꺼져 있고 기름도 남아 있지 않더래요.

노전스님은 틀림없이 도둑이 들어와서 기름을 빼 갔다고 생각하셨습니다. 그래서 법당 탁자 밑에 밤새도록 숨어서 도둑이 들어오는지 지켜보기로 하셨지요.

노전스님은 그날 밤 당장 효성 스님을 데리고 법당 탁자 밑으로 들어가셨다고 합니다. 노전스님은 밤이 깊어질 때까지 계속 눈을 부릅뜨고 지켜보고 있었지만 어린 효성 스님은 꾸벅꾸벅 졸았대요.

"게 섰거라!"

노전스님의 벼락같은 고함 소리에 놀라서 어린 효성 스님은 퍼뜩 정신을 차렸다고 합니다. 노전스님은 이미 뛰쳐나가서 씩씩거리며 법당에 서 계시더랍니다. 그 모습을 보고 효성 스님도 황급히 탁자 밑에서 나왔다고 해요. 그때 효성 스님은 구척장신 거인과 같은 형상의 시커먼 그림자가 법당 문 쪽에 서 있는 것을 분명히 봤다고 합니다. 우리 같으면 저게 사람인가, 귀신인가 싶어서 무서운 나머지 말도 꺼내기 힘들지 않겠어요? 하지만 노전스님은 기도를 많이 한 분이셔서 그런지 그 그림자를 향해 거침없이 호통을 치시더랍니다.

"너는 누구냐? 사람이냐, 짐승이냐?"

"저는 사람도 아니고, 짐승도 아닙니다. 저는 아랫마을 이 판서 댁 뒤뜰에 있는 은행나무의 목신(木神)입니다."

목신은 나무에 붙어사는 신을 말합니다.

"목신이라면서 법당의 등잔 기름은 왜 훔쳐 가느냐?"

노전스님의 힐난을 들은 그림자가 이야기한 사연은 이랬습니다. 이 판서 댁 은행나무는 오래된 나무인지라 뿌리가 땅 위로 드러나 있었다고 해요. 그런데 그 집 머슴들이 땅 위로 드러난 그 뿌리 위에 장작을 올려놓고 도끼질을 하는 바람에 뿌리가 상했고, 그렇게 상한 뿌리를 다시 낫게 하기 위해서는 부처님께 기도 올린 기름이 필요해서 할 수 없이 기름을 훔쳐 가게 되었다는 이야기였습니다.

"그래서 저는 그 집안에 복수를 하려고 했습니다. 하지만 이 판서가 아침마다 〈신묘장구대다라니〉를 외워서 받은 가피가 있어 지금은 제가 그 집안에 복수를 할 수 없습니다. 하지만 이 판서의 나이가 이미 팔순이니 앞으로 살면 얼마나 더 살겠습니까? 언젠가 이 판서가 세상을 떠나 〈신묘장구대다라니〉의 가피가 다 사라지고 나면 그때 톡톡히 복수할 생각입니다."

목신의 이야기를 들은 노전스님은 이렇게 이야기하셨다고 합니다.

"네가 그 집안에 복수를 하면 그 업보가 언젠가는 네게 다시 돌아올 것이니 그 또한 너에게 좋은 일이 아니다. 만약 그 집 머슴들이 더 이상 네 뿌리를 다치게 하지 않으면 너도 복수를 단념하겠느냐?"

"사람들이 우리를 해치지 않으면 우리도 사람들을 해치지 않습니다."

"그렇다면 오늘은 이만 돌아가거라. 내가 내일 이 판서와 이야기를 해 보겠다."

이튿날 아침이 되자 노전스님은 쌍계사 아랫마을 이 판서 댁을 찾아가셨다고 합니다. 그러고는 이 판서를 만나 간밤에 있었던 일을 모두 이야기하셨지요. 깜짝 놀란 이 판서는 머슴들을 불러서 앞으로 다시는 은행나무 뿌리 위에서 장작을 패지 말라고 단단히 분부하고, 상처 입은 은행나무 뿌리 위에 고운 흙을 잘 덮어 주라고 시켰습니다. 또한 몸소 은행나무에 제사를 지내면서 그동안의 잘못을 용서해달라고 빌었답니다. 그 이후로는 쌍계사 대웅전 등잔에서 기름이 사라지는 일이 없었다고 해요. 효성 스님께서는 생전에 법문을 하실 때 이 이야기를 자주하셨다고 합니다.

불교는 지혜의 종교이자 깨달음의 종교로서 선업을 짓고 복을 짓는 공덕의 종교입니다. 그렇다 보니 이 이야기에서 느껴지는 미신 같은 내용을 잘 믿지 않는데, 실제로 어른스님들 가운데는 비슷한 맥락의 이야기를 하신 분도 여럿 계십니다. 보통 우리 눈에 보이지 않는 또다른 영적인 세계가 있다고 하지요.

그래서 스님들도 불사로 인해 오래된 나무를 옮기거나 해야 할 경우 함부로 하지 않습니다. 『반야심경』을 독송해 주거나 〈신묘장구대다라니〉를 읊어 주고, 하다못해 막걸리를 한 통 뿌려 주기도 합니다. 그리하여 '우리가 부처님 도량을 정비해야 하므로 이 나무를 자르게 되었으니, 혹시나 이 나무에 목신이 계시거든 더 좋은 나무로 옮겨 가시기 바랍니다. 미안합니다. 양해 부탁드립니다.' 하는 식으로 의식을 치르지요.

저도 갓 출가했을 때는 그런 것을 보면서 좀 의아하게 생각했어요. 하지만 그 후로 어른스님들의 이런저런 이야기를 계속 듣다 보니 그런 의식도 꼭 무시할 필요는 없겠다는 생각을 갖게 되었습니다.

아무튼 이 이야기에서 중요한 핵심은 무엇이겠습니까? 어마어마한 힘을 가진 목신마저도 이 판서를 건드리지 못하는 이유가 어디에 있었나요? 바로 〈신묘장구대다라니〉를 매일 아침 한 편씩 읽은 그 힘 때문이었습니다. 다시 말해 목신이든 다른 어떤 신들마저도 〈신묘장구대다라니〉의 힘을 지닌 사람을 감히 해하지를 못한다는 것입니다.

그래서 처음에도 말씀드렸듯이 불자라면 세 가지, 「예불문」, 『반야심경』, 『천수경』은 꼭 외워야 합니다. 만약 『천수경』 외우기 부담스러운 분들은 〈신묘장구대다라니〉라도 꼭 외우십시오.

물론 외웠다고 그것이 끝은 아닙니다. 항상 아침저녁으로 〈신묘장구대다라니〉로 항상 기도하십시오. 꼭 〈신묘장구대다라니〉가 아니어도 좋습니다. 『금강경』은 『금강경』대로 좋고, 『법화경』은 『법화경』대로, 〈능엄주〉는 〈능엄주〉대로, 108배는 108배대로 좋은 법입니다. 어떤 기도를 하든 스스로에게 맞는 것을 선택해서 꾸준히 기도하신다면 삶에 반드시 크나큰 불보살님의 가피가 함께하실 것이라는 점을 믿으시기 바랍니다.

기도의 힘으로
영가를 천도하다

불교에서는 돌아가신 분의 혼령을 '영가(靈駕)'라고 부릅니다. 절에서 하는 천도재(薦度齋)는 이 영가들을 좋은 곳으로 인도하기 위한 의식이지요. 영가라는 존재는 비록 보이지도 않고 만져지지도 않지만 그렇다고 해서 없다고 말하기도 좀 애매한 면이 있습니다.

차에 들러붙은 영가

저는 고등학교를 졸업하고 출가했습니다. 출가는 했지만 엄연히 대한민국 국민이니 몇 년 후 군에 입대하게 되었고, 강원도에 있는 한 부대의 법당에서 군종병으로 근무했습니다.

    제가 있던 부대에 한 원사님이 계셨어요. 불심이 깊으시고, 제가 있던 법당의 대소사를 알뜰하게 챙겨 주시던 분이었지요.

그런데 어느 날, 원사님께서 급히 법당에 오시더니 저를 찾으시더라고요. 무슨 일이시냐고 했더니 지금 당신 집에 난리가 났다고 하셨어요. 말씀을 들어 보니 대략 이런 이야기였습니다.

서울에서 직장을 다니던 원사님의 따님이 중고차를 하나 구입하여 그 차를 손수 운전해 남자친구와 함께 찾아왔대요. 그런데 오던 길에 이상한 일이 있었답니다.

따님이 운전을 하는데 뒤편으로 뭔가 싸한 느낌이 들더랍니다. 마치 그쪽으로 에어컨을 틀어 놓은 것처럼 말이지요. 처음에는 별로 신경 쓰지 않았지만 그 서늘함이 워낙 강렬해 점점 더 신경이 쓰이더랍니다. 뒷자리에 뭐가 있나 싶어서 뒤를 돌아봐도 아무것도 없었고요.

'이상하다, 이상하다.' 하면서 운전을 하고 있는데 언뜻 백미러에 뭐가 보이는 것 같더랍니다. 그래서 다시 백미러를 자세히 들여다봤더니, 세상에, 어떤 젊은 여자가 뒷자리에 앉아서 멍하니 창밖을 바라보고 있더랍니다. 소스라치게 놀란 따님은 다시 뒤를 돌아봤지만 아무도 없더래요. 그러나 다시 본 백미러에는 창밖을 바라보고 있는 젊은 여자의 모습이 또 보이더랍니다.

이분은 떨리는 마음으로 계속 운전을 하면서 조수석에서 졸고 있던 남자친구를 깨웠다고 합니다.

"뒷좌석 한번 봐 봐."

부스스 일어난 남자친구는 얼떨결에 뒤를 돌아봤지만 아무것도 보지 못했지요.

"그럼 백미러 한번 봐 봐."

남자친구는 별생각 없이 백미러를 봤습니다. 그때 이 친구 역시 뒷자리에 앉아서 창밖을 멍하니 바라보는 젊은 여자를 봤대요. 차 안에 있던 두 사람이 모두 다 보았으니 귀신인지 아닌지는 모르겠습니다만 어쨌든 뒤에 뭔가가 있는 것은 확실해졌습니다.

상황이 이러면 제아무리 간 큰 사람이라도 혼비백산하고 말 것이지만 원사님의 따님과 남자친구는 꿋꿋하게 앞만 보고 달려서 강원도에 있는 부모님 집까지 왔대요. 하지만 집에 도착하자마자 긴장이 확 풀리면서 앞으로 그 차를 타니 못 타니 하면서 난리가 났다는 이야기였습니다. 그 바람에 원사님께서 스님인 저를 찾아와 이걸 어떻게 하면 좋겠냐고 물어보게 된 것이었지요.

저도 그런 일은 처음 겪어서 어떻게 해야 할지를 잘 모르겠더군요. 그런데 마침 저의 선배 스님 한 분이 제가 있던 군법당에 오셔서 잠시 머물고 계셨어요. 이분께 제가 원사님 댁의 사연을 들려드렸더니 선뜻 본인이 해결해 주겠다고 하시더군요. 그 차와 인연이 있는 영가가 집착하는 마음을 이기지 못한 나머지 그 차에 들러붙어 있을 수 있다고 하시면서요.

문제의 그 차를 법당 앞으로 끌고 오니 스님께서 가사장삼을 차려 입으시고 요령 하나, 염불 책 한 권을 들고 차에 타셨습니다. 스님은 요령을 흔들면서 한참 동안 염불과 독경을 한 다음 그 이름 모를 영가가 모든 미련과 집착을 버리고 좋은 곳으로 가기를 기원하는 기도를 올리셨어요.

그다음에는 어디선가 꺾어 온 소나무 가지를 그릇에 떠 놓은 물에 적신 다음 차에 대고 흔들면서 물을 뿌리시더군요.

의식을 마친 스님은 원사님께 『금강경』 독송 테이프 하나를 주시면서 『금강경』 독경이 들리는 곳에는 귀신들이 얼씬거리지 못하니 운전할 때 무서우면 이것을 틀라고 당부하셨습니다.

나중에 원사님에게 여쭈어보니 그 이후로는 여자의 모습이 나타나지 않았다고 해요. 영가가 선배 스님의 기도로 천도된 걸까요?

이런 것을 보면 영가가 없다고 말하기도 어려운 것 같습니다.

여담이지만 선배 스님께 솔가지로 하신 의식이 무엇이었냐고 여쭈니 이렇게 대답하셨습니다.

"아, 그거. 그냥 보여주려고 그런 거야."

그 많던 사람들은 다 어디로 간 걸까?

평생 초등학교 교사로 일하시다가 정년퇴임하신 어느 노보살님이 계셨습니다. 그런데 보살님은 젊었을 적에 빙의, 그러니까 귀신에게 접신된 적이 있었다고 해요. 그 증상에 시달리다 보니 몸과 마음이 다 피폐해지더랍니다. 얼굴은 새카맣게 타고, 눈빛까지 변하니, 그렇다고 주변에 알리기도 어려워서 말도 못하고 혼자 끙끙 앓으셨대요.

그러다가 어느 분의 추천으로 큰스님 한 분을 만나셨다고 합니다. 보살님의 사연을 들은 큰스님은 하루에 천 번씩 지장보살 염불하기를

21일 동안 해 보라고 하시더랍니다. 지장보살님은 지옥 중생을 제도하시는 분이지요. 보살님은 큰스님 말씀대로 21일 동안 하루 천 번씩 지장보살을 염불했답니다. 그런데 하라는 대로 다 했는데도 차도가 없더래요.

보살님은 다시 큰스님을 찾아가서 상황을 말씀드렸습니다. 그러자 큰스님께서는 『지장경』을 하루 한 번씩 백 번을 읽고, 백 번 읽기를 마칠 때마다 천도재를 지내 보라고 하시더랍니다. 『지장경』은 지장보살의 공덕과 가피에 관해 이야기하는 경전이고, 천도재는 나와 인연이 있는 영가들을 천도시키는 의식이지요.

그래서 보살님은 또 매일매일 『지장경』을 읽으셨대요. 『지장경』을 한 번 읽는 데 두세 시간 정도 걸립니다. 그걸 매일 하셨으니 보살님도 참 간절하셨던 모양이에요.

보살님은 이번에도 한동안 효과를 느끼지 못하셨답니다. 하지만 수행을 계속 꾸준히 밀고 나가니 확실히 마음이 좀 편안해지더랍니다.

어느덧 보살님은 6백 번 읽기를 채우고, 여섯 번째 천도재까지 지내셨다고 합니다. 그런데 여섯 번째 천도재를 마친 후에 꿈을 하나 꾸셨대요. 그 내용이 무엇인고 하니 하얀 옷을 입은 군인들이 기차를 타더랍니다. 그러고는 기차가 어딘가로 떠나는데, 기차 칸이 끝도 없이 이어지더래요. 이 꿈을 꾼 다음 보살님은 몸 상태가 좋아지는 것을 느꼈다고 합니다. 하지만 완치까지 되지는 않았지요.

그 후로도 『지장경』 읽기를 계속한 보살님은 독경을 시작한 지 3년 정도 되었을 때 드디어 천 번을 채웠다고 합니다. 그때 보살님은 이제『지장경』읽기는 이 정도로 해 두고 앞으로는『법화경』기도를 해 보자는 생각을 하셨대요.

『지장경』천 번 읽기를 마친 후의 천도재, 즉 열 번째 천도재까지 올린 다음, 보살님은 조계사 대웅전에서 마지막으로 한 번 더『지장경』을 읽으셨다고 합니다. 그런데 독경을 하는 도중 갑자기 머리가 깨질 듯이 아프면서 몸까지 덜덜 떨리더랍니다. 갑작스러운 상황에 덜컥 겁이 난 보살님은 '부처님, 제발 도와주십시오. 부처님, 제발 도와주십시오. 저에게 힘을 주십시오.'라고 기도하셨대요. 그런데 그 순간, 갑자기 머리가 뻥 하고 터지면서 뭔가가 쑥 빠져나가는 느낌이 들더랍니다.

그날 밤 보살님은 또다시 꿈을 꿨다고 합니다. 큰 운동장이 있고, 운동장 입구에는 수백 대, 아니, 헤아릴 수 없을 정도로 많은 관광버스가 있더래요. 그런데 갑자기 엄청나게 많은 사람들이 운동장으로 우르르 몰려나오더니 곧 그 수백 대의 관광버스에 다 타더랍니다. 그렇게 모두가 다 타고 나니 그 많은 관광버스들도 어디론가로 떠나가더래요.

그 꿈에서 깨어난 이후로 보살님은 빙의에서 완전히 벗어나셨다고 합니다. 기도의 공덕이란 정말 신기하고 대단하지요.

주변에서 흔히 볼 수 있는 일은 아니지만 빙의라든가, 접신이라는 게 정말 귀신의 소행일 수도 있고, 도리어 내 마음이 만들어낸, 전생에 내가 지은 어떤 업보에 의한 착란일 수 있습니다. 하지만 중요한 건 그게 귀신 탓이든, 내 정신의 문제이든 기도와 수행으로 그것을 극복할 수 있다는 겁니다. 단 하나, 보살님이 그러셨듯 꾸준하게, 하루도 빠짐없이 해야 한다는 것을 명심하시기 바랍니다.

『법화경』 사경으로 빙의를 극복하다

한 젊은 불자님은 좋은 집안의 남성분을 만나 결혼했는데, 막상 결혼 생활을 해 보니 남편의 무뚝뚝한 성격과 고부 갈등 때문에 스트레스를 많이 받았다고 해요. 게다가 이런저런 안 좋은 일들이 겹치고, 더욱이 무언가에 빙의되어 고통스런 나날을 보냈다고 합니다.

　　이 불자님은 병을 고치기 위해 병원과 한약방을 열심히 다녔다고 합니다. 하지만 빙의라는 게 과학적으로 설명되는 현상이 아니니 별 차도가 없었겠지요. 천도재가 좋다고 해서 지내도 봤지만 그 역시 아무 효과가 없더랍니다. 그렇게 증상은 점점 더 심해졌고, 몸과 마음이 다 무너져 내리면서 이른바 죽을 것 같은 상태에까지 이르게 되더랍니다.

　　그렇게 5년을 고생하다 보니 눈이 돌아가서 앞에 있는 물건도 잘 안 보이게 될 정도였다고 합니다. 집안일이고 뭐고 아무것도 못할 지경에 이르자 시댁 식구들과의 사이는 더 안 좋아지고, 남편은 남편대로 나 몰라라 하더래요. 얼마나 힘들었던지 당시 이 불자님은 아파트에서 뛰어내리고 싶은 충동에 시달렸답니다.

　　그러던 어느 날 어느 법당에 들르게 된 불자님은 거기서 어떤 보살님을 만나게 되었다고 합니다. 그 보살님은 그곳에서 하루 종일 『법화경』을 사경하셨는데, 그렇게 편안해 보일 수가 없더래요. 이 불자분은 보살님의 그런 모습에 이끌려 이야기 몇 마디를 나누다가 결국 자기 상황을 다 털어놓게 되었답니다.

이야기를 들은 보살님은 손을 꼭 잡아 주면서『법화경』사경을 한 번 해 보라고 하더랍니다. 사경을 통해 공덕을 얻은 사람이 참 많다는 말도 덧붙이면서 말이지요.

처음에 이분은 그 제안이 썩 내키지는 않았대요. 그때까지 여러 노력을 기울였지만 아무런 효과도 보지 못했기 때문이었지요. 하지만 다른 선택지가 있는 것도 아니어서 결국『법화경』사경을 해 보기로 했답니다.

이렇게 결심한 후 어느 법사 스님을 만나 뵈었는데 그 스님이『법화경』책 한 권을 주면서 21일에 걸쳐서 통째로 한 권을 쓰되, 이것을 세 번 하라고 하시더랍니다. 혹시 바빠서 시간이 없을 때는 하루에 네 줄이라도 쓰라고 하시더래요.

하지만 눈이 불편한 상태에서 막상 사경을 해 보니 하루에 네 줄 쓰기도 쉽지 않더랍니다. 하지만 이분은 마음을 굳게 먹었대요. 자신의 병 때문에 집안일은 물론 아이들에게도 신경을 못 쓰는 참담한 상황에서 어떻게든 벗어나고 싶었던 것이지요. 결국 죽기 살기로 사경해 결국 세 번을 다 썼다고 합니다. 이렇게 하고 나니 증상이 사라진 것은 아니었지만 눈동자가 약간 돌아와서 글자가 좀 보이더랍니다. 크지는 않지만 그래도 효과를 본 불자분은 이후로 더욱 열심히『법화경』을 사경했대요. 그렇게 해서 20번을 쓰고 나니 마음이 많이 편안해지고 좋아지더랍니다.

하지만 여전히 빙의가 사라지지는 않아, 이 시기 즈음 다소 실망한 나머지 슬럼프에 빠졌다고 해요. 물론 다시 마음을 다잡고 사경을 계속하셨고, 33번을 쓰고 나니 심신이 아주 편안해지면서 빙의로 인한 극심한 두통도 사라졌다고 합니다. 이때부터 이 길이 맞다는 확신을 갖게 되었다고 해요. 그렇게 사경을 계속하며 50번을 쓰고 나니 그때 드디어 빙의에서 완전히 해방되셨다고 합니다.

이분은 108번 쓰는 것을 목표로 지금도 『법화경』 사경을 계속하고 있다고 합니다. 이제는 빙의에서 벗어나기 위해서가 아니라, 부처님의 은혜를 갚기 위해서, 그리고 스스로의 수행을 위해서 하신다고 해요.

아내에게 빙의한 어머니를 천도하다

예전에 어느 지방에 사시던 한 30대 남자분의 이야기입니다. 이분은 결혼하고 난 뒤에도 어머니를 지극정성으로 모셨는데, 한동안 그렇게 살다가 어머니께서 돌아가셨다고 합니다.

그런데 그의 아내 되시는 분이 점점 건강이 나빠지더니 돌아가신 시어머니가 자꾸 보인다고 하더랍니다. 아내분의 상태는 날이 갈수록 더 안 좋아졌는데 결국에는 정신까지 이상해지더래요. 그런데 놀라운 일이 일어났습니다. 아내가 돌아가신 어머니의 목소리로 욕을 하는 것이었습니다.

"내가 그냥 갈 줄 알았지? 내가 너를 두고 어디를 가냐! 내가 널 키우면서 얼마나 고생했는데 이제 나보고 가라는 거냐? 결혼하고 나니 이 어미는 눈에 보이지도 않는 것이냐!"

게다가 당신의 남편 이야기부터 시어머니 이야기, 당신 젊었을 때의 일까지 다 들추어내면서 신세 한탄을 늘어놓더래요. 그런데 아내가 정신을 차리고 나면 자기가 무슨 말을 했는지 전혀 기억을 못하더랍니다.

이게 무슨 현상일까요? 맞습니다. 며느리 몸에 시어머니 영혼이 빙의한 것입니다. 어머니 되시는 분의 영가가 아들에게 강한 집착을 가지고 있던 나머지 좋은 곳으로 가지 않고 며느리에게 붙어 버린 것이지요.

여러분들도 자식에 대해서 많이 집착하시지요? 하지만 그 집착하는 마음을 비워야 합니다. 자식들은 어차피 자기 복대로 살아갑니다.

어쨌든 이 남자분은 너무 괴로웠다고 합니다. 자기 아내 입에서 돌아가신 어머니 목소리가 나오면 얼마나 소름끼치겠어요. 거기에 듣기 힘든 욕설과 어려서부터 매일같이 듣던 신세 한탄까지, 미칠 지경이었다고 합니다.

할 수 없이 무당을 찾아가 굿도 해 보고, 비싼 부적도 사다가 붙여 봤지만 아무 효과가 없더랍니다. 오히려 그때마다 아내에게 빙의된 어머니의 영혼은 "이 정도로 내가 물러날 수는 없다. 그냥 포기하고 나랑 같이 살자, 아들아!" 하면서 더 강하게 반발하더랍니다.

결국 이분은 평소엔 가지도 않던 절을 찾아서 어느 큰스님에게 도움을 구했다고 합니다. 자초지종을 들은 스님은 이렇게 말씀하셨다고 해요.

"영가가 좋은 곳으로 떠나가지 못할 때는 천도를 해 드려야 됩니다. 가장 좋은 방법은 나무아미타불 염불을 하는 것입니다. 혹시 저 서쪽에 아미타 부처님께서 계시는 극락세계가 있다는 말씀 들어보셨는지요? 어머니의 영가를 위해 열심히 나무아미타불을 부르시면 아미타 부처님의 가피와 은혜로 어머니께서 극락왕생하시게 될 것입니다. 어머니를 위해서 염불을 많이 하십시오."

이 남자분은 처음엔 염불이 과연 효과가 있을지 긴가민가했다고 합니다. 그런데 집에 와 보니 며느리에게 빙의한 어머니가 또 욕을 하면서 난리를 치고 있더래요. 그 모습을 보며 이 남자분은 스스로가 처량한 생각이 들었다고 합니다. 그러고는 깊게 한숨을 쉬면서 자기도 모르게 "나무아미타불"이라고 말했답니다. 그랬더니 그 어머니가 깜짝 놀라면서 하시는 말씀이 "애, 너 지금 뭐 했니? 네 몸에서 빛이 나!" 이러더랍니다.

이분도 깜짝 놀라면서 자기가 뭘 했는지 생각해 봤는데 "나무아미타불"이라고 말한 것밖에 없더래요. 아들은 혹시나 해서 또 "나무아미타불"이라고 해 봤답니다. 그러니 어머니가 또 "네 몸에서 빛이 난다!" 이러시더래요. 그때 아들은 생각했습니다.

'아, 나무아미타불이라고 염불하면 그게 죽은 귀신 눈에는 빛으로 보이나 보다.'

그래서 이번에는 "나무아미타불"을 여러 번 계속 외워 봤대요.

"애, 하지 마라, 제발. 네 몸에서 빛이 나와서 내가 가까이 갈 수가 없다!"

이분은 계속 간절하게 나무아미타불 염불을 했다고 합니다. 그러더니 시어머니에게 빙의되어 있던 아내가 제정신으로 돌아오더래요.

"아까 보니 나무아미타불 염불이 효과가 있는 것 같소. 그러니 우리 염불을 한번 열심히 해 봅시다."

이때부터 부부는 낮이나 밤이나 열심히 나무아미타불을 염하면서 다음과 같이 간절하게 기도했다고 합니다.

"거룩하신 아미타 부처님. 저희 어머니가 자식에 대한 모든 집착을 내려놓고 좋은 곳으로 가게 해 주십시오. 우리 어머니를 천도해 주십시오."

염불을 시작한 지 며칠 후에 아들은 꿈을 하나 꾸게 됩니다.

꿈에 나타난 어머니가 고운 옷을 입고 환한 미소를 띠고 계시더래요. 그러면서 이렇게 말씀하셨다고 합니다.

"내가 잠시 정신을 잃어 어리석게도 너를 괴롭혔구나. 너무나 미안하다. 네가 열심히 기도해 준 덕분에 이제 이 어미는 좋은 곳으로 떠나게 되었다. 그러니 너희들도 이제 행복하게 잘 살도록 해."

이 말을 마치고 어머니는 허공으로 사라지셨다고 해요.

그 꿈을 꾼 이후로는 이유 없이 몸이 아프던 부인의 병이 싹 나았다고 합니다. 더 이상 어머니가 빙의하는 일도 없었고요.

귀신의 존재도 그렇거니와 빙의라든지, 접신 같은 게 실제로 있는지 확인하기란 어렵습니다. 다만 중요한 것은 이럴 때 겪게 되는 육체적 고통은 물론, 그에 동반하는 정신적 고통도 기도와 수행을 통해 극복할 수 있다는 사실입니다.

다만 기도와 수행을 미루거나 포기해선 안 됩니다. 위에서 소개해드린 수행담의 주인공들처럼 절체절명의 순간에도 꾸준히 노력해야만 효험이 있다는 점을 절대 잊지 마시기 바랍니다.

만약 어떤 보이지 않는 영적인 문제로 고생하고 계신 분들이 있다면 단순하게 생각하십시오. 항상 강조해드리는 것처럼 그것도 내가 지은 전생의 빚입니다. 그 업보를 풀 수 있는 방법은 단 한 가지뿐입니다. 기도하고, 복을 짓고, 마음을 잘 쓰는 것이지요.

기도하고, 기도하고, 또 기도해서 업보가 소멸되고, 우리들의 업장이 진정으로 참회된다면 우리 삶에 고통은 사라지고, 일상은 회복되며, 행복과 희망이 솟구치게 될 겁니다.

영가를 천도시킨 〈광명진언〉

우리 불교에서 선호하는 기도법 가운데 '광명진언 기도법'이 있습니다.

과거에는 이 기도법이 그다지 널리 행해지지 않았다고 합니다. 하지만 해인사 지족암 일타 큰스님께서 〈광명진언〉으로 효험을 본 이야기가 알려지면서 널리 행해지게 되었다고 하지요.

옴 아모가 바이로차나 마하무드라 마니 파드마 즈바라
프라바릍타야 훔

전처를 천도한 〈광명진언〉의 영험

〈광명진언〉과 관련하여 일타 큰스님께서 경험하신 일화가 하나 있습니다.

스님은 30대 시절, 태백산에서 6년 정도 혼자 용맹정진하신 적이 있다고 합니다. 그런데 하루는 피골이 상접해 있고, 얼굴에 핏기가 하나도 없는 한 여자분이 스님의 토굴로 찾아왔답니다. 그러고는 자기가 너무 괴로워서 죽을 것 같다면서 도움을 청했습니다.

이분은 처녀 시절 한 남자를 좋아했답니다. 그분도 이 여자분을 좋아했다고 해요. 이렇게 서로 마음이 있었는데도 정작 결혼은 각자의 부모님이 정해 준 대로 다른 사람과 했다고 합니다. 그런데 그렇게 헤어지고 10년도 되지 않아 여자분도 남편과 사별하고, 남자분도 아내와 사별했다고 해요. 그래서 둘이 다시 만나 결국 재혼을 하게 되었다고 합니다.

이 여자분에게는 아이가 없었지만 남편분에게는 전처 사이에서 낳은 아이가 둘이 있었다고 합니다. 그래서 이 여자분은 남편이 데리고 온 아이들을 자기 친자식처럼 애지중지하며 잘 키웠다고 합니다.

그렇게 알콩달콩 약 1년쯤 살았을까요? 이 여자분의 꿈에 남편의 전처가 나타나더랍니다. 꿈에 나타난 전처는 아이들을 잘 보살펴 줘서 고맙다고 하더래요. 그 이후로도 꿈을 꾸면 꼭 그 전처가 나타나 고맙다면서 이분의 몸을 쓰다듬어 주더랍니다. 꿈 자체는 그리 나쁘지 않아요. 그런데 이상하게도 꿈에서 깨고 나면 쓰다듬어 준 곳이 꼭 누군가에게 얻어 맞은 것처럼 아프더랍니다. 이런 일이 자꾸 반복되니 점점 신경이 곤두서게 되었지요.

그래서 하루는 꿈에 남편의 전처가 또 나타났길래 신경질을 냈대요. 그랬더니 전처는 고마워서 찾아온 사람한테 왜 신경질을 내냐고 하면서 버럭 화를 내더랍니다. 결국 꿈속에서 둘이 대판 싸웠는데 그 이후로는 매번 꿈속에서 그 전처와 싸웠다고 해요.

이런 식으로 지내다 보니 귀신한테 기운을 다 뺏겨서 살아도 산 게 아닌 이른바 '산송장'이 된 겁니다. 건강이 안 좋아지다 보니 꼭 죽을 것만 같았는데, 그때 누군가가 태백산에 가면 일타 스님이라는 분이 계시니까 스님께 가서 이야기해 보라더라고 했답니다. 그렇게 해서 태백산 토굴에서 정진하던 스님을 찾아오게 된 것이었지요.

그 사연을 들은 스님은 원효 스님께서 쓰신 『유심안락도』에 나오는 〈광명진언〉이 떠오르더랍니다. 스님께서 아시는 바론 이 진언이 살아 있는 사람은 복을 받게 하고, 죽은 사람은 좋은 곳에 태어나게 해 준다고 해요. 그래서 스님은 〈광명진언〉을 이 여자분에게 알려 주고, 그것을 간절하고 정성스럽게 외우라고 하셨답니다.

그 후 한 달쯤 지났을 때 이 여자분이 싱글벙글한 얼굴로 다시 찾아와서는 스님이 알려 주신 기도법 덕분에 큰 덕을 봤다고 하더랍니다. 죽으나 사나 간절하게 〈광명진언〉을 외웠더니 꿈에 전처가 나타나긴 하는데 방문 안으로는 못 들어오고 밖에서만 어슬렁거리다가 그냥 가더라는 겁니다. 그런 꿈이 몇 번 반복되더니 그 다음부터는 전처가 꿈에 아예 나타나지 않는다고 하더래요.

그 이야기를 듣고 일타 스님도 좀 놀라셨던 것 같습니다. 자신도 생각이 나서 적어 준 것인데 그게 이 정도로 효과가 클 줄은 미처 예상하지 못하셨나 봐요. (웃음)

자살에 실패하는 여자

일타 큰스님의 다른 이야기를 하나 더 해드리겠습니다. 하루는 상담을 받고 싶다면서 수심이 가득한 얼굴로 어느 여자분이 찾아왔다고 합니다.

이 여자분은 20대 때 결혼을 약속한 남자친구가 있었다고 해요. 그런데 이 남자친구가 횡단보도를 건너다가 차에 치어 즉사했다고 합니다. 마음이 얼마나 아팠을까요? 문제는 그날 이후 딱 1년이 지났을 때 남동생이 같은 자리에서 또 차에 치어 즉사했다고 합니다.

이런 이상한 사고를 겪고 방황한 사연을 고백한 여자분은, 그러면서 언제부턴가 가슴이 쪼개지는 듯한 통증이 느껴지더랍니다. 병원에 가서 진찰을 받아 보긴 했지만 아무 이상 없다는 이야기만 들었다고 해요. 그래서 달리 치료도 받지 못했다고 합니다.

더욱이 심신이 괴로워도 새롭게 살아 보려 다른 남자와 선도 봤지만 이상하게도 결혼 약속 후 날짜까지 잡으면 꼭 파혼되더랍니다. 문제는 이게 한두 번이 아니었다고 해요.

상황이 이렇게 되자 우울증이 생겼고, 시간이 지날수록 증상이 더욱 심해져 결국 자살을 결심했다고 합니다.

첫 시도는 설악산에서였습니다. 산에 올라가 마지막으로 좋은 경치 한번 구경하고 몇십 미터 절벽 위에서 뛰어내렸대요. 그런데 정신을 차려 보니 엉덩이만 조금 얼얼할 뿐 여전히 살아 있더랍니다.

산에서 죽을 팔자는 아닌가 보다고 생각한 그분은 다음으로 강원도 양양으로 가서 낙산사 홍련암 옆의 바위에 올라 몸을 던졌다고 합니다. 그런데 정신을 차려 보니 남자 네 명이 이분의 팔과 다리를 붙잡고 물을 토해내야 한다면서 막 흔들고 있더래요. 알고 보니 그분들은 부근을 지나가던 어선의 어부들이었는데 누군가 바다로 뛰어내리는 것을 보고 얼른 가서 구해냈던 것이지요.

'아, 내가 바다에서도 죽을 팔자가 못 되는구나.'

세 번째 시도는 집에서였습니다. 이분은 약국 수십 곳을 돌아다니면서 수면제를 200알 구했다고 해요. 요즘에는 처방전이 있어야 수면제를 구할 수 있지만 옛날에는 그렇지 않았다고 하죠.

이분은 이 정도면 죽을 수 있겠다고 생각하고 그 수면제를 다 먹고 누웠답니다. 그런데 속이 너무 불편해서 결국 먹은 수면제를 다 토해 버렸대요. 자살에 또 실패한 것이지요.

이후로도 두 번의 자살 시도가 더 있었지만 그것마저도 모두 실패했다고 합니다. 이것도 참 신기한 이야기지요? 그렇게 죽지도 못하고 방황만 하다가 결국 일타 스님을 찾아오게 된 것이었습니다.

스님이 이야기를 가만히 들어 보니 아무래도 그 상황은 남자친구 귀신과 남동생 귀신이 벌이는 일 같더랍니다. 그래서 이분께 역시 〈광명진언〉을 가르쳐 주셨다고 해요. 그러면서 집에 향로를 마련해 향을 피우고, 향 하나가 다 탈 동안 〈광명진언〉을 외운 다음, 향이 다 타고 나면 죽은 남자친구와 남동생의 이름을 부르면서 부처님 가피로 부디 좋은 곳으로 가라고 기도하기를 21일 동안 꾸준히 정성 들여 하라고 시켰답니다. 그렇게 기도한 이후 다시 이곳을 찾아오면 당신이 직접 제사를 지내 주겠다고 약속하셨대요.

그렇게 21일이 지나 여자분이 찾아왔답니다. 다행히 다시 본 이분의 얼굴은 이전보다 많이 편안해 보였다고 합니다. 그분 말이 21일째 되던 날 신기한 꿈을 꿨다고 해요.

　"꿈에 제가 서 있는데 큰 뱀 두 마리가 나타나서는 한 마리가 제 오른팔을 잡아당기고, 다른 한 마리는 제 왼팔을 잡아당기더라고요. 뱀 두 마리가 양쪽에서 그러고 있으니 가슴이 갈라질 것처럼 아팠는데, 민머리에 양복을 입은 남자가 나타나서는 큰 갈고리로 뱀 두 마리의 머리를 하나씩 쳐서 팔에서 떼어낸 다음 던져 버리더군요. 떨어져 나간 뱀 두 마리 중 한 마리는 그 자리에서 죽고, 나머지 한 마리는 새끼 뱀으로 변해서 도망가 버렸습니다."

　꿈을 꾼 여자분은 오랫동안 자신을 괴롭혀 온 가슴의 통증이 해소되었다고 했답니다. 스님은 21일 동안 기도를 한 덕분에 삿된 힘과 업장이 소멸되고, 남자친구와 남동생은 좋은 곳으로 떠나간 거라 이야기해 주었다고 하죠. 이야기를 다 들은 스님은 약속대로 여자분의 남자친구와 남동생을 위한 정성껏 제사를 지내 주셨다고 해요.

　이처럼 우리가 살다 보면 여의치 않게 말로 표현하기 어렵고, 생각으로 헤아리기 어려운 좋지 못한 상황을 만나는 경우가 있습니다. 그럴 때 당황하거나 두려워 마십시오. 전생의 업보이든, 현생의 업보이든 나와 인연이 있는 무언가를 만난 것이고, 간절한 기도로 극복해 낼 수 있습니다.

『금강경』의 공덕과 가피

우리나라 불자라면 누구나 한 번 이상 읽어 보셨을 경전이 있습니다. 바로『금강경』입니다. 대한불교조계종의 소의경전이기도 한 이 경전은 우리 불자들이 가장 사랑하는 경전의 하나로도 알려져 있습니다.

그렇다면『금강경』은 불교의 전체 경전 가운데 어떤 위치를 차지하고 있을까요? 이를 파악하기 위해서는 먼저 불교 경전들이 어떻게 분류될 수 있는지를 염두에 둘 필요가 있습니다.

옛날 중국의 큰스님들은 불교 경전을 다섯 가지 시기에 따라 분류했습니다. 첫 번째 시기는 부처님께서 보리수나무 아래에서 깨달음을 얻으시고 21일 동안『화엄경』을 설하셨던 시기라고 봅니다. 하지만『화엄경』이 너무 어려워서 중생들이 잘 이해하지 못했다고 해요.

두 번째 시기는 부처님께서는 12년 동안『아함경』을 설하셨던 시기라고 봅니다. 비교적 쉬운『아함경』설법을 펼치니 중생들이 비로소 눈을 뜨더라고 해요.

세 번째 시기는 부처님께서 8년 동안 『유마경』, 『승만경』 등을 설하셨던 시기라고 봅니다. 이 경전들은 『아함경』보다는 조금 더 수준이 높은 경전이라고 하지요.

네 번째 시기는 부처님께서 22년 동안 『반야경』을 설하셨던 시기라고 봅니다. 마지막 다섯 번째 시기는 부처님께서 8년 동안 『법화경』을 설하시고, 또 열반에 드시기 직전 하루 동안 『열반경』을 설하셨던 시기라고 봅니다.

이 다섯 시기 가운데 가장 긴 것은 22년 동안 지속되었다고 하는 세 번째 시기입니다. 이 시기에 해당하는 경전이 바로 『반야경』이지요. 그런데 여기에서 말하는 『반야경』은 600부나 되는 방대한 분량의 경전입니다. 그런데 이 600부 『반야경』의 핵심을 압축한 것이 바로 『금강경』이지요.

위 다섯 가지 시기 가운데 『반야경』 시기가 차지하는 비중이 크다는 점이나, 그런 『반야경』을 압축한 경전이 『금강경』이라는 사실을 생각해 보면 『금강경』이 불교 전체 경전 가운데 얼마나 중요한 위치를 차지하는지 알 수 있어요.

이 『금강경』의 본래 이름은 '금강반야바라밀경(金剛般若波羅密經)'입니다. 여기에서 '금강(金剛)'은 인드라(Indra), 즉 제석천의 무기인 '금강저(金剛杵)'를 뜻합니다. 금강저는 세상 모든 것을 다 부술 수 있을 정도로 강력하다고 해요. 다음으로 '반야(般若)'는 지혜를 뜻합니다. 마지막으로 '바라밀(波羅密)'은 '도달하다, 완성하다'라는 뜻입니다. 따라서

'금강반야바라밀경'이라는 제목은 '금강저와 같이 모든 번뇌를 잘라 버릴 수 있는 지혜를 완성하는 경전'이란 뜻입니다.

이렇게 '지혜'를 중심으로 내세우고 있는 경전이기 때문에 『금강경』은 '지혜의 경전'이라고 불리기도 합니다. 불교에서는 머리가 나쁜 사람이 『금강경』을 많이 읽으면 어리석음의 업장이 소멸되어 이번 생에 총명해지거나 아니면 다음 생에는 총명하게 태어난다고 보는데, 이런 생각 역시 『금강경』이 갖는 '지혜의 경전'으로서의 성격을 보여 주는 것이지요.

『금강경』은 매우 심오한 가르침을 담고 있기 때문에 그 뜻을 이해하기가 어렵습니다. 하지만 경전이 품은 깊은 뜻을 이해하지 못하더라도 『금강경』을 읽기만 하면 그것 자체로 공덕이 있다고 합니다. 그래서 우리 불교계에는 옛날부터 『금강경』을 읽어서 가피를 입은 신기한 이야기가 많이 전해집니다.

단명할 상에서 장수할 상으로

옛날 중국에서는 오래 살고 싶으면 『금강경』을 많이 읽으라는 말이 있었다고 합니다. 그래서 『금강경』을 '목숨을 늘리는 경전'이라는 의미로 '속명경(續命經)'이라고 부르기도 했대요.

옛날 중국 양나라 때 한 동자승이 있었습니다. 하루는 이 동자승이 고을의 유명한 관상가에 대한 이야기를 듣게 되었지요. 호기심이 많았던 동자승은 그 관상가를 찾아가서 자기 관상을 좀 봐 달라고 했습니다. 그런데 관상가는 이렇게 말했습니다.

"스님은 참 지혜롭고 총명한 분이십니다. 하지만 안타깝게도 수명이 짧으니 열여덟 살을 넘기지 못할 것입니다."

동자승은 관상가의 말을 듣고 크게 실망했습니다. 그러고는 절에 돌아와서 큰스님께 관상을 본 이야기를 했지요. 풀이 죽어 있는 동자승에게 큰스님이 말씀하셨습니다.

"『금강경』을 읽도록 해라. 옛날부터 『금강경』을 읽으면 그 공덕이 아주 커서 수명이 늘어난다고 했느니라."

동자승은 그때부터 오로지 『금강경』만 열심히 읽었다고 합니다. 그러던 어느 날 깜빡 잠이 들어 꿈을 꾸게 되었습니다.

꿈속에서 동자승은 평소 지니고 있던 『금강경』에서 환한 오색광명이 뿜어져 나오는 모습을 보았습니다. 그런데 그 『금강경』에서 인도 스님 한 분이 나타나더니 이렇게 말하더래요.

"그대의 본래 수명은 열여덟 살이었다. 하지만 지금까지 『금강경』을 열심히 독송한 공덕으로 그대의 수명이 크게 늘어났다."

동자승은 너무도 생생한 꿈에 용기를 얻었습니다. 그리고 몇 년 후 별 탈 없이 열여덟 살을 넘겼지요. 동자승은 그 후로도 계속 『금강경』을 열심히 읽었습니다. 그렇게 시간이 흘러 어엿한 스님으로 성장한 동자승이 어렸을 적 관상을 봐줬던 용한 관상가를 다시 찾아갔습니다. 자기 관상 좀 봐 달라고 말이지요. 그런데 과거에는 열여덟 살을 넘기지 못할 상이라고 했던 관상가가 이번에는 장수할 상이라고 이야기하더랍니다. 스님이 웃으면서 이야기했습니다.

"실은 제가 어렸을 때 선생님께서 관상을 봐주신 적이 있습니다. 그때 선생님은 제가 열여덟 살을 넘기지 못할 것이라고 하셨지요."

관상가는 깜짝 놀랐습니다.

"그렇습니까? 제 평생 사람들의 관상을 봐주었지만 지금까지 틀려 본 적이 없습니다. 혹시 그동안 무슨 일이 있었는지 말씀해 주실 수 있으신지요?"

스님은 관상가에게 그동안 열심히 『금강경』을 읽었던 이야기를 해 주었습니다. 관상가가 감탄하면서 말했습니다.

"제가 관상을 배울 때 공덕을 많이 쌓고, 복을 많이 지으면 타고난 운명도 바뀐다는 말을 들은 적이 있긴 합니다. 하지만 실제로 본 적은 한 번도 없었지요. 하지만 오늘 스님을 만나 뵙고 그 말이 사실이란 것을 알았습니다. 정말 부처님의 법은 훌륭하고 불가사의합니다."

그 뒤에도 스님은 『금강경』 독송을 계속했고, 마침내는 큰스님으로 추대되었다고 합니다. 스님은 아흔이 되던 해에 앉은 모습으로 평온하게 돌아가셨는데, 돌아가신 뒤에도 사흘 동안 시신에서 향기가 났다고 해요.

많은 사람들이 점을 치곤 합니다. 그러나 점괘가 나쁘게 나오더라도 두려워할 필요가 없습니다. 만약 오래 살지 못할 거란 이야기를 들으셨다면 『금강경』을 열심히 읽으면 됩니다. 『금강경』을 '속명경'이라고 부르기도 한다고 말씀드렸지요? 『금강경』을 읽으면 수명이 늘어나는 공덕이 있습니다.

『금강경』으로 죽음을 면한 사람들

깨달음을 얻을 때까지 태어나고 죽기를 계속 반복하는 윤회의 세계에서 우리 중생들이 항상 사람의 몸으로 태어날 수 있는 건 아니라 하였습니다. 전생의 업보에 따라 천상에 태어날 수도 있고, 인간으로 태어날 수도 있지만, 지옥이나 아귀, 축생계의 삼악도에 태어날 수도 있는 것입니다.

강아지로 태어날 뻔한 주 진사

중국 송나라 때 소주 지방에 주씨 성을 가진 진사가 있었습니다. 주 진사는 평생 유교 경전만 공부한 유생이었지요. 그래서 불교는 우둔한 사람들이나 믿는 미신이라고 업신여겼고, 오직 공자와 맹자의 가르침만이 옳다고 생각했습니다.

하루는 주 진사가 호구산에 놀러가 그곳에 있던 어느 사찰에 많은 사람들이 모여 있는 것을 보았습니다. 주위에 물어보니 어느 큰스님의 법문을 듣기 위해 그렇게 모여 있는 것이라고 했습니다. 주 진사는 얼마나 대단한 법문이길래 이렇게 많은 사람들이 모였는지 궁금해졌지요.

그날 큰스님이 하신 법문은 『금강경』의 가르침에 대한 내용이었습니다. 그런데 주 진사는 그 법문을 듣고 충격을 받습니다. 불교의 가르침이 뜻밖에 심오하고 훌륭했던 것이지요. 그날 이후로 주 진사는 조금씩 불교에 대해 공부했고, 『금강경』도 틈틈이 읽어 나갔습니다.

그러던 어느 날 이상한 꿈을 하나 꾸게 됩니다. 꿈속에서 파란 옷을 입은 어떤 사람이 다섯 사람을 붙들고 길을 가고 있었습니다. 그 모습을 본 주 진사는 호기심이 생겨서 그 사람들을 몰래 따라갔지요. 이들은 골목 안으로 들어가더니 파란 장막이 쳐진 큰 집 안으로 쑥 들어갔습니다. 그 모습을 본 주 진사도 그 집 안으로 들어갔어요. 집안에 들어가 보니 아까 붙들려 간 다섯 사람이 통나무 그릇에 담긴 물을 마시고 있었습니다. 주 진사도 마침 목이 말라서 그 물을 마시려고 했어요. 그런데 갑자기 시커먼 거인이 나타나더니 "『금강경』을 읽은 사람이 왜 이 물을 마시려고 하느냐!" 하면서 호통을 쳤습니다.

주 진사는 그 소리에 깜짝 놀라며 꿈에서 깨어났습니다. 그는 파란 옷을 입은 자가 다섯 사람을 붙들고 가던 길이 실제 있을 것 같다는 생각이 들었습니다. 그래서 부랴부랴 거리로 나가 살펴보니 그 길이 진짜 있었던 거예요. 골목 안으로 들어가 보니 파란 장막이 쳐진 큰 집도 그대로 있었습니다.

주 진사는 그 집의 주인을 불렀어요. 누가 왔나 하고 나온 집주인에게 이 집에 오늘 혹시 무슨 일이 있지 않았느냐고 물었습니다. 집주인은 고개를 갸우뚱하다가 다른 일은 없었고, 키우던 개가 새끼 여섯 마리를 낳았는데 그 가운데 한 마리가 죽었다고 말했습니다. 그때 주 진사는 집안에 있는 나무 그릇을 보고 깜짝 놀랐어요. 그 그릇은 꿈속에서 다섯 사람이 물을 마시던 바로 그 나무 그릇이었지요.

사실 주 진사는 과거에 불교를 업신여긴 업보로 꿈속에서 끌려가던 다섯 사람과 함께 그 집 강아지로, 즉 축생으로 태어날 운명이었습니다. 그 운명대로 꿈속의 다섯 사람은 그 집 강아지로 태어난 것이지요. 하지만 주 진사는 꿈속의 시커먼 거인에게서 "『금강경』을 읽은 사람이 왜 이 물을 마시려고 하느냐!"라는 호통을 듣고 깨어나는 바람에 강아지로 태어나는 것을 면할 수 있었던 겁니다. 만약 주 진사가 평소에 『금강경』을 읽어 두지 않았다면 꿈속의 시커먼 거인의 호통을 듣지 못했을 것이고, 따라서 꿈에서 깨어나지도 못했을 것입니다. 결국 『금강경』을 읽은 공덕 덕분에 축생으로 태어나는 것을 피했던 것이지요.

그 뒤로 주 진사는 매일매일 열심히 『금강경』을 읽었습니다. 그리고 시간이 흘러 여든아홉이 되던 해 생일에 친분이 있는 사람들을 모아 놓고 이렇게 당부했습니다.

"우리가 이번 생에 사람으로 태어난 것은 너무나 큰 복입니다. 하지만 한 번 죽어서 사람 몸을 잃어버리면 다시 사람 몸을 받고 태어나기가 어렵지요. 그러니 여러분은 이번 생에 열심히 불법을 공부하여 다음 생에도 사람으로 태어나시기 바랍니다. 자, 그러면 저는 이제 떠날까 합니다."

이 말을 남기고 주 진사는 그 자리에 앉은 채로 숨을 거두었다고 합니다.

하얀 송아지로 살 뻔했던 동생

이와 비슷한 이야기가 또 있습니다. 중국 명나라 때 어느 형제가 있었습니다. 이들 가운데 형은 성품이 아주 좋았습니다. 하지만 동생은 머리가 똑똑하긴 했지만 교만했지요.

하루는 형이 길을 걷다가 지나가던 스님이 뭔가를 중얼중얼 외우는 것을 들었습니다. 형은 그 스님이 뭐라고 중얼거리는지가 궁금해서 스님 옆을 따라가며 그 내용을 들었어요. 그런데 그 내용이 형의 마음에 딱 들어왔습니다. 형은 스님을 붙잡고 지금 중얼거린 내용이 어느 책에 나오느냐고 물어봤지요. 스님은『금강경』에 나오는 내용이라고 알려 주었습니다. 그 이후로 형은『금강경』을 굉장히 좋아하게 되었어요.

그러던 어느 날 형은 큰 병에 걸렸습니다. 형은 자신이 병에 걸린 것은 전생의 업장 때문이라고 생각했지요. 그래서 자신의 업장을 녹이기 위해 스님들을 모셔다가 자기가 누워 있는 침상 옆에서『금강경』을 독송해 달라고 부탁했습니다. 그런데 동생은 형의 이런 행동이 못마땅했습니다. 형이 불교를 좋아했던 것과 달리 동생은 불교를 좋아하지 않았기 때문이었지요. 하지만 동생 역시 스님들이 독경하는 것을 듣다가 마음이 환히 열리는 경험을 하게 됩니다. 동생이 보기에도 스님들이 읽은『금강경』의 내용은 어떤 유교 경전에도 나오지 않는 심오한 가르침이었지요. 이 일을 계기로 동생 역시 불교에 대한 믿음을 일으켰습니다.

형제가 모두 불자가 된 이후 어느 날, 동생이 전염병에 걸려 의식을 잃게 되었습니다. 마치 식물인간이 된 것처럼 침상에만 누워 지내던 동생은 열흘이 지나서야 의식을 되찾을 수 있었지요. 깨어난 동생은 의식을 잃고 누워 있던 동안 자신이 꾸었던 신기한 꿈 이야기를 가족들에게 해 주었습니다.

동생은 꿈속에서 염라대왕을 만났다고 합니다. 염라대왕이 동생을 딱 보더니 "너는 생전에 교만하게 살았으니 '이작방'이란 자의 소로 태어나 몇십 년을 일하고 살면서 그 죄업을 갚아야 한다."라고 하더래요. 그러면서 '이작방'이라는 사람 집에 있는 어미 소의 자궁 속으로 던져졌답니다. 이렇게 해서 동생은 그 집에서 하얀 송아지로 태어났다고 해요. 그런데 그 순간 신중탱화에 나올법한 신장이 금강저를 들고 하늘에서 내려오더랍니다. 그러고는 불법에 마음을 일으킨 사람이 왜 여기 있느냐고 하면서 하얀 송아지로 태어난 동생의 머리를 세게 후려 쳤답니다. 그렇게 맞은 데가 어찌나 아프던지 "아야!" 하고 눈을 떠 보니 자기 침상에 누워 있더라는 것이었지요.

며칠 후 동생의 건강이 회복되자 형제는 동생의 꿈에 나왔던 이작방이라는 사람이 실제로 있는지 찾아보았습니다. 형제는 결국 인근 마을에서 이작방이라는 이름을 가진 사람을 찾아냈습니다. 형제는 그에게 혹 요즘 들어서 집안에 별일이 없었느냐고 물어보니 며칠 전 그 집 암소가 하얀 송아지를 낳았는데 나오자마자 바로 죽어 버렸던 일이 있었다고 말했습니다. 그의 말을 들은 형제는 깜짝 놀랐습니다. 꿈에서 펼쳐졌던 내용이 단순한 꿈 이야기가 아니라 동생의 저승 이야기였음을 알게 되었기 때문이었지요.

『금강경』 독송으로 수명이 늘다

중국 당나라 때 '두덕원'이라는 관리가 있었습니다. 그는 젊은 시절 양주 지방으로 발령을 받아 그곳으로 길을 떠나게 되었지요.

어느 날은 나룻배를 타고 강을 건너는데, 강변에 한 남자가 우두커니 서 있더랍니다. 키가 무척 크고, 초췌한 얼굴에 인상이 음침한 남자였다고 해요.

'아, 저 사람이 배를 타야 하는데 돈이 없어서 저러고 있구나.'

두덕원은 그 남자에게 불쌍한 마음이 들어 사공에게 돈을 주고 남자를 배에 타게 했습니다. 그 덕분에 배를 탈 수 있게 된 이 남자는 약간 당황했대요.

그 남자는 두덕원 옆에 앉았습니다. 그런데 두덕원이 뱃삯을 대신 내주었는데도 고맙다는 말 한 마디 없이 그냥 앉아만 있는 것이었어요. 두덕원을 이 남자가 좀 이상하다는 생각을 했다고 합니다.

그렇게 뱃길을 따라 가던 중 두덕원은 배가 고파 싸가지고 온 주먹밥을 꺼냈습니다. 그런데 옆자리에 배에 태운 남자가 있다보니 혼자 먹기가 미안해서 주먹밥을 떼어 남자에게 권했습니다. 두덕원 덕분에 주먹밥을 먹게 된 그 남자는 이번에도 약간 당황하면서 주먹밥을 받아먹더래요. 하지만 이번에도 고맙다는 말은 전혀 하지 않고 그냥 가만히 있더랍니다. 또다시 두덕원은 이 남자가 좀 이상하다는 생각을 했지요.

나룻배가 목적지에 도착하자 두덕원은 말을 타고 다시 길을 가게 되었습니다. 그런데 뭔가 뒤통수가 따끔따끔하더래요. 혹시나 해서 뒤를 돌아보니 아까 그 키 크고 음침한 남자가 멀리서 따라오고 있더랍니다. 두덕원은 그 남자에게 뭔가 사연이 있다고 생각했습니다. 그래서 그 남자를 불러 정체를 물었습니다.

"저는 저승사자입니다. 양주에서 두덕원이라는 사람을 저승으로 데려가기 위해 지금 그곳으로 가는 길입니다."

두덕원은 깜짝 놀랐습니다. 양주에 도착하면 이 저승사자가 자기를 저승으로 데려갈 것이기 때문이지요.

덜컥 겁이 난 두덕원은 바로 말에서 내려 저승사자에게 살려 달라고 애원했습니다. 그러자 저승사자가 이렇게 대답합니다.

"명부에 올라와 있는 사람을 데려가지 않을 순 없습니다. 하지만 나리께서 저를 대신해 뱃삯도 내주시고, 주먹밥도 주셨지요. 저도 나리께서 베푸신 은덕에 보답하고 싶으니 방법을 하나 알려 드리겠습니다. 오늘은 일단 제가 물러날 테니 다시 나리를 데리러 올 때까지 『금강경』을 천 번 읽으시기 바랍니다. 그럼 살길이 생길 것입니다. 다만 시간을 많이 드릴 수는 없습니다. 서두르십시오."

저승사자는 이 말을 마치고 휙 사라졌습니다. 두덕원은 이게 꿈인가, 생시인가 했겠지요. 어쨌든 양주에 도착한 두덕원은 바로 『금강경』을 읽기 시작했습니다. 목숨이 걸려 있으니 하루 종일 미친 듯이 읽고, 읽고, 또 읽었지요. 한 달하고 조금 더 지났을 때 마침내 두덕원은 천 번 읽기를 채웠습니다. 그러고 나니 저승사자가 다시 찾아오더랍니다.

"이제 저승으로 가실 때가 되었습니다. 하지만 나리는 『금강경』을 천 번이나 읽었으니 염라대왕님을 만나도 걱정하실 필요가 없습니다."

저승사자는 두덕원을 데리고 저승으로 갔습니다. 그곳에서 두덕원은 엄하게 생긴 염라대왕이 높은 자리에 위엄 있게 앉아 있는 모습을 보고 두려운 마음이 들었지요. 그러나 두덕원을 본 염라대왕이 자리에서 일어나 밑으로 내려오는 것 아니겠습니까? 염라대왕은 두덕원에게 공손하게 절하고 이렇게 말했습니다.

"『금강경』을 천 번이나 읽으신 분을 뵙게 되어 너무도 영광입니다. 선생은 『금강경』을 읽으면서 큰 복을 지어 수명이 늘어났으니 여기에 계실 필요가 없습니다. 지상으로 다시 돌아가시기 바랍니다."

그렇게 해서 두덕원은 저승사자와 함께 다시 지상으로 돌아왔습니다. 그가 생각하기에 염라대왕을 만난 것은 잠깐 동안의 일이었던 것 같은데 지상의 시간으로는 벌써 하루가 지나가 있더랍니다.

저승사자는 다음과 같은 말을 두덕원에게 남기고 저승으로 돌아갔습니다.

"나리의 수명은 64세로 늘어났으니 그때 다시 데리러 오겠습니다. 다음 생에는 더 좋은 곳에 태어나실 것이니 두려워하실 필요가 없습니다."

그 후로 두덕원은 청렴결백한 관리로 백성을 위한 좋은 정치를 펼치면서 복을 많이 지었다고 합니다. 그러고는 정말 64세에 아주 편안하게 세상을 떠났다고 해요.

저승사자가 물러나다

지금까지 들려드린 이야기들을 어느 절의 신도분들에게도 들려드린 적이 있었습니다. 그때 한 불자님이 무릎을 탁 치시면서 고개를 끄덕이시더라고요. 크게 공감되셨나 봅니다. 법회가 끝나고 저를 찾아온 그 불자님은 이윽고 이런 이야기를 해 주시더군요.

불자님이 젊었을 때 아픈 시어머니를 모셨다고 합니다. 이 불자님은 처녀 때부터 독실한 불자였지만, 시어머니 되시는 분은 불교를 전혀 믿지 않으셨다고 해요.

하루는 몸져누운 시어머니 옆에서 간병을 하고 있는데 시어머니께서 주무시다가 자꾸 비명을 지르면서 무언가를 그렇게 무서워하시더래요. 이 불자님은 시어머니를 깨워서 무슨 악몽이라도 꾸셨냐고 여쭤봤답니다. 그러더니 시어머니께서 이런 말씀을 하시더래요.

"얘야, 잠을 자면 저승사자가 보이는구나. 며칠 전까지는 저기 대문 밖에 있었는데, 조금 있으니 대문을 지나 현관 바깥까지 다가오고, 또 조금 있으니 현관 바깥을 지나 방문 바깥까지 오더니 오늘은 이 방 안까지 들어오지 뭐냐. 아무래도 내가 곧 죽으려나 보다."

시어머니의 이야기를 들은 불자님은 이렇게 말했대요.

"어머니, 몸이 아플 때 부처님 경전을 독송하는 걸 들으면 반드시 큰 공덕이 있대요. 제가 『금강경』 테이프라도 틀어 드릴게요. 들어 보시면 마음이 좀 편안해지실 거예요."

이 불자님이 『금강경』 테이프를 틀어 드리니까 시어머니께서는

"경전 소리가 참 좋구나." 하면서 다시 편안하게 주무시더랍니다.

이렇게 며칠이 지났는데 이번에는 시어머니께서 이런 말씀을 하셨대요.

"애야, 정말 신기하구나. 이 방 안까지 들어왔던 저승사자가 방 밖으로 나가더니 이제는 아예 대문 밖으로 다시 나간 것 같다. 보이지를 않는구나."

시어머니는 그로부터 일주일 뒤에 아주 편안한 미소를 띠고 돌아가셨답니다.

살아가다 보면 답답하고 힘들고 괴로운 일이 많지 않습니까? 그럴 때는 마음만 썩히지 마시고 열심히 『금강경』을 독송하면서 부처님의 법에 의지해 보시기 바랍니다.

『법화경』의 가피 공덕

깨닫지 못한 중생은 윤회를 거듭하게 됩니다. 지옥, 아귀, 축생, 아수라, 인간, 천상, 이렇게 여섯 세상을 떠돌면서 태어나고 죽기를 반복하지요.

그런 가운데 내생에 어느 세상에서 태어날지는 현생에 어떤 업을 지었느냐에 달렸다고 말씀드렸습니다. 또한 내생에 인간으로 태어나 어느 정도의 복을 누리며 살 것이냐 역시 자기 업보에 의해 결정됩니다.

축생의 경우도 전생에 어떤 업을 짓고 살았느냐에 따라 무엇으로 태어날지 결정된다고 합니다. 예를 들어 화를 잘 내던 중생은 항상 독을 품고 있는 독사로, 전생에 바람을 많이 피웠던 중생은 날짐승으로, 전생에 욕심 많고 소유욕이 강했던 중생은 구렁이로, 어두운 방에서 잠자는 것만 좋아했던 중생은 바위틈의 어두컴컴한 곳에 살아가는 곤충으로 태어난다고 하지요.

그런데 위로는 천상의 중생부터 아래로는 지옥의 중생까지 모든 중생은 다 마음을 가지고 있습니다. 다행히 마음이 있는 존재들은 부처님의 가르침을 만나 선업을 짓는 공덕을 쌓을 수 있고, 그것에 힘입어 다음 생에는 더 좋은 세상에서 태어날 수 있지요.

윤회하는 중생이 내생에 더 좋은 세상에 태어나는 방법 가운데 하나가 경전을 읽는 것입니다. 그럼 어떤 경전을 읽어야 할까요? 앞서『금강경』에 대해 이야기했지만 이 외에도 다른 좋은 경전들이 있습니다.

불교에서 최고의 대승경전으로 꼽히는『화엄경』과『법화경』역시 좋은 경전에 들어가지요. 이 가운데『화엄경』은 분량이 매우 많지만, 그에 비해『법화경』은 훨씬 짧아 불자들이 읽기에 좀 더 편합니다.

『법화경』역시『금강경』못지않게 심오한 가르침을 담고 있는 경전입니다. 고로 그 뜻을 이해하기란 여간 쉽지 않지요. 하지만 그 깊은 뜻을 완전히 이해하지 못한다 하더라도『법화경』을 간절한 마음으로 사경해 눈앞에 닥친 어려움을 극복한 여러 불자들의 이야기를 앞서서도 몇 차례 들려드린 바 있습니다.

그렇다면 축생은 어떨까요? 인간처럼『법화경』을 사경할 수도, 독경할 수도 없으니 그나마 복이 있어 사람이 독경하는 소리를 들을 수 있다면 그 공덕을 얻을 수 있을 것입니다. 기억나시나요? 부처님 말씀은 귓가에 스치기만 해도 공덕이 있다는 가르침.

지금 들려드릴 이야기는『법화경』을 들은 공덕으로 인간으로 태어난 짐승들의 이야기입니다.

꿩이 스님이 되다

중국 동진 시대에 '법지'라는 스님이 계셨습니다. 이 스님은 산에 들어가 작은 토굴을 지은 후 그곳에서 평생 『법화경』만 읽었습니다.

하루는 꿩 한 마리가 날아와 법지 스님이 수행하는 토굴 옆에 둥지를 지었습니다. 그 이후로 꿩은 스님이 『법화경』을 독송할 때면 항상 둥지에 앉아서 그 소리를 귀 기울여 들었지요. 스님은 이런 모습이 귀여워 꿩에게 콩알 몇 개를 가끔씩 주곤 했습니다. 스님과 꿩은 이런 식으로 7년을 함께 지냈습니다.

하루는 꿩이 스님의 『법화경』 독송이 시작되었음에도 축 처져 있었습니다. 스님은 꿩이 어디 아픈가 싶어서 콩알 몇 개를 줘 봤지만 평소와 달리 콩알도 먹지 않았습니다. 스님은 그런 꿩의 날개를 만지면서 이렇게 축원해 주었습니다.

"너는 전생의 업보로 인해 이번 생에 축생으로 태어났지만, 축생의 몸으로도 『법화경』을 열심히 들었으니 그 공덕으로 다음 생에는 반드시 사람으로 태어날 것이다."

다음 날 꿩은 죽어 있었습니다. 스님은 꿩을 잘 거두어 양지바른 곳에 묻어 주고 사람으로 태어나기를 다시금 축원해 주었지요. 그날 밤에 스님은 꿈을 꾸게 됩니다.

꿈속에 아주 잘생긴 동자가 나타나 스님에게 절을 올렸습니다. 그러고는 이렇게 말했지요.

"스님, 저는 스님과 함께 지냈던 꿩입니다. 저는 스님의 『법화경』

독송을 들었던 공덕으로 아랫마을 왕씨 부부의 아들로 태어나게 되었습니다. 스님께서는 부디 잊지 마시고 언젠가는 꼭 저를 찾아와 주시기 바랍니다."

잠에서 깬 스님은 너무나도 신기한 꿈을 꾸었다고 생각했습니다.

스님은 그 꿈을 기억하고 있다가 열 달 후 아랫마을에 산다는 왕씨 집을 물어물어 찾아갔습니다. 마침내 왕씨를 만난 스님은 혹시 이 집에서 최근에 아이가 태어나지 않았냐고 물어봤지요. 그랬더니 과연 왕씨가 얼마 전에 아들을 낳았다고 하는 것 아니겠습니까? 스님은 깜짝 놀랐습니다. 그러고는 아이가 말문이 트일 때쯤 다시 오자고 생각하면서 토굴로 돌아왔습니다.

몇 년 후 스님은 다시 왕씨 집을 찾아갔습니다. 왕씨는 몇 년 만에 찾아온 스님을 반갑게 맞이했습니다. 그런데 서너 살 먹은 그 집 아들이 뛰어나오더니 "우리 스님 왔다!" 하며 스님에게 안기는 것 아니겠습니까. 스님을 처음 만난 아이의 행동에 왕씨 부부는 물론 스님도 깜짝 놀랐어요.

스님은 왕씨 부부에게 꿩 이야기부터 꿈 이야기까지 자초지종을 모두 이야기했습니다. 그리고 스님은 말했지요.

"아무래도 이 아이가 불법과 인연이 깊은 것 같습니다. 이 아이가 커서 출가하고자 하면 거사님과 보살님께서는 허락해 주실 수 있겠습니까? 두 분만 허락하신다면 그때는 제가 이 아이를 제자로 받겠습니다."

왕씨 부부 역시 불심이 깊은 사람들이었던지라 그렇게 하겠다고 약속합니다.

세월이 흘러 아이가 열여섯 살이 되었을 때 결국 출가하여 법지 스님의 제자가 됩니다. 스님은 출가한 아이에게 '담익'이라는 법명을 지어 주었습니다.

법지 스님은 담익 스님에게 『법화경』을 주었습니다. 담익 스님은 평생 처음 본 『법화경』을 마치 오래전부터 알고 있었던 것처럼 술술 읽었지요. 과연 담익 스님은 전생에서부터 『법화경』과 인연을 맺고 있었던 것이었습니다.

담익 스님은 법지 스님 밑에서 열심히 수행하다가 어느 산에 자신의 토굴을 짓고 그곳에서 나무뿌리와 열매만 먹으며 12년간 『법화경』 독경 수행을 했습니다.

담익 스님이 그렇게 토굴에서 수행을 하며 지내던 어느 날 밤, 여느 때처럼 『법화경』을 읽고 있던 스님의 귀에 어떤 아가씨의 목소리가 들렸습니다.

"스님. 스님."

이 야밤 중에 누가 찾아왔나 싶어 문을 열어 보았더니 처음 보는 아름다운 아가씨가 서 있었습니다. 아가씨는 굉장히 곱고 화려한 옷을 입은 채 한 손에는 하얀 새끼 돼지를, 다른 한 손에는 마늘 두 뿌리를 들고 있었지요. 아가씨가 말했습니다.

"스님, 저는 아랫마을에 살고 있습니다. 나물을 캐러 산에 들어왔다가 날이 저무는 바람에 돌아가지 못했습니다. 이 밤에 산길을 내려가다가는 산짐승에게 화를 입을 수 있으니 부디 이곳에서 하룻밤 자고 갈 수 있게 해 주십시오."

스님은 아가씨를 토굴에 들이는 것이 마음에 걸렸습니다. 하지만 한밤중의 산이 위험한 것도 사실이라 그 청을 거절하기도 어려웠지요. 결국 스님은 아가씨를 토굴에 들였습니다. 그러고는 토굴 한구석에 잠자리를 마련해 준 다음 그곳에서 편히 쉬라고 이야기했지요.

스님은 다시 『법화경』을 읽기 시작했습니다. 그런데 갑자기 이 아가씨가 배가 아프다면서 신음 소리를 내기 시작했어요. 뜻밖의 상황이 벌어지자 스님은 어찌할 줄을 몰랐습니다. 그때 아가씨는 스님에게 자신의 배를 문질러 줄 것을 부탁했지요. 스님은 잠시 고민하다가 가지고 다니던 주장자에 수건을 묶어서 그것으로 아가씨의 배를 문질러 주었습니다. 아가씨가 스님을 유혹해 보았지만 스님은 넘어가지 않던 것이지요.

그렇게 아무 일 없이 밤이 지나고 아침이 되자 아가씨는 옷을 다시 걸치고 하얀 새끼 돼지 한 마리와 마늘 두 뿌리를 들고 토굴을 나섰습니다. 스님은 아가씨를 배웅하기 위해 토굴 밖으로 나왔지요. 그런데 인사를 하고 돌아서서 가던 아가씨가 자신이 입고 있던 곱고 화려한 옷을 허공에 던졌습니다. 그리고 그 옷은 무지갯빛 구름으로 변했습니다. 그런 뒤 하얀 새끼 돼지를 허공에 던졌는데 이것은 하얀 코끼리로, 마지막으로 던진 마늘 두 뿌리는 연꽃 두 뿌리로 변했습니다. 아가씨는 연꽃을 들고 하얀 코끼리를 탄 채 무지갯빛 구름 위로 올라가면서 말했습니다.

"나는 보현보살이다. 그대의 수행이 깊다고 해서 잠시 내가 그대를 시험해 보았다. 그대는 마치 물속에 뜬 달과 같아서 더럽히려고 해도 더럽힐 수가 없구나."

이 말을 남기고 보현보살님은 허공으로 사라지셨습니다. 보현보살은 손에 연꽃을 들고 하얀 코끼리를 탄 모습으로 그려지는 불보살로서 『법화경』을 상징하는 분입니다.

이러한 이적이 일어나고 있을 때 그 지역을 다스리던 태수는 멀리 보이는 산에서 오색구름이 피어오르고 빛이 나는 것을 보게 됩니다. 처음 보는 광경에 놀란 태수는 사람들을 데리고 그곳으로 갔습니다. 그러고는 그곳에 스님의 토굴이 있음을 알게 되었지요. 태수는 자신이 다스리던 지역에 신비로운 일이 있었음을 알리는 글을 써서 황제에게 올렸습니다. 태수가 올린 글을 받아 본 황제는 감탄하면서 그곳에 '법화사'라는 절을 지어 주었어요.

담익 스님은 전생에 무엇이었습니까? 예, 한 마리 꿩이었습니다. 하지만 이 꿩이 『법화경』 독송을 들었던 인연으로 죽은 후에 사람으로 태어났고, 사람으로 태어난 다음에는 출가하여 훌륭한 스님이 되었지요. 경전을 열심히 읽고 수행하면 우리 눈에 보이지 않는 불보살님의 가피가 이와 같이 은은하게 함께하게 됩니다.

『법화경』 독송 소리를 들은 말

이와 비슷한 이야기가 또 하나 있습니다. 옛날 중국 명나라 때 '보은사'

라는 절이 있었다고 합니다. 이 절 주지스님은 나이가 많아서 돌아다니기가 힘들었습니다. 그래서 말을 한 마리 구해 어디 갈 일이 있으면 타고 다녔지요. 스님은 말을 타고 어디를 갈 때마다 말 위에서 『법화경』을 독송했습니다. 보은사 주지스님이 이런 식으로 말을 타고 다닌 지 몇 년이 되었을 때 보은사 아랫마을에 살던 한 불심 깊은 여인이 꿈을 꾸게 됩니다.

여인의 꿈에는 한 어린아이가 나왔다고 합니다. 그 아이는 여인에게 이렇게 말했지요.

"저는 저 위 보은사 주지스님이 타고 다니는 말입니다. 저는 이제 수명을 다하여 곧 죽을 것입니다. 하지만 생전에 스님을 모시고 다니면서 『법화경』 독송을 많이 들었던 공덕으로 사람의 몸을 받아 당신의 아들로 태어나게 되었습니다. 부디 저를 잘 키워 주시기 바랍니다."

아이는 말을 마친 후 인사를 하고 사라졌습니다.

꿈에서 깬 여인은 자신이 태몽을 꾸었다는 것을 알게 되었습니다. 그런데 아이가 했던 말이 이상해서 보은사에 사람을 보내 주지스님께서 타고 다니신다는 말이 정말 죽었는지 알아보게 했습니다. 여인이 보냈던 사람은 보은사에 다녀온 후 주지스님께서 평소에 말을 타고 다니셨는데 그 말이 정말로 며칠 전에 죽었다는 이야기를 해 주었지요. 과연 여인은 곧 태기를 느꼈고, 열 달이 지난 후에 아이를 낳게 됩니다.

이 불심 깊었던 그 여인은 아이가 어느 정도 자라자 보은사 주지스님을 만나 자신이 꾸었던 태몽 이야기를 했습니다. 그러고는 비록 자신의 몸을 빌려 태어나긴 했으나 불법과 인연이 깊은 아이인 만큼 스님께서 맡아 키워달라고 부탁했습니다. 스님은 신기해하면서 흔쾌히 받아들였지요.

스님은 자신이 맡게 된 아이를 큰스님으로 만들어야겠다고 생각했습니다. 그래서 온 힘을 다해 열심히 아이를 가르쳤지요. 하지만 아이는 너무나도 우둔했습니다. 주지스님은 자신이 아무리 노력을 해도 소용이 없으니 크게 낙담했습니다. 그래서 스님은 아이에게 『법화경』을 가르쳤습니다. 『법화경』은 아이가 전생에 말이었을 때 많이 들었다고 하니 그나마 잘 배울 수 있을 것이라고 생각했던 것이지요. 그런데 놀라운 일이 일어났습니다. 그렇게 우둔하던 아이가 『법화경』 6만 9천 자 전부를 그 자리에서 다 외워 버린 것이지요. 이후 아이는 지혜와 총명의 물꼬가 터졌습니다. 거기에 수행도 열심히 했지요. 결국 아이는 나중에 아주 큰스님이 되었다고 합니다.

『법화경』이 되었든, 『금강경』이 되었든 부처님의 가르침을 가까이하면 그 공덕이 이렇게 큰 법입니다.

아버지를 지옥에서 빼내다

『법화경』은 망자에게도 강력한 힘을 발휘한다는 걸 알 수 있는 이야기가 있습니다.

중국 동진시대에 천하 명필인 아버지와 아들이 있었다고 합니다.

아버지는 '오룡'이라고 했고, 아들은 '유룡'이라고 했다 합니다.

아버지 오룡은 독실한 도교 신자였습니다. 동진 당시 중국은 도교와 불교가 첨예하게 대립하던 시대였지요. 아버지 오룡은 도교 신자였기 때문에 불교를 아주 싫어했어요. 그런 그가 나이 들어 큰 병에 걸리게 되었을 때 아들 유룡을 불러 유언을 남깁니다. 유언의 내용은 절대 불교를 가까이하지 말라는 것이었지요. 그리고 불경을 써 달라는 부탁을 받아도 절대로 써 주지 말라는 것이었습니다. 유룡은 아들에게 이 말을 어기면 너는 내 아들이 아니니 반드시 명심하라고 신신당부를 했습니다. 그리고 며칠 후에 오룡은 피를 토하고 온몸을 쥐어짜면서 아주 고통스럽게 세상을 떠났습니다.

여기에서 한 가지 이야기할 것이 있습니다. 우리 불교에서는 사람이 죽을 때의 모습을 보면 그 사람이 내생에 어디에 태어나게 될지 알 수 있다고 이야기합니다. 허공에 손발을 휘저으면서 눈을 부릅뜨고 괴로워하다 죽으면 대부분 지옥에 떨어진다고 합니다. 배고파하다가 죽으면 아귀로, 짐승의 울음소리를 내거나 엉금엉금 기어다니다가 죽으면 축생으로 태어난다고 합니다. 반면에 조상님이 보인다고 하거나 먼저 돌아가신 누군가가 보인다고 하면서 숨을 거두면 사람으로 태어난다 하고, 밝은 빛이 보인다고 하면서 편안하게 숨을 거두면 천상에 태어난다고 합니다.

오룡이 죽을 때 보인 모습은 정확히 지옥에 떨어지게 될 중생이 보이는 모습이었습니다. 그는 평생 불교를 비방했던 업보에 의해서 지옥에 떨어진 것이지요.

오룡이 죽은 후 세월이 흘렀습니다. 독실한 불자였던 당시 동진의 황제는 아버지에 이어 천하의 명필로 이름을 날리고 있던 유룡에게 명령을 내립니다. 자신이 사찰에 공양 올릴 『법화경』을 단정한 글씨로 써 오라는 것이었지요. 하지만 유룡은 아버지의 유언을 생각하여 황제의 명령에 따르지 않습니다. 이후 거듭된 명령에도 따르지 않자 황제는 유룡의 사정을 이해하고 각 권의 제목만이라도 써 줄 것을 요청합니다.

유룡은 이 명령까지 거부할 수는 없어서 『법화경』 각 권의 제목을 썼습니다. 『법화경』, 즉 『묘법연화경』은 8권으로 되어 있습니다. 각 권의 제목은 '묘법연화경권제일(妙法蓮華經卷第一)', '묘법연화경권제이(妙法蓮華經卷第二)', 이런 식이지요. 각 권의 제목이 여덟 글자인데 이렇게 여덟 권 각각에 대해 제목을 쓰면 모두 64자가 됩니다. 이렇게 해서 유룡은 총 64자를 쓰게 되었지요.

『법화경』 각 권의 제목들을 써서 바친 다음 유룡은 한탄했습니다. 아버지의 유언을 지키지 못했다고 생각했던 것이지요. 그러다가 유룡은 잠이 들었는데 꿈을 하나 꾸게 됩니다.

꿈에서 유룡은 하늘세계에 사는 천신이 화려한 옷을 입고 자신의 집 마당으로 내려오는 것을 보았답니다. 깜짝 놀란 유룡은 천신에게 인사를 올리고 어느 하늘세계에서 오신 분이시냐고 물었다고 해요. 천신은 이렇게 대답했다고 합니다.

"나는 네 아버지 오룡이다. 이 아비는 전생에 부처님 법을 비방했던 악업 때문에 목숨이 다한 후 지옥에 떨어져 온갖 고통을 당하고 있었느니라. 과거에 내가 저질렀던 일들을 후회하고 또 후회했지만 어쩔 수가 없더구나. 너라도 불법을 숭상하여 나와 같은 고통을 겪지 말라는 말을 네게 해 주고 싶었지만 그 또한 할 수가 없었다. 그런데 지옥에서 고통받던 어느 날, 머리 위 허공에 '묘(妙)'라는 글자가 딱 박히더구나. 그리고 그다음에는 '법(法)' 자, '연(蓮)' 자, '화(華)' 자, '경(經)' 자, '권(卷)' 자, '제(第)' 자, '일(一)' 자가 차례로 박히더니 이런 식으로 모두 64자가 박혔단다. 이 64자는 모두 부처님의 모습으로 변했는데, 그 모습을 본 염라대왕과 저승사자와 지옥의 나찰들이 모두 나와 합장하고 절을 했다. 그러더니 지옥의 모든 불길이 사라지면서 이 아비의 고통도 다 사라지더구나. 그 뒤 문득 정신을 차려 보니 이 아비는 어느새 천상세계에 다시 태어나 있었다. 나중에 알아보니 네가 『법화경』 각 권의 제목 64자를 쓴 공덕을 받아서 그렇게 된 것이라고 하더구나. 이 아비가 너를 찾아온 것은 아비를 구해 준 네게 고맙다는 말을 하기 위해서란다. 앞으로 너는 열심히 불법을 믿고 따르도록 해라."

꿈에서 깨어난 유룡은 기쁜 마음으로 곧장 황제를 찾아갔습니다.

"황제시여, 『법화경』 6만 9천 자를 모두 쓸 수 있는 영광을 제게 주십시오. 피를 쏟는 마음으로 임하여 부처님께 올리겠습니다."

갑작스레 변한 유룡의 태도에 의아했던 황제는 어떻게 된 연유인지 물었고, 유룡은 자신이 꾼 꿈 이야기를 했습니다. 유룡의 이야기를 들은 황제는 크게 기뻐하면서 이 일을 기록으로 남겨 사람들에게 널리 전해지게 했습니다. 이후 유룡은 평생 오로지 불경만을 쓰면서 열심히 수행하며 살았습니다.

이렇게 제목만 적어도 크나큰 공덕을 받는데, 하물며 처음부터 끝까지 다 읽거나 모두 사경한다면 그 공덕이 얼마나 크겠습니까?

이와 같이 유룡의 아버지 오룡이 지옥에서 나오게 된 이 이야기를 네 글자로 하면 뭐라고 할까요? 이것이 바로 '영가 천도'입니다.

그러니 여러분 역시 부처님의 가르침을 가까이하고 부처님의 경전을 열심히 외우거나 베끼고, 항상 부처님과 함께하는 마음으로 염불 수행을 열심히 한다면 여러분들 삶에 이번 생이 아니면 다음 생, 다다음 생이라도 여러분들이 그 공덕을 다 받게 되실 겁니다.

이제 책을 마무리하면서 여러분과 나눈 이야기들을 다시금 정리해 보
고자 합니다.

　지금까지 들려드린 기도 가피 이야기를 통해 우리가 명심해야 할
부처님의 가르침은 무엇입니까? 먼저 내 앞에 펼쳐진 행복과 불행은
모두 내가 지은 업의 결과라는 점입니다. 내 앞에 닥친 좋은 일도, 나쁜
일도 모두 내가 지은 업에 의한 것이고, 모두가 스스로 지은 인연이라
고 말씀드렸습니다.

　그래서 행복해지고 싶다면 먼저 기도를 통해 반드시 업장을 소멸
해야 하고, 복과 선업, 공덕을 지어야 한다고 말씀드렸습니다. 그리고
가장 중요한 것이 이 마음을 잘 닦아야 한다고 했지요.

　그리고 어떤 기도를 하든 마음을 하나로 모으면 결국 하나로 통하
게 된다고 말씀드렸습니다. 간절한 기도는 모두 하나로 통하니 어떤

기도가 더 뛰어나다는 등 분별심을 일으키지 말고, 자기 자신만의 기도법을 잘 선택해서 한결같이 정성껏 기도하면 불보살님의 가피를 얻을 수 있을 것입니다.

그러면서 또 이런 말씀도 드렸습니다. 기도를 통한 가피를 빨리 보는 사람이 있고, 반대로 더디게 보는 사람이 있는 이유는 모두 내가 지은 업보의 인연 때문이라고 말입니다.

전생에 복을 많이 지은 사람은 이번 생에 기도를 조금만 해도 확실히 효과를 빨리 봅니다만, 전생에 박복하게 살았거나 닦아 놓은 게 없는 경우, 혹은 전생에서부터 갚아야 할 빚이 많은 사람들은 이번 생에 기도를 많이 해도 효과를 더디게 보게 된다고 말씀드린 바 있습니다.

그러니 나의 기도와 수행이 지금 당장 효과가 있든 없든 일희일비하지 말고 한결같이 내 마음을 닦아 나가자고, 내 복과 업과 공덕을 닦는 한결같은 수행 속에 정진하자고 여러분께 간곡히 말씀드렸습니다.

진정한 기도의 시작과 끝

결론은 수행해야 한다는 것입니다. 힘들고 괴로울 때일수록 수행해야 합니다. 기도를 해도 내가 받아야 할 업보는 어떻게든 받게 되어 있습니다만, 기도한 공덕은 반드시 남습니다.

내가 받아야 할 업보를 지금 받았다 하더라도 기도를 한 그 공덕의 힘으로 크게 받을 업을 작게 받고 있는 것입니다. 그러므로 이번 생의 크고 작은 고통은 내가 갚아야 할 빚이고, 숙제였다는 점을 인정해야 합니다. 내가 지금 받아야 할 업보를 받아서 갚아야 할 빚을 다 갚고 나면, 내 마음의 공부와 수행과 정진은 오롯이 남아 우리를 끊임없는 행복의 길로 이끌어 준다는 점을 명심하시기 바랍니다.

결국 우리에게 가장 필요한 것은 바로 마음공부입니다. 역경과 고비, 아픔과 상처를 극복하고, 나의 중심을 잡을 수 있는 것이 바로 마음공부이지요.

진정한 마음공부의 첫걸음은 바로 보리심(菩提心)에서 시작됩니다. 이는 위로는 깨달음을 구하고, 아래로는 모든 중생을 제도하겠다는 거룩한 마음입니다.

이 보리심을 완벽하게 표현하고 있는 아름다운 문장이 불자라면 모두 다 아는 그것, 바로 〈사홍서원(四弘誓願)〉입니다.

衆生無邊誓願度(중생무변서원도) 중생을 다 건지오리다.
煩惱無盡誓願斷(번뇌무진서원단) 번뇌를 다 끊으오리다.
法門無量誓願學(법문무량서원학) 법문을 다 배우오리다.
佛道無上誓願成(불도무상서원성) 불도를 다 이루오리다.

이 〈사홍서원〉을 한 문장으로 만들면 바로 '자타일시성불도(自他一時成佛道)', 즉 '나와 남, 모든 중생이 다 함께 성불하여지이다'입니다. 불자라면 반드시 나아가야 할 길, 불제자라면 걸어가야 할 가장 중요한 핵심이라 할 수 있지요.

제가 간곡히 권유드리는 것은, 이제 앞으로 기도할 때마다 나와 내 것, 나의 가족이 잘되게 해 달라는 데 집착하지 마시라는 점입니다.

부처님 경전에 나와 있길, 만약 어떤 수행자가 보리심을 일으키기만 하면, 비록 우리 눈에 보이지 않더라도 저 불국토의 모든 부처님과 보살님들이 다 함께 기뻐하고 찬탄한다고 하였습니다. 또한 보리심을 일으킨 중생은 모든 불보살과 호법신장, 그리고 하늘의 수많은 천신들이 항상 보호해 준다고 합니다.

그러니 앞으로 기도하실 때에는 반드시 〈사홍서원〉으로 마무리하시기 바랍니다. 이제부터라도 '부처님, 모든 중생을 다 제도하겠습니다. 모든 번뇌를 다 끊겠습니다. 모든 법문을 다 배우겠습니다. 모든 중생과 함께 불도를 이루겠습니다.'라는 보리심의 서원으로 기도의 마침표를 찍으시길 바랍니다.

여러분들의 개인적인 소원은 〈사홍서원〉 뒤로 미루셔도 좋습니다. 개인적인 소원이 있다면 그것을 부처님께 축원하셔도 좋습니다. 하지만 반드시 기도의 마지막은 〈사홍서원〉이어야 한다는 점을 꼭 기억하십시오. 여러분이 〈사홍서원〉을 일으키는 순간, 저 불국토의 모든 불보살님들께서 다 함께 찬탄하실 것입니다.

여러분, 행복해지고 싶습니까? 행복한 삶을 창조하고 싶습니까? 복을 지으십시오. 선업을 지으십시오. 공덕을 쌓으십시오. 복과 선업과 공덕의 힘이 여러분들의 진정한 행복의 길로 이끌어 줄 것입니다.

광우 스님이 들려주는
기도 가피 이야기
ⓒ 광우, 2024

2024년 8월 30일 초판 1쇄 발행
2024년 10월 2일 초판 4쇄 발행

지은이 광우
발행인 박상근(至弘) • 편집인 류지호 • 편집이사 양동민
책임편집 김재호 • 편집 양민호, 김소영, 최호승, 하다해, 정유리
디자인 쿠담디자인 • 제작 김명환 • 마케팅 김대현, 이선호 • 관리 윤정안
콘텐츠국 유권준, 김대우, 김희준
펴낸 곳 불광출판사 (03169) 서울시 종로구 사직로10길 17 인왕빌딩 301호
        대표전화 02) 420-3200 편집부 02) 420-3300 팩시밀리 02) 420-3400
        출판등록 제300-2009-130호(1979. 10. 10.)

ISBN 979-11-7261-042-5 (03220)

값 20,000원

잘못된 책은 구입하신 서점에서 바꾸어 드립니다.
독자의 의견을 기다립니다. www.bulkwang.co.kr
불광출판사는 (주)불광미디어의 단행본 브랜드입니다.